ÉCRIVEZ
SANS FAUTES

Guide
de grammaire

Édition : Géraldine Moinard

Rédaction : Dominique Lefur, Géraldine Moinard

Lecture-correction : Anne-Marie Lentaigne, Méryem Puill-Châtillon

Conception graphique et mise en pages :
Maud Dubourg avec Nadine Noyelle

Tous droits de reproduction, de traduction et d'adaptation réservés pour tous pays.

© 2016 Dictionnaires LE ROBERT
25, avenue Pierre-de-Coubertin, 75211 Paris Cedex 13

ISBN 978-2-32100-900-9

Cet ouvrage est une œuvre collective au sens de l'article L. 113-2 du Code de la propriété intellectuelle. Publié par la société Dictionnaires Le Robert, représentée par Charles Bimbenet, directeur général.

«Toute représentation ou reproduction, intégrale ou partielle, faite sans le consentement de l'auteur, ou de ses ayants droit, ou ayants cause, est illicite» (article L. 122-4 du Code de la propriété intellectuelle). Cette représentation ou reproduction, par quelque procédé que ce soit, constituerait une contrefaçon sanctionnée par l'article L. 335-2 du Code de la propriété intellectuelle. Le Code de la propriété intellectuelle n'autorise, aux termes de l'article L. 122-5, que les copies ou reproductions strictement réservées à l'usage privé du copiste et non destinées à une utilisation collective, d'une part, et, d'autre part, que les analyses et les courtes citations dans un but d'exemple et d'illustration.

AVANT-PROPOS

Outil indispensable pour écrire sans fautes, cette grammaire, très complète malgré son format compact, vous aidera à maîtriser facilement les règles du français grâce à sa formulation claire et à ses nombreux exemples.

Que vous souhaitiez dissiper un doute sur un accord (Comment accorder le participe passé ? Les nombres prennent-ils la marque du pluriel ?) ou vous rafraîchir la mémoire quant à une notion grammaticale oubliée (Comment identifier le COD ? Qu'est-ce qu'un adverbe ?), vous trouverez ici la réponse à toutes vos questions.

Pratique, l'index en fin d'ouvrage vous permettra d'accéder rapidement à l'information que vous recherchez.

Objectif : zéro faute !

LISTE DES SYMBOLES

Les symboles ci-dessous vous permettront de vous repérer facilement dans cet ouvrage.

- ➡ introduit chaque **règle** de grammaire.
- ⚠ alerte sur une **difficulté**.
- 📍 signale une **astuce** pour éviter les fautes.
- ℹ annonce une **information** complémentaire, d'intérêt secondaire.
- 📄 précède une préconisation des **Rectifications de l'orthographe de 1990**.
- * est placé au début des **phrases agrammaticales** (incorrectes).

Les différents niveaux de subdivisions des chapitres sont signalés par les marqueurs suivants.

- ••• 1er niveau
- •• 2e niveau
- • 3e niveau

PRONONCIATION ET SIGNES PHONÉTIQUES

Quelques indications de prononciation figurent dans cet ouvrage, entre crochets. Les symboles utilisés pour la transcription phonétique sont les suivants.

VOYELLES

[i]	il, épi, lyre
[e]	blé, aller, chez, épée
[ɛ]	lait, merci, fête
[a]	ami, patte
[ɑ]	pas, pâte
[ɔ]	fort, donner, sol
[o]	mot, dôme, eau, saule, zone
[u]	genou, roue
[y]	rue, vêtu
[ø]	peu, deux
[œ]	peur, meuble
[ə]	premier
[ɛ̃]	brin, plein, bain
[ɑ̃]	sans, vent
[ɔ̃]	ton, ombre, bonté
[œ̃]	lundi, brun, parfum

SEMI-CONSONNES

[j]	yeux, paille, pied, panier
[w]	oui, fouet, joua (et joie)
[ɥ]	huile, lui

CONSONNES

[p]	père, soupe
[t]	terre, vite
[k]	cou, qui, sac, képi
[b]	bon, robe
[d]	dans, aide
[g]	gare, bague, gui
[f]	feu, neuf, photo
[s]	sale, celui, ça, dessous, tasse, nation
[ʃ]	chat, tache, schéma
[v]	vous, rêve
[z]	zéro, maison, rose
[ʒ]	je, gilet, geôle
[l]	lent, sol
[ʀ]	rue, venir
[m]	mot, flamme
[n]	nous, tonne, animal
[ɲ]	agneau, vigne
[h]	hop ! (exclamatif)
[']	(pas de liaison) héros, onze, yaourt
[ŋ]	(mots empruntés à l'anglais) camping
[x]	(mots empruntés à l'espagnol) jota ; (à l'arabe) khamsin, etc.

CLASSES GRAMMATICALES

Classes grammaticales

Introduction

Chaque mot de la langue française appartient à une catégorie grammaticale. C'est sa nature ou sa classe.

➦ Il existe neuf classes de mots :
- ✓ les noms,
- ✓ les adjectifs,
- ✓ les articles,
- ✓ les verbes,
- ✓ les pronoms,
- ✓ les adverbes,
- ✓ les prépositions,
- ✓ les conjonctions,
- ✓ les interjections.

❶ Les articles et les adjectifs démonstratifs, possessifs, indéfinis, numéraux cardinaux, relatifs, exclamatifs et interrogatifs précèdent le nom de manière presque obligatoire, pour le déterminer plus ou moins précisément. C'est pourquoi on les appelle aussi « déterminants ».

Dans certaines grammaires, les déterminants constituent une classe à part entière. La classe des adjectifs ne comprend alors que les adjectifs qualificatifs et relationnels, ainsi que les adjectifs numéraux ordinaux.

➦ Certains mots peuvent appartenir à plusieurs classes :
- *botanique* est à la fois un adjectif *(un jardin botanique)* et un nom féminin *(étudier la botanique)*
- *fort* est à la fois un adjectif *(un homme fort)*, un adverbe *(parler fort)* et un nom masculin *(construire un fort)*

Noms

Un nom, ou substantif, est un mot ou un groupe de mots qui peut être le sujet d'un verbe et qui correspond sémantiquement à une substance (être ou classe d'êtres, chose, notion...).

- On distingue deux types de noms :
  ✓ les noms communs, qui désignent tous les êtres ou toutes les choses qui appartiennent à une même catégorie logique, à une même espèce ;
  ✓ les noms propres, qui désignent un individu (ou groupe d'individus), un lieu ou une chose unique.

- Le nom est le noyau du groupe nominal. Le groupe nominal peut comporter :
  ✓ un déterminant :
  - **un** macaron
  ✓ un groupe adjectival :
  - *une réaction **très étrange***
  ✓ un groupe prépositionnel :
  - *le bureau **de mon chef***
  ✓ un autre groupe nominal en apposition :
  - *mon fils, **Tom***
  ✓ une subordonnée relative :
  - *la crainte **qu'on le dénonce***
  ✓ une subordonnée complétive :
  - *la couleur **que j'ai choisie***

... Noms communs

Un nom commun est un mot servant à désigner tous les êtres ou toutes les choses qui appartiennent à une même catégorie logique, à une même espèce.

➽ Par exemple, *tulipe, acteur, ville, sentiment* sont des noms communs. Le nom commun *acteur* peut désigner n'importe quel individu dont la profession est de jouer un rôle à la scène ou à l'écran, à la différence du nom propre *Louis de Funès* qui ne peut désigner qu'un seul individu (sauf cas d'homonymie).

Noms communs et déterminants

➽ Un nom commun, à la différence d'un nom propre, est généralement précédé d'un déterminant qui précise son nombre et son genre. Ce déterminant peut être :

✓ un article :
- ***une*** *ville* ; ***la*** *ville* ; ***des*** *villes*

✓ un adjectif possessif :
- ***ma*** *ville*

✓ un adjectif démonstratif :
- ***cette*** *ville*

✓ un adjectif indéfini :
- ***certaines*** *villes*

✓ un adjectif numéral :
- ***trois*** *villes*

✓ un adjectif interrogatif :
- ***quelle*** *ville ?*

✓ un adjectif exclamatif :
- ***quelle*** *ville !*

L'adverbe de quantité suivi de *de* est également considéré comme un déterminant :
- ***peu de*** *villes*
- ***beaucoup de*** *villes*

Noms

❶ Un nom commun peut toutefois être employé sans déterminant dans certaines constructions :
- *un serpent **à sonnette***
- *errer comme une âme **en peine***
- ***Patience** et **longueur** de temps*
  *Font plus que **force** ni que **rage**.*
  (La Fontaine, *Le lion et le rat*)

Genre des noms communs

➦ Le nom possède un genre. Sauf lorsqu'il désigne un être vivant, un nom ne peut que très rarement varier en genre : il est généralement soit masculin, soit féminin.

exceptions

- Quelques noms s'emploient indifféremment au masculin ou au féminin. On peut dire par exemple :
  - *un après-midi* ou *une après-midi*
  - *un thermos* ou *une thermos*
  - *un parka* ou *une parka*

- Quatre noms changent de genre en fonction de leur emploi :
  ✓ *délice* est masculin au singulier mais féminin au pluriel ;
  ✓ *amour*, nom masculin, est féminin au pluriel dans la langue littéraire ;
  ✓ *orgue*, nom masculin, est féminin au pluriel lorsqu'il désigne un unique instrument ;
  ✓ *orge* est un nom masculin dans les expressions *orge mondé* et *orge perlé*, et un nom féminin dans tous les autres cas.

- Enfin, d'autres noms semblent avoir deux genres, mais ce sont en réalité deux noms distincts mais homographes (c'est-à-dire qui ont la même orthographe) dont l'un est

féminin, et l'autre masculin. Ces homographes ont des sens très différents :
- *un poêle* (appareil de chauffage), *une poêle* (ustensile de cuisine)
- *un livre* (que l'on lit), *une livre* (unité de poids)
- *un moule* (modèle en creux), *une moule* (mollusque)

➡ Quand il s'agit d'êtres vivants, le genre indique en principe le sexe :
- *un ouvrier, une ouvrière ; le tigre, la tigresse ; un adepte, une adepte*

➡ Quand il s'agit de choses ou de concepts, le genre est arbitraire. Il n'a pas de signification particulière :
- *le téléphone ; une chaussette ; un rhume ; la musique ; la curiosité ; le bonheur*

➡ Il est nécessaire de connaître le genre du nom parce qu'il détermine l'accord de nombreux autres mots dans la phrase, par exemple :

✓ les déterminants :
- ***le** pantalon, **ce** pantalon ; **ma** jupe, **quelle** jupe ?*

✓ l'adjectif qualificatif :
- *un **joli** pantalon ; une **jolie** jupe*

✓ le participe passé :
- *Mon pantalon s'est **déchiré**. Ma jupe s'est **déchirée**.*

✓ le pronom :
- *Mon pantalon est noir, **le tien** est bleu. Ma jupe est noire, **la tienne** est bleue.*

•• Féminin des noms communs

➡ Les noms de personnes ou d'animaux varient en genre.

Noms

Leur féminin se forme généralement en ajoutant un *e* au nom masculin :

- *un commerçant* ➟ *une commerçante*
- *un ennemi* ➟ *une ennemie*
- *un ours* ➟ *une ourse*

➟ Cet ajout n'est manifeste à l'oral que lorsque le nom masculin se termine par une consonne muette, qui sera prononcée au féminin :

- *un commerçant* ➟ *une commerçante* [kɔmɛʀsɑ̃, kɔmɛʀsɑ̃t]
- *un Français* ➟ *une Française* [fʀɑ̃sɛ, fʀɑ̃sɛz]

➟ Quand le nom masculin se termine par une voyelle nasale (*-an, -in, -ain...*) le féminin perd la sonorité nasale dans la prononciation :

- *un artisan* ➟ *une artisane* [aʀtizɑ̃, aʀtizan]
- *un gamin* ➟ *une gamine* [gamɛ̃, gamin]
- *un souverain* ➟ *une souveraine* [suv(ə)ʀɛ̃, suv(ə)ʀɛn]

❶ Certains noms n'ont pas de formes masculines et féminines distinctes : on les appelle « noms épicènes ». Il s'agit :

✓ soit de noms déjà terminés par un *e* au masculin (plus quelques exceptions) ; dans ce cas, l'article porte la marque du genre :

- *un/une camarade ; un/une pianiste ; un/une enfant...*

✓ soit de noms d'animaux qui s'emploient toujours au masculin ou toujours au féminin, quel que soit le sexe de l'animal qu'ils désignent ; leur article ne varie donc pas :

- *un papillon ; une araignée ; un hibou...*

Certains noms de métiers, titres, grades ou fonctions autrefois réservés aux hommes ont longtemps été épicènes. À partir des années 80 et dans toute la francophonie, divers

Noms

textes officiels ont proposé des formes féminines pour ces différents noms. En France, le guide *Femme, j'écris ton nom...* répertorie ces formes. La plupart sont aujourd'hui attestées dans les dictionnaires.

➙ **Attention**, un grand nombre de féminins ne se forment pas seulement par ajout d'un *-e* au masculin. S'il n'y a pas de règle absolue permettant de déduire la formation des féminins, parfois irréguliers, on peut cependant répertorier ci-dessous les principales règles.

Noms en -*eau*

➙ La plupart des noms en *-eau* font leur féminin en *-elle* :
- *un chameau* ➙ *une cham**elle***
- *un agneau* ➙ *une agn**elle***
- *un jouvenceau* ➙ *une jouvenc**elle***

Noms en -*el*

➙ Les noms en *-el* forment leur féminin en *-elle* :
- *un colonel* ➙ *une colon**elle***
- *un intellectuel* ➙ *une intellectu**elle***

Noms en -*er*

➙ Les noms en *-er* font leur féminin en *-ère* :
- *le boulanger* ➙ *la boulang**ère***
- *le crémier* ➙ *la crémi**ère***

Noms en -*et*

➙ Les noms en *-et* forment leur féminin en *-ette* :
- *un minet* ➙ *une min**ette***
- *le cadet* ➙ *la cad**ette***

exception *le préfet* ➙ *la préf**ète***

Noms

Noms en -f ou -p

→ Les noms en -f ou -p changent le -f ou le -p en -ve au féminin :
- *un veuf* → *une veuve*
- *un Juif* → *une Juive*
- *un loup* → *une louve*

Noms en -ien et -yen

→ Les noms en -ien et -yen forment leur féminin en -ienne et -yenne :
- *le chien* → *la chienne*
- *un collégien* → *une collégienne*
- *un doyen* → *une doyenne*

Noms en -on

→ Les noms en -on forment leur féminin en -onne :
- *un piéton* → *une piétonne*
- *un champion* → *une championne*

exceptions
- *un mormon* → *une mormone*
- *un letton* → *une lettone*

Noms en -teur

→ Les noms en -teur auxquels on ne peut pas associer de verbe formé sur un radical identique font leur féminin en -trice :
- le verbe *rédacter* n'existe pas → *un rédacteur* → *une rédactrice*
- le verbe *élécter* n'existe pas → *un électeur* → *une électrice*

exceptions
Quelques rares noms en -teur répondant à ce critère ont un féminin en -teuse, en dépit de la règle.

- Par exemple, *basketteur* a pour féminin *basketteuse* bien que le verbe *basketter* n'existe pas.
- *Éditeur*, *exécuteur*, *inspecteur*, *inventeur* et *persécuteur* font leur féminin en *-trice* bien qu'il existe un verbe formé sur leur radical.
- Au féminin, *docteur* fait *docteur*, *docteure* ou *doctoresse*.

Noms en *-eur* et noms en *-teur* dérivés d'un verbe

➦ Les noms terminés par *-eur* et les noms terminés par *-teur* auxquels on peut associer un verbe formé sur un radical identique à celui de la forme du masculin font leur féminin en *-euse* :

- chanter ➦ un chant**eur** ➦ une chant**euse**
- donner ➦ un donn**eur** ➦ une donn**euse**

exceptions Quelques noms forment leur féminin en *-eresse*, notamment dans la langue juridique :

- bailleur ➦ baill**eresse**
- chasseur ➦ chass**eresse**
- défendeur ➦ défend**eresse**
- demandeur ➦ demand**eresse**
- enchanteur ➦ enchant**eresse**
- pécheur ➦ péch**eresse**

Noms en *-x*

➦ La plupart des noms en *-x* ont un féminin en *-se* :

- un époux ➦ une épou**se**
- un paresseux ➦ une paresseu**se**

exceptions

- un roux ➦ une rou**sse**
- un vieux ➦ une vie**ille**

Noms

Noms composés

➡➡ Le féminin des noms composés se forme généralement en mettant au féminin les adjectifs et les noms entrant dans la composition de ces mots :

- *un nouveau venu* ➡ *une nouvelle venue*
- *mon petit-fils* ➡ *ma petite-fille*

exceptions

Lorsqu'à l'intérieur d'un composé, un adjectif est employé comme adverbe, celui-ci est invariable ; seul l'autre élément du mot composé prend la marque du féminin :

- *une **nouveau**-née* (nouvellement née)

Sauf dans le mot *grande-duchesse*, l'adjectif *grand* ne prend pas la marque du féminin quand il entre en composition :

- *une **grand**-mère ; la **grand**-voile*

➡➡ Les prépositions et les préfixes (y compris les préfixes géographiques) restent invariables :

- *son **ex**-femme ; à **mi**-hauteur ; une **demi**-journée ; une **semi**-consonne ; une **Anglo**-Saxonne ; une **Sud**-Africaine*

ⓘ Dans les composés empruntés à une langue étrangère, la marque du féminin porte uniquement sur le dernier élément :

- *un strip-teaseur* ➡ *une strip-teas**euse***

•• Pluriel des noms communs

➡➡ Les noms variables ont un singulier et un pluriel : le singulier exprime l'unité tandis que le pluriel exprime la multitude. Un nom au pluriel renvoie donc en principe à plusieurs êtres, plusieurs objets ou plusieurs notions.

exception Les noms collectifs sont des noms au singulier représentant une quantité plurielle d'individus ou d'objets.

Bande, dizaine, ensemble, foule, horde, millier, multitude, majorité, nombre, ribambelle, totalité, troupeau sont des noms collectifs.

Pluriels en *s*

➥ Les noms communs forment généralement leur pluriel en ajoutant un *s* au nom singulier :
- *un éléphant* ➜ *des éléphant**s***
- *une envie* ➜ *des envie**s***
- *un détail* ➜ *des détail**s***
- *un sou* ➜ *des sou**s***

➥ Seuls les noms terminés par *s*, *x* ou *z* au singulier ne varient jamais au pluriel :
- *un ours* ➜ *des our**s***
- *un choix* ➜ *des choi**x***
- *un nez* ➜ *des ne**z***

⚠ Il arrive que la consonne finale, prononcée dans le nom au singulier, ne soit pas prononcée au pluriel :
- *un œuf* ➜ *des œufs* [œf, ø]
- *un bœuf* ➜ *des bœufs* [bœf, bø]
- *un os* ➜ *des os* [ɔs, o]

Pluriels en *x*

➥ Les noms terminés par *-au*, *-eau*, *-eu* ont un pluriel en *-aux*, *-eaux*, *-eux* :
- *un noyau* ➜ *des noy**aux***
- *un chapeau* ➜ *des chap**eaux***
- *un cheveu* ➜ *des chev**eux***

exceptions *Landau, sarrau, pneu, bleu, émeu, lieu* (dans le sens de « poisson ») prennent un *s* au pluriel : *des landau**s**, des sarrau**s**, des pneu**s**, des bleu**s**, des émeu**s**, des lieu**s***

Noms

◆◇ Les noms terminés par *-al* ont un pluriel en *-aux* :
- *un animal* ➞ *des animaux*

exceptions

■ Quelques noms en *-al* ont un pluriel en *-als* :
- *un bal* ➞ *des bals*
- *un carnaval* ➞ *des carnavals*
- *un festival* ➞ *des festivals*

■ Certains noms en *-al* ont un pluriel en *-als* et un pluriel en *-aux* :
- *un idéal* ➞ *des idéals* ou *des idéaux*
- *un val* ➞ *des vals* ou *des vaux*
- *un étal* ➞ *des étals* ou *des étaux*

◆◇ Les noms en *-ail* suivants ont un pluriel en *-aux* :
- *un bail* ➞ *des baux*
- *un corail* ➞ *des coraux*
- *un émail* ➞ *des émaux*
- *un fermail* ➞ *des fermaux*
- *un soupirail* ➞ *des soupiraux*
- *un vantail* ➞ *des vantaux*
- *un vitrail* ➞ *des vitraux*

◆◇ Les noms en *-ou* suivants ont un pluriel en *-oux* :
- *un bijou* ➞ *des bijoux*
- *un caillou* ➞ *des cailloux*
- *un chou* ➞ *des choux*
- *un genou* ➞ *des genoux*
- *un hibou* ➞ *des hiboux*
- *un joujou* ➞ *des joujoux*
- *un pou* ➞ *des poux*

Noms

➡ Quelques noms ont deux pluriels différents selon le contexte :

✓ *Travail* donne *travails* au pluriel quand il désigne le dispositif servant à immobiliser les animaux pour les ferrer ou les soigner. Dans son sens ordinaire, il donne *travaux* :
- *Ce maréchal-ferrant possède plusieurs **travails**.*
- *Il y a de gros **travaux** à faire dans cette maison.*

✓ *Aïeul* donne *aïeuls* quand il désigne les grands-parents. Il donne *aïeux* lorsqu'il désigne les ancêtres au sens large :
- *Mes **aïeuls** sont nés tous les quatre en 1929.*
- *Mes **aïeux** quittèrent la Russie au XVIIIe siècle.*

✓ *Ciel* donne *ciels* au sens figuré. Il donne *cieux* dans son sens propre de « voûte céleste » :
- *des **ciels** de lit, les **ciels** d'une carrière*
- *l'immensité des **cieux***

✓ *Œil* donne *œils* dans les noms composés, et *yeux* quand il est employé seul :
- *des **œils**-de-bœuf* (lucarnes), *des **œils**-de-perdrix* (cors), *des **œils**-de-chat* (pierre précieuse)
- *des **yeux** verts, les **yeux** du fromage*

Noms employés uniquement au singulier ou au pluriel

➡ Certains noms ne s'emploient qu'au pluriel : *babines, beaux-arts, décombres, dépens, entrailles, fiançailles, frais, funérailles, mœurs, rillettes, ténèbres, vivres*...

➡ À l'inverse, certains noms s'emploient presque exclusivement au singulier. C'est le cas des noms indénombrables, notamment :

✓ des noms de matières ou de substances : *la farine, le café, la soie, l'argent, le fer*...

Noms

✓ des noms abstraits : *la peur, la gentillesse, la chance...*

✓ des noms de sciences, d'arts, de sports : *la génétique, la peinture, le football...*

ⓘ Ces noms s'emploient parfois comme des noms dénombrables. On peut alors les trouver au pluriel :
- *Le vendeur m'a fait goûter trois cafés différents.*

On peut aussi les trouver au pluriel dans un autre sens :
- *On m'a offert de jolies peintures.* (les objets, et non l'art de peindre)

Noms composés

➡ En règle générale, seuls les noms et les adjectifs prennent la marque du pluriel :
- *un oiseau-mouche* ➡ *des oiseaux-mouche**s***
- *un sourd-muet* ➡ *des sourd**s**-muet**s***
- *mon grand-père* ➡ *mes grand**s**-père**s***
- *un compte rendu* ➡ *des compte**s** rendu**s***
- *un dé à coudre* ➡ *des dé**s** à coudre*

exceptions

■ Les noms précédés d'une préposition ne varient pas :
- *un chef-d'œuvre* ➡ *des chefs-**d'œuvre***
- *un arc-en-ciel* ➡ *des arcs-**en-ciel***
- *une pomme de terre* ➡ *des pommes **de terre***
- *une pince à linge* ➡ *des pinces **à linge***

■ Dans les noms composés de deux adjectifs, le premier adjectif est invariable s'il est employé comme adverbe (pour modifier le sens du second adjectif) ; seul le second adjectif prend alors la marque du pluriel :
- *un nouveau-né* ➡ *des **nouveau**-nés*
- *un Extrême-Oriental* ➡ *des **Extrême**-Orientaux*

Noms

- *Nu* est invariable dans les expressions *nu-pieds*, *nu-tête*.

❶ Pour des raisons d'euphonie, il arrive que la liaison avec le *s* à l'intérieur du mot ne se fasse pas :
- *un arc-en-ciel* ➡ *des arcs-en-ciel* [aʀkɑ̃sjɛl]

➡ Les formes verbales, les prépositions et les préfixes (y compris les préfixes géographiques) restent invariables :
- *un **couvre**-lit* ➡ *des **couvre**-lits*
- *un **avant**-poste* ➡ *des **avant**-postes*
- *un **Franco**-Italien* ➡ *des **Franco**-Italiens*
- *un **Sud**-Africain* ➡ *des **Sud**-Africains*
- *un **anti**-inflammatoire* ➡ *des **anti**-inflammatoires*
- *une **demi**-journée* ➡ *trois **demi**-journées*
- *la **mi**-temps* ➡ *des **mi**-temps*
- *un **semi**-marathon* ➡ *des **semi**-marathons*

➡ Toutefois, le sens l'emporte parfois sur la catégorie grammaticale :
- *un abat-jour* ➡ *des abat-**jour*** (car un abat-jour rabat le jour et non les jours)
- *un timbre-poste* ➡ *des timbres-**poste*** (des timbres de la poste)

📕 Les *Rectifications de l'orthographe de 1990* préconisent que tous les noms composés à trait d'union, formés soit d'une forme verbale et d'un nom, soit d'une préposition et d'un nom, prennent la marque du pluriel au second élément, seulement et toujours lorsqu'ils sont au pluriel :
- *un avant-goût* ➡ *des avant-goût**s***
- *une contre-allée* ➡ *des contre-allée**s***
- *un essuie-main* ➡ *des essuie-main**s***
- *un abat-jour* ➡ *des abat-jour**s***

Noms

- *un sèche-cheveu* ➡ *des sèche-cheveux*

Seules exceptions : les quelques composés qui comportent un article *(trompe-l'œil)* ou dont le second élément commence par une majuscule *(prie-Dieu)* restent invariables.

Par ailleurs, ces Rectifications recommandent la soudure de nombreux mots composés, ce qui permet de généraliser la formation du pluriel en *-s* :

- *un arc-boutant* ➡ *un arcboutant, des arcboutants*
- *un pousse-pousse* ➡ *un poussepousse, des poussepousses*
- *un haut-parleur* ➡ *un hautparleur, des hautparleurs*

Cette règle « simple » a ses détracteurs, qui mettent en avant qu'elle fait perdre de vue le sens du composé au profit d'un pluriel purement grammatical. Ainsi un *sèche-cheveu* ne sèche pas qu'un seul cheveu : un *abat-jour* rabat le jour et non des jours.

Noms empruntés

➡ La formation du pluriel des noms empruntés se conforme le plus souvent à la règle du français, c'est-à-dire par ajout d'un *s* sauf lorsque le mot se termine par *s*, *x* ou *z* :

- *un judoka* ➡ *des judokas*
- *un cocktail* ➡ *des cocktails*
- *un boss* ➡ *des boss*
- *un box* ➡ *des box*
- *un kibboutz* ➡ *des kibboutz*

ⓘ Ce pluriel « régulier » en français est parfois très éloigné du pluriel original.

- Ainsi, *Touareg* est le pluriel de *Targui* en arabe, mais il est utilisé comme un singulier par la majorité des locuteurs francophones et a donc un pluriel régulier en *s* : les *Touaregs*.

➡️ Il arrive que le français importe également le pluriel originel du mot, qui vient alors doubler le pluriel régulier français :

- *un, une soprano* ➡ *des soprani* (pluriel italien) ou *sopranos* (pluriel régulier français)
- *un match* ➡ *des matches* (pluriel anglais) ou *matchs* (pluriel régulier français)
- *un barman* ➡ *des barmen* (pluriel anglais) ou *barmans* (pluriel régulier français)

Les *Rectifications de l'orthographe de 1990* préconisent un pluriel en s pour tous les noms et adjectifs empruntés (sauf s'ils se terminent déjà en s, x ou z).

Cependant, elles retiennent parfois le double pluriel (*des maximums* ou *des maxima*) et acceptent que les mots d'origine latine à valeur de citation restent invariables (*des requiem*).

••• Noms propres

Un nom propre désigne un individu (ou groupe d'individus), un lieu ou une chose unique, contrairement au nom commun qui désigne des classes de personnes, de lieux, de choses ou d'abstractions. *La France, Belgrade, la Volga, les Anglais, Louis Aragon* sont des noms propres.

➡️ Il arrive toutefois que plusieurs personnes ou plusieurs lieux portent des noms identiques : il existe par exemple dans le monde plusieurs villes du nom de *Montpellier*, plusieurs personnes nommées *Florent Martin*. Il s'agit alors d'un cas d'homonymie : ce sont plusieurs noms propres différents ayant la même prononciation et la même orthographe.

⚠ Les noms propres commencent toujours par une majuscule.

Noms

Types de noms propres

➥ Plusieurs types de noms sont considérés comme des noms propres :

✓ les prénoms, les noms de famille, les pseudonymes ou les surnoms :
- *Dominique* ; *Monsieur Vidal* ; *François Marie Arouet*, dit *Voltaire* ; *Nono*

✓ les noms de sociétés, de marques, d'institutions...
- *Le Robert* ; *l'Académie française* ; *le Conseil constitutionnel*

✓ les noms géographiques (toponymes) :
- *l'Espagne* ; *Nantes* ; *le Nil* ; *l'océan Atlantique* ; *l'Orient* ; *le Kilimandjaro* ; *la place des Victoires*

✓ les noms d'habitants (gentilés) :
- *un Tchèque, une Tchèque* ; *un Breton, une Bretonne* ; *un Lisboète, une Lisboète*

⚠ Lorsque les noms d'habitants sont employés comme adjectifs ou lorsqu'ils désignent une langue, on les écrit avec une minuscule :
- *un médecin roumain* ; *une crêpe bretonne* ; *parler portugais* ; *un cours de japonais*

ⓘ Certains noms propres sont passés dans le langage courant pour désigner des choses ou des personnes ; devenus noms communs, ils s'écrivent avec une minuscule :
- *Napoléon* (l'empereur) ➟ *un napoléon* (la monnaie)
- *Madeleine* (prénom) ➟ *une madeleine* (le gâteau)
- *Gavroche* (personnage des *Misérables*, de Victor Hugo) ➟ *un gavroche* (gamin de Paris)

•• Noms propres et déterminants

➡ Les noms d'habitants et presque tous les noms géographiques (sauf les noms de ville) s'emploient avec l'article défini :
- *les Turcs, la Belgique, les Alpes, le Périgord, l'Amazonie…*

➡ Les autres types de noms propres (prénoms, surnoms, pseudonymes, noms de marque…) ainsi que les noms de ville s'emploient généralement sans déterminant :
- *Chloé, Dédé, Molière, Apple, Bruxelles…*

Cas particuliers d'emploi d'un déterminant

➡ Ces noms propres sont toutefois accompagnés d'un déterminant lorsqu'ils sont employés avec un adjectif qualificatif ou un complément du nom :
- ***ma chère** Catherine* ; ***mon** Benjamin **chéri*** ; ***un certain** M. Dubosc*
- ***le Grand** Paris* ; ***le** Paris **des amoureux***
- *Paul est amoureux de **la belle** Virginie.*

➡ Les prénoms, surnoms ou noms de famille sont parfois employés avec un déterminant qui leur confère une valeur affective, péjorative ou pittoresque :
- ***Ma** Juliette est une petite fille adorable.*
- ***Cette** Géraldine est incroyable !*
- ***Ce** Léon n'est pas recommandable.*
- *(…) il allait faire part de son chagrin à **la** Fadette.*
(*La Petite Fadette*, George Sand)

➡ Un nom propre peut être accompagné d'un déterminant au pluriel lorsqu'il désigne :
   ✓ plusieurs personnes portant le même nom :
   - *Nous dînerons chez **les** Blondel.*

✓ une dynastie :
- *Philippe Auguste et Saint Louis étaient **des** Capétiens.*

➥ Les noms d'artistes sont accompagnés d'un déterminant quand ils désignent, par métonymie, les œuvres de l'artiste :
- *Est-ce que ce tableau est **un** Van Gogh ?*
- *J'ai lu tous **les** Agatha Christie.*

➥ Il en va de même des noms de marques, quand ils désignent un objet produit par la marque ou, par extension, un objet du même type produit par une autre marque :
- *Il s'est acheté **une** Ferrari.*
- *Est-ce que tu as **des** kleenex ?*

Genre des noms propres

➥ Le genre des noms propres désignant des personnes correspond à leur sexe :
- *Quand **Guillaume** est tomb**é**, **Claudine** est intervenu**e**.*
- *J'ai rencontré **une** Islandaise nomm**ée** Eva.*

➥ Pour les noms de ville, seul le genre des villes dont le nom comporte un déterminant ne pose aucun problème :
- ***Le** Havre est situ**é** sur la Seine.*
- ***La** Rochelle est très anim**ée** pendant les Francofolies.*

Pour le reste, l'usage est hésitant, et la plupart des noms de ville peuvent être accordés indifféremment au masculin ou au féminin :
- *Paris est si **beau** !* ou *Paris est si **belle** !*
- *Mexico est très **peuplé*** ou *Mexico est très **peuplée**.*

ⓘ Les adjectifs précédant un nom de ville (*grand, vieux, nouveau, ancien, haut*...) mais aussi *tout* (dans le sens de « l'ensemble des habitants ») s'accordent au masculin, même

si la ville comporte un article défini féminin :
- *le **vieux** Marseille*
- *le **Grand** Paris*
- *l'**ancien** Londres*
- ***Tout** La Ciotat était présent.*

Tout peut toutefois s'accorder au féminin si l'on veut insister sur la ville elle-même plutôt que sur ses habitants :
- ***Toute** Rome sera reconstruite.* (C'est la ville qui sera reconstruite, pas ses habitants.)

•• Pluriel des noms propres

Noms propres invariables

➡ En règle générale, les noms propres sont invariables car ils désignent des personnes ou des lieux uniques :
- *Les frères **Goncourt** se prénommaient Edmond et Jules.*
- *Nous partons en vacances avec les **Dubernard**.*
- *Les deux **Pierre**, le père et le fils, étaient présents.*

➡ De même, les noms d'artistes utilisés pour désigner leurs œuvres sont invariables :
- *Ce musée possède plusieurs **Picasso**.*
- *J'ai lu tous les **Amélie Nothomb**.*

Noms propres variables

➡ Certains noms dynastiques prennent la marque du pluriel :
- *les **Bourbons**, les **Guises**, les **Curiaces**, les **Stuarts**...*

D'autres sont invariables :
- *les **Romanov**, les **Borgia**, les **Habsbourg**, les **Bonaparte**...*

➡ Les noms géographiques se mettent au pluriel lorsqu'ils désignent des lieux distincts :
- *les deux **Corées**, celle du Nord et celle du Sud*

- *les Amérique**s**

➡ Les noms désignant les habitants d'un pays, d'une région ou d'une ville prennent non seulement les marques du nombre, mais aussi celles du genre :
- *un Italien, une Italienne* ➡ *des Ital**iens**, des Ital**iennes***

➡ Les noms de journaux, de revues et d'œuvres sont toujours invariables :
- *J'ai retrouvé quelques vieux* **Figaro**.
- *Il a joué dans deux* **Macbeth**.

🛈 Lorsqu'un nom propre est employé comme nom commun, il perd sa majuscule et devient variable, comme un nom commun :
- *des harpagons* (des avares, d'après le personnage de Molière)
- *des colts* (du nom de Samuel Colt, inventeur du revolver)

... Noms dénombrables, noms indénombrables

Les noms dénombrables désignent des êtres ou des choses que l'on peut compter : *une faute ; plusieurs fautes ; cent fautes*.

➡ Lorsqu'un nom est dénombrable, on peut faire varier sa quantité au moyen d'un adjectif numéral ou d'un adjectif indéfini :
- **zéro** *faute ;* **une** *faute ;* **mille** *fautes*
- **aucune** *faute ;* **plusieurs** *fautes ;* **toutes** *les fautes*

Les noms indénombrables désignent des choses que l'on ne peut pas compter. Ces choses forment une masse que l'on ne peut pas diviser en unités : *du miel ; un peu de miel ; beaucoup de miel.*

➦ Les noms indénombrables sont le plus souvent des noms de matière *(eau, farine, fer, soie, or...)* ou des noms abstraits *(peur, gentillesse, littérature...)*.

➦ On ne peut pas les mettre au pluriel, mais on peut faire varier leur quantité au moyen d'un article partitif, d'un adverbe de quantité ou de l'adjectif indéfini *tout* :
- **de** la malice ; **un peu** de malice ; **beaucoup** de malice ; **toute** la malice dont elle fait preuve

➦ En revanche, on ne peut théoriquement pas employer un nom indénombrable avec un adjectif numéral ni avec un autre adjectif indéfini que tout (il y a quelques exceptions) :
- *une malice, *deux malices, *cent malices
- *plusieurs malices, *quelques malices

ⓘ Il arrive que des noms indénombrables soient employés comme noms dénombrables, et inversement :
- J'ai mangé **du miel**. ➡ J'ai goûté **trois miels** différents.
- J'ai acheté **trois salades** au marché. ➡ J'ai mangé **de la salade**.

... Noms animés, noms inanimés

En grammaire, un nom animé désigne une personne ou un animal, que cette personne ou cet animal soient réels ou imaginaires.
- *Femme, plombier, lutin, girafe* sont des noms animés.

Un nom inanimé désigne un objet, un phénomène, une abstraction, un état.
- *Piscine, chocolat, temps, gentillesse, fatigue* sont des noms inanimés.

➦ Certains pronoms interrogatifs et indéfinis ont des formes

différentes selon qu'ils remplacent un nom animé ou un nom inanimé :
- *Il déteste ses voisins.* ➡ **Qui** *déteste-t-il ?*
- *Il déteste la choucroute.* ➡ **Que** *déteste-t-il ?*

➥ Par ailleurs, les pronoms *en* et *y* ne peuvent remplacer que des noms inanimés :
- *Il pense à sa fiancée.* ➡ *Il pense **à elle**.*
- *Il pense à son prochain mariage.* ➡ *Il **y** pense.*
- *Il a rêvé de son grand-père.* ➡ *Il a rêvé **de lui**.*
- *Il a rêvé de sa nouvelle voiture.* ➡ *Il **en** a rêvé.*

ⓘ Les pronoms remplaçant des animaux peuvent être ceux employés pour les noms animés ou pour les noms inanimés, selon le degré de proximité de l'animal avec l'homme :
- *Il parle de son chien.* ➡ **De qui** *parle-t-il ?* ou **De quoi** *parle-t-il ?*
- *Il parle des moustiques.* ➡ **De quoi** *parle-t-il ?*

➥ Lorsque le complément circonstanciel de lieu est un nom animé, on emploie la préposition *chez* :
- *J'ai acheté ce jambon **chez le boucher**.*

Lorsqu'un complément circonstanciel de lieu est un nom inanimé, on emploie la préposition *à* :
- *J'ai acheté ces croissants **à la boulangerie**.*

... Noms abstraits, noms concrets

Le nom concret désigne des êtres ou des choses qui peuvent être perçus par nos sens (vue, ouïe, toucher, goût, odorat).
- *Garçon, musique, aspérité, chocolat, fleur* sont des noms concrets.

Le nom abstrait désigne des notions ou des idées qui ne peuvent être perçues que par notre esprit, notre imagination.
- *Vérité, espièglerie, bonheur, imagination* sont des noms abstraits.

➪ Grammaticalement, un nom abstrait s'emploie exactement comme un nom concret :
- *un garçon superficiel ; un bonheur superficiel*
- *Elle a beaucoup de chaussures. Elle a beaucoup d'imagination.*

Mais connaître la distinction entre nom abstrait et nom concret permet de ne pas confondre le complément circonstanciel de manière avec le complément circonstanciel de moyen :
- *Il mange **avec appétit**.* (manière)
- *Il mange **avec ses doigts**.* (moyen)

ⓘ Certains noms concrets peuvent être employés en tant que noms abstraits, et inversement :
- *Il porte un chapeau sur **la tête**.* (nom concret) ➡ *Il a perdu **la tête**.* (nom abstrait)
- *Je prends des cours de **sculpture**.* (nom abstrait) ➡ *J'ai acheté **une sculpture** à un brocanteur.* (nom concret)

••• Noms en apposition

Un nom en apposition est un nom placé directement à côté d'un autre nom (ou d'un pronom), qu'il qualifie. Un nom en apposition désigne toujours le même être ou le même objet que le nom ou le pronom auquel il est apposé :
- *Il est chef **mécanicien**.*
- *Michel, **mon voisin**, est un peu envahissant.*

➪ Le nom en apposition sert à qualifier l'être ou l'objet

désigné par le nom auquel il est apposé. Il en précise l'identité, la nature ou une caractéristique :

- *un garçon **boucher***
- *Paul, **le fils de David**, est pilote de ligne.*
- ***Étudiante**, je logeais en cité universitaire.*

➤ L'apposition avec un nom peut se construire de deux manières différentes.

Apposition attachée

Construction

➤ Le nom en apposition dite « attachée » suit directement le nom auquel il se rapporte, sans préposition ni virgule. Il en est généralement séparé par une simple espace mais, si les deux noms sont des noms communs, on peut aussi avoir un trait d'union :

- *une danseuse(-)**étoile***
- *un objet(-)**fétiche***
- *une position(-)**clé***
- *un rédacteur(-)**stagiaire***
- *mon amie **Amélie***
- *le roi **Louis XIV***

➤ Dans certains cas, le nom en apposition est précédé d'un déterminant. On ne peut alors pas avoir de trait d'union :

- *mon ami **l'oiseau***
- *Alfred **le facteur***

Accord

➤ Dans l'apposition attachée, le nom apposé et le nom auquel il se rapporte ne sont pas nécessairement du même genre :

- *une manche ballon ; une jupe fourreau ; la zone euro*

➥ Le nom en apposition attachée est toujours variable en nombre lorsqu'il est possible d'établir une relation d'équivalence entre ce nom apposé et le nom auquel il se rapporte. On peut tester la relation d'équivalence ou de ressemblance en tentant d'insérer les mots « qui sont des » entre les deux noms :

- *des garçons **coiffeurs*** (= des garçons qui sont des coiffeurs)
- *mes amis **les oiseaux*** (= mes amis qui sont des oiseaux)
- *des bébés **tigres*** (= des bébés qui sont des tigres)

➥ À l'inverse, on considère généralement que s'il est impossible d'établir une relation d'équivalence entre le nom apposé et le nom auquel il se rapporte, le nom apposé est invariable en nombre :

- *des fraises **chantilly*** (= des fraises accompagnées de chantilly)
- *des œufs **cocotte*** (= des œufs cuits en cocotte)
- *des sous-vêtements couleur **chair*** (= de la couleur de la chair)

ⓘ L'usage est toutefois très fluctuant en la matière, et autorise la marque du pluriel dans certains cas où la relation d'équivalence est discutable, voire inexistante. Par exemple :

- *des danseuses **étoiles*** (Les danseuses ne sont pas des étoiles, bien qu'elles soient comparables à des étoiles.)
- *des films **cultes*** (Les films ne sont pas des cultes : ils font l'objet de cultes.)
- *des bateaux **pirates*** (Les bateaux ne sont pas des pirates : ils appartiennent à des pirates.)

Noms

•• Apposition détachée

Construction

➡ Le nom en apposition dite « détachée » est séparé du nom ou du pronom auquel il est apposé par une virgule à l'écrit, une pause à l'oral :

- *Benjamin, **mon mari**, est informaticien.*
- ***Enfant**, j'aimais jouer dans la neige.*

🛈 Lorsque le nom apposé a la valeur d'une proposition subordonnée circonstancielle (de temps, de concession, de cause...), il peut se placer à n'importe quelle place dans la phrase, à condition qu'il n'y ait pas de doute possible sur le nom ou le pronom auquel il est apposé :

- ***Enfant**, j'aimais jouer dans la neige.*
- *J'aimais jouer dans la neige, **enfant**.*
- *J'aimais jouer, **enfant**, dans la neige.*

Accord

➡ Lorsqu'il désigne un nom animé dont le sexe est déterminé, le nom en apposition détachée s'accorde en genre avec le nom ou le pronom auquel il se rapporte :

- ***Olivier**, **le cousin** de Juliette*
- ***Juliette**, **la cousine** d'Olivier*

➡ Dans les autres cas, l'apposition et le nom ou le pronom auquel elle se rapporte peuvent être de genre différent :

- *Nous avons mangé **une charlotte aux poires**, **mon dessert préféré***
- ***Mon boulanger**, **une personne très distraite**, me rend toujours trop de monnaie.*

➡ Le nom en apposition détachée s'accorde en nombre avec le nom ou le pronom auquel il se rapporte :

- ***Baptiste et Simon, mes frères**, habitent Nantes.*
- ***Enfants, nous** aimions jouer dans la neige.*

Adjectifs

Un adjectif est un mot qui s'adjoint à un nom :

✓ pour le qualifier (c'est alors un **adjectif qualificatif**) :
- *un **vieux** chien*
- *une personne **généreuse***
- *Ce plat est **froid**.*

✓ ou pour le déterminer (c'est alors un **déterminant**) :
- ***mon** bégonia* (adjectif possessif)
- ***ce** bégonia* (adjectif démonstratif)
- ***deux** bégonias* (adjectif numéral)
- ***chaque** bégonia* (adjectif indéfini)
- ***quel** bégonia ?* (adjectif interrogatif)
- ***quel** bégonia !* (adjectif exclamatif)
- ***lequel** bégonia* (adjectif relatif)

... Adjectifs démonstratifs

L'adjectif démonstratif sert à montrer l'être ou la chose désignée par le nom auquel il est joint. Les formes simples de l'adjectif possessif sont *ce, cette, ces* :

- ***Ce** repas était excellent.*
- *Regarde **cette** statue !*
- *À qui sont **ces** lunettes ?*

ⓘ Pour des raisons d'euphonie, *ce* devient *cet* devant une voyelle ou un *h* muet :
- ***ce** chanteur* mais ***cet a**rtiste*, ***cet h**omme*

Adjectifs

➡ L'adjectif démonstratif s'accorde en genre et en nombre avec le nom qu'il détermine :
- **ce** vélo, **ces** vélos
- **cette** voiture, **ces** voitures

Emplois de l'adjectif démonstratif

➡ L'adjectif démonstratif sert à montrer l'être ou la chose évoquée dans l'espace ou dans le temps :
- Regarde **cet oiseau** !
- Je viendrai te voir **ce week-end**.

➡ Mais l'adjectif démonstratif peut aussi, de manière figurée :

✓ indiquer que le nom qu'il accompagne désigne un être ou une chose dont on vient de parler ou dont on va parler :
- J'ai rencontré **la mère d'Alice**. **Cette femme** est une vraie tornade.
- Maître Renard, par l'odeur alléché / Lui tint à peu près **ce langage** : / « **Eh ! Bonjour, Monsieur du Corbeau** (...) » (Le corbeau et le renard, La Fontaine)

✓ s'employer à la place de l'article pour mettre en relief le nom qu'il détermine, avec une nuance respectueuse ou, au contraire, péjorative :
- **Ces messieurs** prendront-ils un café ?
- C'est **ce Gontran** qui lui aura mis des idées dans la tête.

➡ La tournure familière *un(e) de ces* met en relief le nom déterminé :
- J'ai eu **une de ces peurs** !

⚠ Attention à ne pas confondre *ce*, adjectif démonstratif, et *se*, pronom personnel réfléchi, qui se prononcent de manière identique :

Adjectifs

- **Ce** train va à Nantes. (adjectif démonstratif)
- Elle **se** trompe. (pronom personnel réfléchi)

Au pluriel, attention à ne pas confondre *ces*, adjectif démonstratif, et *ses*, adjectif possessif :

- **Ces** animaux sont dangereux. (adjectif démonstratif = ceux que je désigne)
- **Ses** animaux sont dangereux. (adjectif possessif = les siens)

ce... -ci, ce... -là

➥ L'adjectif démonstratif peut être renforcé par les adverbes *-ci* ou *-là*. Le nom est alors placé entre l'adjectif démonstratif et l'adverbe :

- **cette** fleur-**ci** ; **cette** fleur-**là**

⚠ *Ci* et *là* sont liés par un trait d'union au nom qui les précède immédiatement :

- *ces temps-ci ; ce grand garçon-là ; cet après-midi-là*

Ce trait d'union disparaît si le nom et l'adverbe sont séparés par quelque élément que ce soit (adjectif, complément du nom...) :

- *cet oiseau **noir ci** ; cette histoire **d'amour là***

➥ *Ce... -ci* s'emploie plutôt pour montrer ce qui est proche dans le temps ou dans l'espace :

- Est-ce que je peux prendre **cette place-ci** ? (toute proche)
- C'est **ce mois-ci** que je pars en Inde. (= le mois courant)

Ce... -là s'emploie plutôt pour montrer ce qui est éloigné dans le temps ou dans l'espace :

- Je prendrai **cette place-là**, tout au fond.
- **Cette année-là**, je passais mon bac. (On parle d'une année passée.)

➥ Les adverbes *-ci* et *-là* peuvent s'employer simultanément

Adjectifs

pour opposer deux êtres ou deux choses :
- *Prendras-tu **ce modèle-ci** ou **ce modèle-là** ?*

... Adjectif exclamatif

L'adjectif exclamatif détermine un nom dans une phrase exclamative. *Quel* est le seul adjectif exclamatif :
- ***Quel*** *beau film !*
- ***Quels*** *idiots nous sommes !*

➥ L'adjectif exclamatif s'accorde en genre et en nombre avec le nom qu'il accompagne :
- ***Quel*** *désordre !*
- ***Quelle*** *belle histoire !*
- ***Quels*** *artistes !*
- ***Quelles*** *canailles !*

Emplois

➥ L'adjectif exclamatif exprime le sentiment de la personne qui parle sur l'être ou l'objet désigné par le nom qu'il détermine. Ce sentiment peut être positif ou négatif :

✓ admiration, joie, surprise...
- ***Quelle*** *œuvre !*
- ***Quelle*** *belle journée !*
- ***Quelle*** *coïncidence !*

✓ indignation, tristesse, dégoût, mépris...
- ***Quel*** *crétin !*
- ***Quel*** *dommage*
- ***Quelle*** *horreur !*
- ***Quelle*** *idée !*

➥ L'adjectif exclamatif peut s'employer :

✓ dans des phrases nominales (phrases sans verbe) :
  - **Quel** acteur !
  - **Quel** beau jardin !

✓ dans des phrases verbales :
  - **Quel** acteur tu **ferais** !
  - **Quel** beau jardin vous **avez** !

ⓘ *Quel* peut être aussi un adjectif interrogatif :
  - **Quelle** mouche vous pique ?
  - De **quel** pays êtes-vous originaire ?

... Adjectifs indéfinis

L'adjectif indéfini peut être un mot simple ou une locution. Il accompagne un nom pour exprimer :

✓ une quantité nulle ou une absence *(aucun, nul, pas un)* :
  - Je n'ai **aucune** envie d'aller travailler.
  - **Nul** homme n'a jamais gravi cette montagne.
  - **Pas un** jour ne se passe sans qu'il ne m'appelle.

✓ un nombre indéfini ou la présence de plusieurs éléments *(certains, divers, différents, maint, plusieurs, plus d'un, quelques...)* :
  - Il va passer **quelques** jours à la campagne.
  - Je te l'ai dit à **maintes** reprises.
  - Nous avons envisagé **diverses** options.

✓ une quantité totale dont les éléments sont considérés séparément *(chaque, tout)* :
  - Ils vont au cinéma **chaque** mercredi.
  - **Tout** être humain a droit au bonheur.

✓ une quantité totale dont les éléments sont considérés

Adjectifs

dans leur globalité (*tout*) :
- *Ils vont au cinéma **tous** les mercredis.*
- ***Tous** les êtres humains ont droit au bonheur.*

✓ l'indétermination d'un être ou d'une chose (*certain, n'importe quel, quelconque, quelque...*) :
- ***N'importe quel** outil fera l'affaire.*
- *C'est un homme d'un **certain** âge.*
- *Il a lu ça dans **je ne sais quel** journal.*

✓ une ressemblance (*même, tel*) :
- *Nous avons la **même** montre.*
- *Une **telle** offre ne se refuse pas.*

✓ une différence (*autre*) :
- *Je vais acheter un **autre** sac.*

•• *aucun*

Emploi

➥ Dans une phrase exprimant le doute, l'interrogation ou la comparaison, *aucun* est l'équivalent de *un, quelque* :
- *Je doute qu'il trouve **aucun** objet intéressant dans cette brocante.* (= qu'il y trouve un/quelque objet intéressant)
- *Voyez-vous **aucun** inconvénient à cette solution ?* (= y voyez-vous un/quelque inconvénient ?)

➥ Dans les autres types de phrases, *aucun* a le sens de « nul », « pas un ». Il s'emploie toujours avec les adverbes *ne, ne... plus, ne... jamais* :
- *Il **n'**a trouvé **aucun** objet intéressant dans cette brocante.*
- *Je **n'**y vois **aucun** inconvénient.*
- ***Ne** me dérangez en **aucun** cas.*

Adjectifs

➧ *Aucun* peut aussi s'employer avec la préposition *sans* :
- *Je vous dis cela **sans aucune** hypocrisie.*

Dans la langue soutenue ou littéraire, il peut alors être placé après le nom :
- *Je vous dis cela **sans** hypocrisie **aucune**.*

⚠ En coordination, *aucun* s'emploie avec *ni* et non avec *et*.
- On ne dira pas **Je ne possède aucun dictionnaire et aucune encyclopédie* mais *Je ne possède aucun dictionnaire **ni** aucune encyclopédie.*

ⓘ *Aucun* peut aussi être un pronom :
- ***Aucun** de mes amis ne fume.*
- *De tous mes collègues, **aucun** n'a d'enfant.*

Accord

➧ *Aucun* s'accorde en genre avec le nom qu'il détermine :
- *Il n'a **aucun argument**, **aucune raison** à nous donner.*

➧ On ne l'emploie au pluriel que devant des noms qui n'ont pas de singulier :
- ***aucuns frais** ; **aucunes funérailles***

⚠ Lorsque plusieurs sujets sont précédés de *aucun*, le verbe s'accorde uniquement avec le dernier sujet :
- *Aucune radio, aucune télévision, **aucun journal n'est censuré**.*

•• autre

Emplois

➧ L'adjectif indéfini *autre* sert à distinguer l'être ou l'objet désigné par le nom qu'il accompagne d'un être ou d'un objet

Adjectifs

de même nature, mais distinct. Il est presque toujours précédé d'un autre déterminant :

- *Je ne vous parle pas de Baptiste, mais de **mon autre frère**.*
- *Elle a **un autre entretien** d'embauche demain.*
- ***Quelle autre solution** avait-il ?*

➡ *Autre peut être coordonné à un(e) par les conjonctions et ou ou :*

- *Qu'il choisisse **l'une ou l'autre** possibilité, ça ne fera pas grande différence.*
- ***L'une et l'autre** possibilités sont intéressantes.*

➡ *Autre peut aussi renforcer les pronoms personnels nous et vous :*

- ***Nous autres**, les citadins, on aime aussi la verdure.*
- *Je viens avec **vous autres**.*

Cet emploi est perçu comme familier en France, mais au Québec, il fait partie de l'usage standard.

ⓘ Quand il signifie « différent », *autre* est un adjectif qualificatif ; il est alors placé après le nom auquel il se rapporte :

- *C'est **un paysage autre** que ceux auxquels je suis habitué.*
- *Elle est **tout autre** depuis son opération.*

Un autre est un pronom :

- *J'avais déjà un mixeur, mais on m'en a offert **un autre**.*

Accord

➡ *Autre s'accorde en nombre avec le nom qu'il détermine, mais il a la même forme au masculin et au féminin :*

- *Je voudrais **un autre soda** et **une autre glace**.*
- *Je cherche **d'autres exemples**.*

Adjectifs ...

➡️ *Autre que*, *sans autre* et *autre chose* sont toujours au singulier :
- *Il n'a pas réalisé d'**autre film que** celui-là.*
- *Il m'a dit cela **sans autre précision**.*
- *Parlons d'**autre chose**.*

➡️ Avec *autre chose*, l'accord se fait au masculin :
- *Il m'a montré **autre chose** d'**étonnant**.*

⚠️ Il ne faut pas confondre cette locution avec *une autre chose*, qui s'accorde au féminin :
- *Il m'a montré **une autre chose étonnante**.*

certain

Emploi

➡️ Employé sans article et au pluriel, *certains* signifie « quelques-uns parmi d'autres » :
- ***Certains jours***, *on n'a pas envie de travailler.*
- ***Certaines personnes*** *auraient bien besoin d'un dictionnaire.*

ℹ️ On rencontre *certain* au singulier et sans article uniquement dans la langue littéraire. Il indique alors qu'on ne veut pas spécifier de quoi il s'agit :
- *Seil-Kor plaça au pied de la pente abrupte **certaine mixture** promptement composée avec des pierres crayeuses et de l'eau.* (Raymond Roussel, *Impressions d'Afrique*)

➡️ Précédé de l'article indéfini *un*, *certain* indique que le nom qu'il détermine est difficile à mesurer, à quantifier :
- *Il y avait là **un certain nombre** de gens.*
- *Il faut **un certain courage** pour parler comme il l'a fait.*
- *C'est un homme d'**un certain âge**.*

Adjectifs

➦ Devant un nom propre, *un certain* exprime le fait que l'on ne connaît pas ou que l'on feint de ne pas connaître cette personne :
- *On m'a demandé si je connaissais **un certain Victor**.*
- *Savez-vous qui était alors préfet de la Seine ? **Un certain baron Haussmann**...*

➦ C'est parfois une marque de dédain :
- *Qui est-ce ? – **Un certain M. Lepitre**, qui ne raconte que des inepties.*

ⓘ *Certain* est parfois adjectif qualificatif ; il est alors placé après le nom auquel il se rapporte et signifie « sûr » :
- *Nous sommes **certains** de réussir.*
- *Il se moque de nous, c'est une chose **certaine**.*

Certain peut aussi être un pronom :
- ***Certains** disent qu'elle est trop sévère.*

Accord

➦ *Certain* s'accorde en genre et en nombre avec le nom qu'il détermine :
- *un **certain** soir de septembre ; une **certaine** nuit de novembre*
- ***certains** hommes ; **certaines** femmes*

•• chaque

Emploi

➦ *Chaque* indique que l'être ou la chose qu'il détermine fait partie d'un ensemble :
- ***Chaque** enfant doit être accompagné d'un adulte.*
- *Je pleure **chaque** fois que je regarde ce film.*

Adjectifs

⚠ L'emploi de *chaque* avec un groupe nominal pluriel pour marquer la périodicité est familier. On évitera donc de dire :
- **chaque** *dix minutes* ; **chaque** *trois jours*

On dira plutôt :
- **toutes les** *dix minutes* ; **tous les** *trois jours*

L'emploi de *chaque* comme pronom est également familier. On évitera donc de dire :
- *Ces cravates coûtent trente euros* **chaque**.

On dira plutôt :
- *Ces cravates coûtent trente euros* **chacune**.

Accord

➥ *Chaque* est toujours au singulier :
- **Chaque matin**, *je fais quelques étirements.*
- *J'examinerai* **chaque option** *séparément.*

➥ Après deux sujets non coordonnés précédés de *chaque*, on met plutôt le verbe au singulier :
- **Chaque homme, chaque femme a** *ses particularités.*

➥ Si les sujets sont coordonnés, le verbe se met indifféremment au pluriel ou au singulier :
- **Chaque officier et chaque soldat feront** *leur devoir* ou **fera** *son devoir.*

·· maint

➥ *Maint* ne s'emploie plus que dans le registre littéraire et dans certaines locutions ; il exprime une quantité élevée et imprécise :
- **Maintes personnes** *m'ont témoigné leur soutien.*
- *Je lui ai téléphoné à* **maintes reprises**.
- *Nous avons fait ce trajet* **maintes fois.**

Adjectifs

➡ *Maint* s'accorde en genre avec le nom qu'il détermine. On peut le mettre indifféremment au singulier ou au pluriel :

- *Il est abîmé en **maint(s) endroit(s)**.*
- *Je vous l'ai dit à **mainte(s) reprise(s)**.*

⚠ Dans l'expression *maintes et maintes fois*, maint est toujours au pluriel.

même

Emploi

➡ Lorsqu'il se trouve devant le nom, *même* se combine avec un autre déterminant et exprime l'identité absolue, la similitude ou l'égalité :

- *Vous êtes nés **le même jour**.*
- *Ils ont **le même pull**.*
- *Il me faut **une même quantité** de sucre et de farine.*

➡ Lorsqu'il se trouve après un nom ou un pronom, *même* insiste sur le fait qu'il s'agit exactement de l'être ou de la chose en question :

- *C'est **cela même**.*
- ***Ceux-là mêmes** qui la critiquaient hier l'encensent aujourd'hui.*

➡ Lorsqu'il se trouve après un nom indiquant une qualité ou un défaut, *même* indique que cette qualité est portée à son plus haut degré :

- *Son fils est **la cruauté même**.*
- *Elle incarne **la douceur et la grâce mêmes**.*

⚠ Lorsque les pronoms personnels *moi, toi, nous, vous, elle(s), lui, eux* ou *soi* précèdent l'adjectif *même*, ils lui sont liés par un trait d'union :

- *Je lui dirai **moi-même**.*
- ***Eux-mêmes** n'ont pas su me renseigner.*

Accord

➡ L'adjectif *même* s'accorde en nombre avec le nom qu'il détermine :

- *Ils ont **les mêmes lunettes**.*
- *Elle a été détrônée par **ceux-là mêmes** qui l'avaient portée au pouvoir.*
- *Ce sont **ses paroles mêmes**.*
- *Il est **la beauté et la grâce mêmes**.*

⚠ *Même* peut aussi être un adverbe. Il est alors invariable :

- ***Même** mes grands-parents ont dansé.*
- *Il repasse **même** ses chaussettes.*

En cas d'hésitation entre l'adjectif et l'adverbe, on peut remplacer *même* par *aussi*. Si la phrase conserve le même sens, c'est qu'il s'agit de l'adverbe :

- *Mes grands-parents **aussi** ont dansé.*
- *Il repasse **aussi** ses chaussettes.*

n'importe quel

➡ *N'importe quel* exprime l'indétermination :

- *Elle est capable de parler de **n'importe quel sujet**.*
- *Donnez-moi **n'importe quelle chambre**, sauf la numéro 13.*

➡ La forme verbale *n'importe* est invariable, mais *quel* s'accorde en genre et en nombre avec le nom déterminé :

- *Il irait voir **n'importe quel film** avec Bruce Willis.*
- *Vous pouvez venir à **n'importe quelle heure**.*

Adjectifs

- *N'importe quels **vêtements** feront l'affaire.*
- *Je ne peux pas travailler dans **n'importe quelles circonstances**.*

•• nul

Emploi

➥ L'adjectif indéfini *nul* signifie « pas un », « aucun ». Il s'accompagne presque toujours de l'adverbe *ne* ou de la préposition *sans* :

- *Je **n**'ai **nul** besoin d'un nouveau téléphone.*
- ***Nul** homme **n**'a jamais marché sur Jupiter.*
- ***Nulle** part ailleurs je **n**'ai été si bien reçu.*
- *Nous réussirons, **sans nul** doute.*

ⓘ *Nul* est parfois un adjectif qualificatif ; il est alors placé après le nom qu'il complète et signifie « qui ne vaut rien » :

- *Cet **acteur** est **nul**.*
- *Il fait des **films nuls**.*

Nul peut aussi être un pronom. Il signifie alors « personne » :

- ***Nul** n'est censé ignorer la loi.*

Accord

➥ *Nul* s'accorde en genre avec le nom qu'il détermine :

- *Je n'ai **nul besoin**, **nulle envie** d'y aller.*

➥ Mais, comme *aucun*, il s'emploie uniquement au singulier, sauf lorsqu'il détermine un nom qui n'a pas de singulier :

- *N'engageons **nuls frais** inutiles.*
- ***Nulles fiançailles** n'ont été si minutieusement organisées que les leurs.*

➥ Lorsque *nul* précède plusieurs noms, le verbe s'accorde uniquement avec le dernier de ces noms :

Adjectifs

• ***Nul organisme**, **nulle association** n'est **habilitée** à faire cela.*

➦ Lorsqu'il est suivi du pronom *autre*, *nul* s'accorde avec le nom que remplace *autre* :

• *Nous avons visité **un musée** semblable à **nul autre**. (= à nul autre musée)*

• ***Cette fleur** ne ressemble à **nulle autre**. (= à nulle autre fleur)*

⚠ Dans l'expression *à nul autre pareil*, *nul* s'accorde uniquement en genre avec le nom que remplace le pronom *autre*. L'adjectif *pareil*, lui, s'accorde en genre et en nombre avec le nom que remplace *autre* :

• *Il possède **des pierres précieuses** à **nulle autre pareilles**. (= pareilles à nulle autre pierre précieuse)*

Si le nom repris par le pronom *autre* ne s'emploie qu'au pluriel, *nul* et *autre* s'accordent alors en nombre :

• *Ils ont eu **des fiançailles** à **nulles autres pareilles**.*
(= pareilles à nulles autres fiançailles)

quelconque

➦ L'adjectif indéfini *quelconque* se place avant ou après le nom qu'il détermine et signifie « n'importe quel » :

• *Il n'est pas venu pour **une raison quelconque**.*

• *Avez-vous vu **un quelconque individu** entrer dans ce bâtiment ?*

➦ *Quelconque* a la même forme au masculin et au féminin :

• *Je dois trouver **un quelconque sujet, une quelconque idée**.*

Il s'accorde en nombre avec le nom qu'il détermine :

• *Avez-vous **de quelconques projets, de quelconques***

perspectives *pour les prochaines vacances ?*

🛈 *Quelconque* est parfois adjectif qualificatif ; il est alors toujours placé après le nom qu'il qualifie et signifie « banal » :
- *Ce chanteur a **une voix quelconque**.*
- *Cette fille est tout à fait **quelconque**.*

•• quelque

Emploi

➡ Lorsqu'il est employé au singulier, *quelque* exprime l'indétermination. Il signifie « un », « certain », « un peu de » :
- *Nous avons vécu **quelque temps** en Bretagne.*
- *J'ai eu **quelque peine** à la suivre.*
- ***Quelque charlatan** lui a vendu un élixir de jouvence.*

➡ Lorsqu'il est employé au pluriel, *quelques* signifie « un petit nombre de » :
- *J'ai corrigé **quelques fautes** d'orthographe.*
- *Ce tableau coûte cent euros et **quelques**.* (sous-entendu : *et quelques euros*)

➡ Suivi du subjonctif, au singulier ou au pluriel, *quelque* peut aussi exprimer la concession. Il signifie alors « quel que soit » :
- *Sur **quelque sujet** que porte la conversation, il veut toujours avoir le dernier mot.*
- ***Quelques bêtises** qu'il ait pu faire, je lui garde ma confiance.*

⚠ Hormis dans *quelqu'un* et *quelqu'une*, *quelque* ne s'élide jamais :
- *Aurais-tu **quelque autre** conseil à me donner ?*
- *Elle a été déçue par **quelque homme** infidèle.*

Il ne faut pas confondre *quelque*, suivi d'un nom ou d'un

Adjectifs

adjectif, avec *quel... que*, en deux mots, qui est toujours immédiatement suivi d'un verbe au subjonctif ou d'un pronom :
- ***Quel que soit*** son choix, je l'approuverai.
- Tout escroc, ***quel qu'il soit***, sera poursuivi.

Accord

➥ *Quelque* a la même forme au masculin et au féminin :
- *Je ressens **quelque chagrin** à l'idée de la voir partir.*
- *Il a **quelque ambition** au sein de cette entreprise.*
- *J'achèterai **quelques oignons** et **quelques pommes de terre** au marché.*
- *Elle a cinquante ans et **quelques**.*

➥ Dans l'expression à valeur concessive *quelque... que/qui*, l'adjectif *quelque* s'accorde avec le nom qui le suit :
- ***Quelques défauts** qu'il ait, c'est quelqu'un d'honnête.*
- ***Quelques difficultés** que j'aie rencontrées, elle m'a toujours soutenu.*

⚠ Lorsqu'il est employé avec un adjectif ou un adverbe, *quelque* est alors un adverbe et il est invariable :
- *J'ai couru **quelque** trois kilomètres.* (= environ trois kilomètres)
- ***Quelque** rusées qu'elles soient, elles n'arriveront pas à leurs fins.*
- ***Quelque** doucement qu'elle ait parlé, elle l'a réveillé.*

•• *tel*

Emploi

➥ L'adjectif indéfini *tel* exprime une chose précise mais qu'on ne nomme pas :

Adjectifs

- *Il me faut **telle quantité** d'œufs pour faire ce gâteau.*
- *Nous avons rendez-vous **tel jour**, **à telle heure**.*

ⓘ *Tel* peut être aussi un adjectif qualificatif. Il exprime alors la comparaison et peut être suivi de *que* (+ nom, pronom ou verbe à l'indicatif) :
- *Il a filé **telle** une flèche.*
- *J'ai besoin d'une personne **telle que** vous.*
- ***Telle que** je la connais, elle restera discrète.*

Il peut aussi exprimer l'intensité, et être suivi d'une subordonnée de conséquence :
- *Qui pourrait commettre **un tel crime** ?*
- *J'ai eu **une telle peur que** je me suis enfui sans me retourner.*

Tel peut être aussi un pronom :
- ***Tel** est pris, qui croyait prendre.* (proverbe)

Accord

➡ *Tel* s'accorde en genre et en nombre avec le nom qu'il détermine :
- *Nous nous sommes donné rendez-vous **tel jour**, **à telle heure**.*
- *Pour nous reconnaître, nous devrons porter **tels vêtements**, **telles tenues**.*

➡ Avec *tel et tel*, le verbe s'accorde au pluriel, mais le nom reste au singulier :
- *Si **tel et tel projet échouaient**, nous serions en faillite.*

➡ Avec *tel ou tel*, le nom et le verbe sont tous deux au singulier :
- *Si **tel ou tel projet échouait**, il faudrait trouver de nouveaux financements.*

Adjectifs

➡ *Tel et tel* et *tel ou tel* s'emploient le plus souvent au singulier, mais on peut les employer au pluriel si le sens le nécessite ; le verbe est alors toujours au pluriel :
- **Telles et telles personnes pourraient** former une équipe.

tout

➡ Au singulier et suivi d'un nom sans article, l'adjectif indéfini *tout* signifie « chaque », « n'importe quel » :
- **Tout délit** sera puni.
- *Nous récompenserons* **toute personne** *qui nous fournira des informations.*

➡ Au pluriel, l'adjectif indéfini *tout* s'emploie avec un autre déterminant et a le sens de « chaque », « l'ensemble de » :
- **Tous les hivers**, *nous partons à la montagne.*
- *J'ai perdu* **toutes mes données**.

⚠ Dans les locutions *tout feu tout flamme*, *tout yeux tout oreilles* et *tout ouïe*, on écrit toujours *tout*.

➡ Lorsqu'il y a plusieurs sujets précédés de *tout*, le verbe s'accorde uniquement avec le dernier sujet :
- *Tout usager,* **tout employé est tenu** *de respecter le règlement.*

ⓘ *Tout* peut être aussi :

✓ un adverbe ; il est alors invariable, sauf devant un adjectif féminin commençant par une consonne ou un *h* aspiré (il s'accorde alors en genre et en nombre avec cet adjectif) :
- *Elle est* **tout étonnée**.
- *De* **toutes jeunes** *filles*

Adjectifs

✓ un pronom indéfini :
- **Tout** est bon à prendre.
- Une fois pour **toutes**

✓ plus rarement, un nom :
- Le tout, c'est de commencer.

••• Adjectif interrogatif

L'adjectif interrogatif sert à questionner sur la nature ou l'identité d'un être ou d'une chose. Quel est le seul adjectif interrogatif :
- **Quel** est le but de votre recherche ?
- **Quelle** mouche vous pique ?
- Je me demande **quelle** excuse il a inventée.

➥ L'adjectif interrogatif s'accorde en genre et en nombre avec le nom qu'il détermine :
- **Quel** chemin prendra-t-il ?
- **Quelle** couleur préfères-tu ?
- **Quels** sont vos loisirs ?
- **Quelles** activités pratiquez-vous ?

➥ On rencontre l'adjectif interrogatif dans l'interrogation directe :
- **Quel** conseil t'a-t-il donné ?
- **Quels** sont ses goûts ?

Mais aussi dans l'interrogation indirecte :
- Je me demande **quel** conseil il t'a donné.
- J'ignore **quels** sont ses goûts.

ⓘ Quel peut être aussi un adjectif exclamatif :
- Quel talent !

... Adjectifs numéraux

.. Adjectif numéral cardinal

L'adjectif numéral cardinal indique un nombre précis :
- *Catherine a **trois** fils.*
- *Elle a gagné **deux mille** euros.*

➡ À la différence de l'adjectif numéral ordinal, l'adjectif numéral cardinal est un déterminant du nom.

Formes

➡ Les adjectifs numéraux cardinaux sont en nombre illimité puisqu'il existe une infinité de nombres. Ils peuvent être :

✓ simples :
- *zéro, un, deux, trois, vingt, cent, mille...*

✓ composés par addition, multiplication, ou les deux à la fois :
- *trente-deux* (= trente plus deux)
- *quatre-vingts* (= quatre fois vingt)
- *six cent trente-deux* (= six fois cent ajouté à trente plus deux)

⚠ Deux éléments d'un nombre composé sont liés par un trait d'union si chacun d'entre eux est inférieur à cent, et s'ils ne sont pas déjà coordonnés par la conjonction *et* :
- *vingt-quatre* ; *quatre-vingt-dix-neuf* ; *quatre-vingt-dix mille*

Les éléments supérieurs à cent ou coordonnés par *et* sont séparés par une espace :
- *cent deux* ; *trente et un* ; *sept cent mille trois cent vingt-deux* ; *cent quatre mille* ; *huit cent trente et un*

Adjectifs

> Les *Rectifications de l'orthographe de 1990* préconisent de lier par des traits d'union tous les éléments d'un numéral composé, qu'ils soient inférieurs ou supérieurs à cent et coordonnés ou non par et. On peut donc écrire :
> - *trente-et-un ; cent-deux ; quatre-vingt-dix-mille ; sept-cent-mille-trois-cent-vingt-deux*

Emplois

➦ L'adjectif numéral cardinal peut s'employer seul ou se combiner avec d'autres déterminants (article défini ou adjectif possessif) :
- *trois frères ; les trois frères ; mes trois frères*

➦ Précédé d'un article mais non suivi d'un nom, l'adjectif numéral cardinal joue le rôle d'un nom :
- *J'ai eu **un vingt** en dictée.*

➦ Employé sans article et non suivi d'un nom, il joue le rôle d'un pronom :
- *Nous sommes **cinq**.*
- *Gardez-m'en **douze**.*

➦ L'adjectif numéral cardinal peut prendre une valeur partitive lorsqu'il est suivi d'un complément :
- ***Deux de ses plus proches amis** vont déménager.*

➦ Dans certains cas, l'adjectif numéral cardinal peut jouer le rôle d'un adjectif numéral ordinal et indiquer un rang. On emploie l'adjectif numéral cardinal à la place de l'ordinal pour désigner :

✓ les années :
- *l'an **deux mille*** (= la deux millième année)

✓ les heures :
- ***trois** heures de l'après-midi* (= la troisième heure de

Adjectifs

l'après-midi)

✓ les dates, sauf *le premier* :
- *Le **3** octobre* (= le troisième jour du mois d'octobre)

✓ les personnes d'une dynastie, sauf *premier* :
- *Louis **XVI*** (= Louis le seizième)

✓ les numéros d'ordre :
- *Relisez le chapitre **deux**.* (= le deuxième chapitre)
- *L'acte **cinq*** (= le cinquième acte)
- *J'habite au **8** de la rue Flaubert.* (= la huitième maison de la rue)

Accord

➥ L'adjectif numéral cardinal est invariable :
- ***quatre** saucisses* ; ***sept** ans* ; ***soixante** marches*

exceptions

Un s'accorde en genre :
- ***un** infirmier*, ***une** infirmière*

Vingt et *cent* prennent un *s* final lorsqu'ils représentent plusieurs vingtaines ou centaines entières, c'est-à-dire lorsqu'ils sont précédés d'un nombre qui les multiplie et qu'ils ne sont pas immédiatement suivis d'un autre adjectif numéral :
- *quatre-**vingts*** ; *deux **cents*** ; *trois **cents** millions*

Ils restent invariables s'ils sont suivis d'un autre adjectif numéral :
- *quatre-**vingt**-dix* ; *deux **cent** mille* ; *trois **cent** deux* ; *cinq **cent** quatre-vingts*

Vingt et *cent* sont également toujours invariables quand ils ont une valeur ordinale, c'est-à-dire quand ils indiquent un rang et non un nombre, une quantité. C'est le cas pour les

Adjectifs

années et les numéros d'ordre, par exemple :
- *C'est écrit page **deux cent quatre-vingt**.*
- *Mon arrière-grand-mère est née en **mille neuf cent**.*
- *C'était dans les années **quatre-vingt**.*

⚠ *Millier, million, milliard, billion,* etc. sont des noms et non des adjectifs (ils s'emploient obligatoirement avec un déterminant). Ils varient en nombre :
- ***plusieurs milliers** de manifestants ; **deux millions** cinq cent mille habitants ; **dix milliards** d'euros*

En revanche, *mille* est bien un adjectif numéral (il peut s'employer sans déterminant) ; il est donc invariable :
- *deux **mille** ; huit **mille** cinq cents*

•• Adjectif numéral ordinal

L'adjectif numéral ordinal indique un rang précis dans une série :
- *C'est son **cinquième** roman.*
- *Il a remporté le titre pour la **sixième** année consécutive.*

Formes

➥ Pour former l'adjectif numéral ordinal, on ajoute le suffixe *-ième* à l'adjectif numéral cardinal correspondant :
- *douze* ➠ *douzième*
- *cent* ➠ *centième*
- *trente-trois* ➠ *trente-troisième*

exceptions

■ L'adjectif numéral cardinal correspondant à *un* est *premier* lorsqu'il est employé seul, et *unième* dans les adjectifs composés :

Adjectifs

- *le premier candidat ; la **première** candidate*
- *le cinquante et **unième** festival ; arriver cent **unième***

■ Lorsqu'il est employé seul, l'adjectif numéral cardinal correspondant à *deux* est soit *deuxième*, soit *second* :
- *son **second** mandat ou son **deuxième** mandat*

On emploie obligatoirement *deuxième* dans les adjectifs composés :
- *mon vingt-**deuxième** anniversaire ; sa cent **deuxième** année*

❶ De nos jours, *second* et *deuxième* s'emploient souvent indifféremment. Certains puristes maintiennent cependant que :

✓ *second* ne devrait s'employer que pour désigner un être ou une chose qui prend place dans une série de deux éléments :
- *C'est mon **second** fils.* (J'ai deux fils.)

✓ *deuxième* ne devrait s'employer que pour désigner une chose ou un être qui prend place dans une série de plus de deux éléments :
- *C'est son **deuxième** fils.* (Il a au moins trois fils.)

❶ Au lieu de *premier, troisième, quatrième, cinquième*, on rencontre parfois les formes anciennes *prime, tiers (tierce), quart(e), quint(e)* :
- *de **prime** abord ; le **tiers**-État ; le **Quart** Livre ; Charles **Quint***

Emplois

➟ À la différence de l'adjectif numéral cardinal, l'adjectif numéral ordinal n'est pas un déterminant du nom. Il se combine donc obligatoirement avec un déterminant non

Adjectifs

numéral (article défini ou adjectif possessif) :

- ***La première** fois que je l'ai vu, il portait des chaussures vertes.*
- *Elle est enceinte de **son troisième** enfant.*

➡ Employé sans le nom et précédé d'un article, l'adjectif numéral ordinal joue le rôle d'un pronom ou d'un nom :

- *Que penses-tu de ces candidats ? **Le deuxième** me semble plus compétent.*
- *Je travaille **dans le treizième**.* (sous-entendu : le treizième arrondissement)

➡ Il peut prendre une valeur partitive, lorsqu'il est suivi d'un complément :

- *Elle a fini **première de la course**.*

ⓘ Dans certains cas, l'adjectif numéral cardinal est employé à la place de l'adjectif numéral ordinal pour indiquer un rang :

- *l'an **deux mille*** (= la deux millième année)
- ***trois** heures de l'après-midi* (= la troisième heure de l'après-midi)
- *le **3** octobre* (= le troisième jour du mois d'octobre)
- *Louis **XVI*** (= Louis le seizième)
- *le chapitre **deux*** (= le deuxième chapitre)

Accord

➡ La partie suffixée de l'adjectif numéral ordinal s'accorde en nombre avec le nom déterminé par l'adjectif :

- *les **deuxièmes dimanches** du mois*
- *les trente-**cinquièmes rencontres** internationales*
- *les deux cent **cinquantièmes fiançailles** de l'année*

Adjectifs

➡ *Premier* et *second* s'accordent également en genre :
- *les **premiers** jours, les **premières** journées*
- *le **second** match, la **seconde** mi-temps*

... Adjectifs possessifs

L'adjectif possessif est un déterminant du nom qui indique généralement le possesseur de ce qui est désigné par ce nom :
- *C'est **ma** voiture.*
- *As-tu retrouvé **tes** clés ?*
- ***Leur** appartement est à vendre.*

Cependant, l'adjectif possessif peut aussi indiquer la simple relation :
- *Il aime prendre **son** temps.*
- ***Nos** fils n'aiment pas les choux de Bruxelles.*
- ***Votre** gentillesse me touche.*

Formes

➡ L'adjectif possessif varie en fonction du genre et du nombre de ce qui est possédé, mais aussi en fonction de la personne du possesseur :

possesseur	possédé masculin singulier	possédé féminin singulier	possédé pluriel
1re personne du singulier	mon	ma (*mon* devant une voyelle ou un *h* muet)	mes
2e personne du singulier	ton	ta (*ton* devant une voyelle ou un *h* muet)	tes

Adjectifs

possesseur	possédé masculin singulier	possédé féminin singulier	possédé pluriel
3ᵉ personne du singulier	son	sa (*son* devant une voyelle ou un *h* muet)	ses
1ʳᵉ personne du pluriel	notre	notre	nos
2ᵉ personne du pluriel	votre	votre	vos
3ᵉ personne du singulier	leur	leur	leurs

⚠ Lorsqu'il n'y a qu'une seule chose ou qu'un seul être pour chaque possesseur, on peut employer indifféremment *leur* ou *leurs* ; le singulier permet d'insister sur l'unicité, le pluriel sur la pluralité :

- *Elles ont mis **leur chapeau*** ou *Elles ont mis **leurs chapeaux**.*

Attention à ne pas confondre l'adjectif possessif *leur*, qui est variable, et le pronom personnel *leur*, qui est invariable :

- *Ils ont réprimandé **leurs** enfants.* (adjectif possessif)
- *Nous **leur** avons dit la vérité.* (pronom personnel)

L'adjectif possessif peut être remplacé par n'importe quel autre adjectif possessif, ce qui n'est pas le cas du pronom personnel :

- *Ils ont réprimandé **nos** enfants.*
  (On peut remplacer *leur* par un adjectif possessif : *leur* est donc un adjectif possessif.)
- **Nous **nos** avons dit la vérité.*
  (On ne peut pas remplacer *leur* par un adjectif possessif : *leur* est donc un pronom personnel.)

Adjectifs

➥ Lorsque l'adjectif possessif est en fonction d'attribut (il est alors séparé du nom auquel il se rapporte par un verbe), on emploie les formes *mien, tien, sien, nôtre, vôtre, leur*. Attention à l'accent circonflexe sur le *o* de *nôtre* et *vôtre* !

- *Ces livres sont **miens**.*
- *Ce secret est **nôtre**.*
- *Amicalement **vôtre**.*

Cette tournure appartient au registre soutenu.

Emplois

➥ Comme son nom l'indique, l'adjectif possessif indique généralement la possession :

- *Est-ce **votre** billet ?*
- *Ils ont repeint **leur** salon.*

Mais l'adjectif possessif indique souvent la simple relation :

- ***mon** frère ; **mes** amis ; **mon** chef*
- *rater **son** bus ; poursuivre **ses** études ; réussir **sa** vie*

➥ Il peut aussi exprimer une nuance :

✓ d'affection :
- ***ma** petite Camille ; **son** cher Léandre*

✓ de respect (titres, grades) :
- ***Sa** Majesté ; **mon** capitaine*

✓ de mépris, d'ironie :
- *Il a voulu faire **son** intéressant.*

✓ d'habitude :
- *Le mardi, j'ai **mon** cours de gymnastique.*

➥ L'adjectif possessif peut être renforcé par l'adjectif *propre* :

- *Elle le considère comme **son propre** fils.*
- *Ce sont **ses propres** mots.*

Adjectifs

> ℹ️ Lorsque la possession est évidente, notamment pour les parties du corps, on emploie l'article défini plutôt que l'adjectif possessif :
> - *J'ai mal à **la** jambe.*
> - *Brosse-toi **les** dents !*

... Adjectifs qualificatifs et relationnels

Les adjectifs qualificatifs expriment généralement une qualité du nom ou du pronom auquel ils sont adjoints :
- *Dominique a un regard **malicieux**.*
- *Il est très **étourdi**.*
- *La femme de mon frère est **chinoise**.*

➦ L'adjectif qualificatif est le noyau du groupe adjectival, dont il peut être le seul élément. Le groupe adjectival peut également comporter :

✓ un adverbe ou un groupe adverbial :
- ***Très joli** coup !*
- *C'est **vraiment très compliqué**.*

✓ un groupe prépositionnel :
- *Vous êtes **contents de vous** ?*
- *Il est toujours **volontaire pour apporter son aide à ceux qui en ont besoin**.*

✓ un pronom :
- *J'**en** suis **fou**.*

✓ une proposition conjonctive :
- *Elle est **vexée que vous ne l'ayez pas prévenue**.*

✓ plusieurs de ces éléments à la fois :
- *Je suis **vraiment très fâchée contre lui**.*

Adjectifs

Les adjectifs relationnels sont des adjectifs dérivés de noms communs qui établissent une relation entre le nom qu'ils complètent et le nom dont ils sont dérivés. Ils sont l'équivalent d'un complément du nom ou d'une proposition relative :
- *Il a des problèmes **cardiaques**.* (= des problèmes de cœur)
- *J'aime me promener au parc **municipal**.* (= au parc qui appartient à la commune)

➥ Les adjectifs relationnels sont souvent associés aux adjectifs qualificatifs, avec lesquels ils présentent des propriétés communes. Cependant, à la différence des adjectifs qualificatifs, les adjectifs relationnels :

✓ s'emploient uniquement en fonction épithète, c'est-à-dire qu'ils ne peuvent pas être séparés du nom par un verbe ni être mis en apposition. On ne peut pas dire :
- **Ses problèmes sont cardiaques.*
- **Cardiaques, ses problèmes lui causent beaucoup de souci.*

✓ ne peuvent se placer qu'après le nom qu'ils complètent. On ne peut pas dire :
- **des cardiaques problèmes*
- **un municipal parc*

✓ ne peuvent pas être modifiés par des adverbes d'intensité. On ne peut pas dire :
- **des problèmes assez cardiaques*
- **un parc très municipal*

ⓘ Un même adjectif peut appartenir à l'une ou l'autre des catégories, selon son contexte d'emploi :
- *Cette espèce appartient au règne animal.* (« qui a rapport à l'animal » ➡ adjectif relationnel)

61

- *Son comportement est très animal.* (« qui en l'homme est propre à l'animal » ➡ adjectif qualificatif)

Adjectif épithète

Lorsque l'adjectif qualificatif ou relationnel n'est pas relié au nom par un verbe, il est épithète :
- *un homme **tolérant** ; une entreprise **prestigieuse***

➽ L'adjectif épithète est le plus souvent placé directement devant ou derrière le nom qu'il qualifie, mais il peut en être séparé par un adverbe ou un autre adjectif :
- *un homme **très tolérant** ; une entreprise **rentable et prestigieuse***

Épithètes placées après le nom

➽ La plupart des adjectifs épithètes se placent après le nom. On parle alors de « postposition » :
- *C'est un temps **estival.***
- *Où as-tu trouvé ce chapeau **ridicule** ?*

➽ La postposition concerne généralement les adjectifs caractérisant le nom de façon objective :

✓ les qualificatifs de forme ou de couleur :
- *du chocolat **noir** ; une table **rectangulaire***

✓ les participes employés comme adjectifs :
- *un pantalon **troué** ; le numéro **gagnant***

➽ Les adjectifs relationnels, qui établissent un lien entre deux noms et classifient plus qu'ils ne qualifient, sont toujours postposés :
- *l'élection **présidentielle*** (= du président)
- *des problèmes **économiques*** (= relatifs à l'économie)

Adjectifs

➡ L'adjectif épithète qualifiant un pronom est introduit par un *de* dit «explétif», c'est-à-dire sans valeur grammaticale :
- *Il a dit **quelque chose d'intéressant**.*
- *Elle n'a **rien d'extraordinaire**.*

Épithètes placées avant le nom

➡ Certains adjectifs épithètes se placent avant le nom. La plupart sont des adjectifs courts et d'usage courant, comme *beau, gros, joli, petit, long, vieux...*
- *Vous avez **un beau jardin**.*
- *J'habite dans **une vieille maison**.*

ⓘ En ancien français, l'épithète précédait souvent le nom. Il en reste des traces dans certains noms composés et certains noms de villes :
- *grand-mère, basse-cour, plate-bande, Neufchâtel...*

Épithètes placées avant ou après le nom

➡ Certains adjectifs épithètes *(brave, curieux, grand, pauvre, propre, triste...)* peuvent se placer aussi bien avant qu'après le nom.

Placée avant le nom, l'épithète le met en relief, lui donne une force particulière :
- *Il a vécu **une aventure incroyable**.* ➡ *Il a vécu **une incroyable aventure**.*

ⓘ Le sens de l'adjectif varie parfois en fonction de sa place :
- *Mon voisin est **un brave homme*** (= gentil) mais *Ce soldat est **un homme brave*** (= courageux).
- *C'est **un grand homme*** (= important) mais *C'est **un homme grand*** (= de haute taille).
- *Ce sont **de pauvres gens*** (= à plaindre) mais *Ce sont **des gens pauvres*** (= démunis).

Adjectifs

- *C'est **une fille curieuse*** (= indiscrète) mais *C'est **une curieuse fille*** (= bizarre).

•• Adjectif attribut

Un adjectif qualificatif est attribut lorsqu'il qualifie le sujet ou le complément d'objet direct par l'intermédiaire d'un verbe :
- *Il est **amoureux**.*
- *Il est tombé **amoureux**.*
- *Je crois cet homme **amoureux**.*

➡ Un adjectif relationnel ne peut pas occuper la fonction d'attribut :
- **Cette élection est présidentielle.*
- **Cet équipement est informatique.*

L'attribut du sujet

➡ L'attribut du sujet exprime une qualité ou une caractéristique du sujet :
- *Baptiste est **heureux**.*
- *Vous semblez **préoccupés**.*

➡ L'attribut du sujet se construit avec un verbe qui marque un état ou un changement d'état. Ce verbe peut être :

✓ un verbe d'état comme *être, paraître, sembler, devenir, demeurer, rester* ou une locution verbale telle que *avoir l'air, passer pour, être considéré comme...*
- *Tu **es** adorable.*
- *Elle **paraît** reposée.*
- *Il **a l'air** découragé.*

✓ un verbe à la voix passive, ou tout verbe intransitif ou pronominal équivalent du verbe *être* ou d'un verbe d'état :

Adjectifs

- *Elle **est morte** jeune. Il **a été reconnu** irresponsable.*
- *Il **s'est fait** mielleux. Ils **vécurent** heureux.*

ⓘ Le verbe peut être sous-entendu :
- *Anne est très grande, **Claire** très petite.*

➡ L'adjectif qualificatif attribut du sujet se place presque toujours après le verbe qui l'introduit :
- *Elle **est douée**.*

ⓘ L'adjectif attribut peut être placé en tête de phrase si on veut le mettre en relief :
- ***Puissant** est son parfum.*
- ***Grande** est sa modestie.*

➡ L'adjectif attribut du sujet s'accorde en genre et en nombre avec le sujet :
- *Dans ce restaurant, **les entrées** sont **mauvaises** mais **les desserts** sont **corrects**.*

L'attribut du complément d'objet direct

➡ L'attribut du complément d'objet direct permet d'attribuer une qualité ou une caractéristique particulière au complément d'objet direct :
- *J'ai trouvé **sa réaction** excessive.*
- *Nous **le** croyions **perdu**.*

➡ L'attribut du complément d'objet direct se construit avec des verbes transitifs tels que *considérer comme, estimer, croire, juger, supposer, tenir pour, trouver...*
- *Je tiens **Michel** pour **responsable**.*
- *Tu ne **le** trouves pas un peu **simplet** ?*

ⓘ Le complément d'objet direct n'est pas toujours exprimé :
- *La télévision rend **passif**. (= La télévision rend les gens passifs.)*

Adjectifs

➡ L'adjectif attribut du complément d'objet direct s'accorde en genre et en nombre avec le complément d'objet direct :

- *Je **la** crois **intelligente**, mais je trouve **ses idées confuses**.*

ℹ Certaines phrases peuvent être ambiguës à l'écrit :

- *Je vois la fleur rose.*

(*Rose* est attribut du complément d'objet direct : je vois la fleur rose alors qu'en réalité elle est d'une autre couleur.)

- *Je vois la fleur rose.*

(*Rose* est adjectif épithète : il existe une fleur rose et je la vois.)

À l'oral, il y aurait une brève pause entre *fleur* et *rose* dans le premier cas.

Adjectif apposé

L'adjectif qualificatif est dit « apposé » lorsqu'il est séparé du reste de la phrase, y compris du nom ou du pronom qu'il qualifie, par une ou deux virgules (selon sa place dans la phrase) :

- ***Petite**, elle adorait l'école.*
- *Je contemplai, **découragé**, la pile de dossiers que j'avais à traiter.*

➡ L'adjectif apposé peut être accompagné d'un ou plusieurs adverbes, adjectifs ou compléments :

- *Il attendait, **complètement immobile**, derrière la porte.*
- ***Belle et exubérante**, elle attirait tous les regards.*
- *Il contempla son œuvre, **très content du résultat**.*

➡ Contrairement à l'adjectif épithète, l'adjectif apposé peut se placer n'importe où dans la phrase, à condition

Adjectifs

qu'il n'y ait pas de doute possible sur le nom ou le pronom qu'il qualifie :

- ***Vexée**, la fillette alla bouder dans sa chambre.*
- *La fillette, **vexée**, alla bouder dans sa chambre.*
- *La fillette alla bouder dans sa chambre, **vexée**.*

➥ L'adjectif apposé est souvent l'équivalent d'une proposition subordonnée circonstancielle :

- ***Ruiné**, il ne peut plus payer son loyer.* (parce qu'il est ruiné)
- ***Riche**, il reste économe.* (bien qu'il soit riche)
- ***Riche**, il serait plus heureux.* (s'il était riche)
- ***Plus jeune**, elle allait souvent en discothèque.* (quand elle était plus jeune)

➥ L'adjectif apposé s'accorde en genre et en nombre avec le nom ou le pronom auquel il se rapporte :

- ***Généreux**, **il** a proposé de m'héberger.*
- ***Affamée**, **elle** s'est jetée sur la nourriture.*
- ***Enchantés** par le spectacle, **les spectateurs** applaudirent à tout rompre.*
- ***Ses sœurs**, **impartiales**, ont refusé de lui donner raison.*

ⓘ Un adjectif relationnel ne peut pas être mis en apposition :
- **Dentaires, ses problèmes lui coûtent beaucoup d'argent.*

Participe passé adjectival

➥ Le participe passé des verbes transitifs directs peut facilement être employé comme adjectif qualificatif, le plus souvent avec un sens passif :

- ***assécher** un lac* ➡ *un lac **asséché***
- ***piler** de la glace* ➡ *de la glace **pilée***

Adjectifs

- ***traduire*** *des textes* ➡ *des textes **traduits***
- ***ouvrir*** *une fenêtre* ➡ *une fenêtre **ouverte***
- ***aimer*** *une personne* ➡ *une personne **aimée***

On parle alors de « participe passé adjectival ».

➡ Plus rarement, le sens du participe passé adjectival est actif :

- ***réfléchir*** ➡ *une personne **réfléchie*** (= qui réfléchit)

Adjectif verbal

L'adjectif verbal est un participe présent employé comme adjectif qualificatif :

- *un sujet **brûlant** ; une histoire **plaisante** ; des remarques **cinglantes***

➡ L'adjectif verbal s'accorde en genre et en nombre avec le nom, pronom ou syntagme auquel il est joint :

- *Ce sont des gens **ignorants**.*

Le participe présent, lui, est toujours invariable :

- *Les enfants, **ignorant** les consignes, ont chahuté près de la piscine.*

📍 Pour éviter la confusion entre participe présent et adjectif verbal, il suffit de se rappeler que le participe présent est généralement suivi d'un complément :

- *des hommes **attirant** les ennuis* (participe présent) / *des hommes **attirants*** (adjectif verbal)

On peut aussi essayer de remplacer le nom ou le pronom masculin par un féminin ; si l'accord n'est pas possible, c'est qu'il s'agit d'un participe présent :

- *des femmes **attirant** les ennuis et non *attirantes les ennuis*

Adjectifs

Par ailleurs, le participe présent n'est pas modifiable par un adverbe :
- *des hommes très **attirant** les ennuis

⚠ Il arrive que le participe présent et l'adjectif verbal ne s'orthographient pas de la même manière :

participe présent	adjectif verbal
adhérant	adhérent
affluant	affluent
claudiquant	claudicant
communiquant	communicant
convainquant	convaincant
convergeant	convergent
différant	différent
divergeant	divergent
équivalant	équivalent
excellant	excellent
fatiguant	fatigant
influant	influent
interférant	interférent
intriguant	intrigant
naviguant	navigant
négligeant	négligent
précédant	précédent
provoquant	provocant

Adjectifs

participe présent	adjectif verbal
somnolant	somnolent
suffoquant	suffocant
zigzaguant	zigzagant

Adjectif substantivé

➡ La plupart des adjectifs peuvent être employés comme des noms. Il suffit de les faire précéder d'un article :
- *le visible et l'invisible*
- *son goût pour le bizarre*
- *le rôle du méchant*
- *le nombre de recalés à l'examen*
- *des manipulations sur le vivant*

On parle alors d'« adjectifs substantivés », ou d'adjectifs « pris substantivement ».

➡ Les adjectifs substantivés se comportent exactement comme des noms :
- *Je le connais, c'est **un gentil**.*
- *Vous n'auriez pas vu **un petit blond** à lunettes ?*
- ***Certains jeunes** sont mauvais en orthographe.*

Adjectif employé adverbialement

➡ Un certain nombre d'adjectifs qualificatifs peuvent être employés comme des adverbes. Ils peuvent alors modifier ou préciser le sens d'un verbe :
- *Il **chante faux**.*
- *Je ne **vois** pas **clair**.*

Plus rarement, un adjectif employé adverbialement peut modifier le sens d'un autre adjectif ou d'une phrase :
- *Elle est **fort sympathique**.*

- *Haut les mains !*

➡ Comme les adverbes, les adjectifs employés adverbialement sont invariables :
- *Les oiseaux volent **bas**.*
- *Les pêches coûtent assez **cher**.*
- *Elle a placé la barre très **haut**.*
- *Elles ont frappé **fort**.*
- *Nous sommes **fin** prêts.*
- ***Bas** les pattes !*

exceptions

- *Grand* et *seul* employés comme adverbes s'accordent avec le nom auquel ils se rapportent :
  - *La porte est **grande** ouverte.*
  - ***Seuls** comptent les faits.*
- *Frais* et *large* employés comme adverbes s'accordent ou non avec le nom auquel ils se rapportent :
  - *une étudiante **frais** émoulue ou **fraîche** émoulue*
  - *des portes **large** ouvertes ou **larges** ouvertes*

ⓘ Inversement, certains adverbes peuvent être employés comme des adjectifs qualificatifs (ils restent alors invariables) :
- *C'est une fille **bien**.*

•• Comparatif et superlatif

Comparatif

Le comparatif permet d'établir un rapport de supériorité, d'égalité ou d'infériorité.

➡ Il existe ainsi trois sortes de comparatifs :
✓ le comparatif de supériorité, qui se forme en ajoutant

Adjectifs

l'adverbe *plus* devant l'adjectif qualificatif :
- *Elle est **plus audacieuse** que la plupart des gens.*

✓ le comparatif d'égalité, qui se forme en ajoutant l'adverbe *aussi* devant l'adjectif qualificatif :
- *Ces gâteaux sont **aussi bons** que beaux.*

✓ le comparatif d'infériorité, qui se forme en ajoutant l'adverbe *moins* devant l'adjectif qualificatif :
- *Il est **moins bon** nageur que toi.*

exceptions Trois comparatifs de supériorité sont irréguliers :

✓ le comparatif de *bon* est *meilleur* :
- *À ce jeu, il est **meilleur** que moi.*

✓ le comparatif de *mauvais* est *pire* ou *pis* :
- *C'est **pire** que le bagne ici !*

✓ le comparatif de *petit* (dans le sens de « petit en quantité ou en importance ») est *moindre* :
- *C'est un **moindre** mal.*

Attention, les comparatifs d'infériorité de ces trois adjectifs sont, eux, réguliers. On ne dira donc pas *le moins pire* mais *le moins mauvais* :
- *Cette solution est **moins mauvaise** que l'autre.*

➡ L'adjectif est généralement suivi d'un complément du comparatif introduit par la conjonction *que*. Ce complément peut être :

✓ un nom ou un groupe nominal :
- *Chloé est plus âgée **que Lucien**.*

✓ un pronom :
- *Il est aussi bavard **que toi**.*

Adjectifs

✓ un adjectif :
- *Cette œuvre est plus originale **que belle**.*

✓ un adverbe :
- *Je suis moins timide **qu'autrefois**.*

✓ un complément circonstanciel :
- *Ce n'est pas aussi bien rangé chez moi **que chez toi**.*

✓ une proposition :
- *Elle est plus maligne **qu'on ne croit**.*

Superlatif

Le superlatif relatif permet d'exprimer, par comparaison, une qualité au degré le plus élevé.

➥ Il existe deux sortes de superlatifs relatifs :

✓ le superlatif de supériorité, qui se forme au moyen du comparatif de supériorité précédé de l'article défini *(le, la, les)* :
- *Quel est **le plus petit** chien du monde ?*

✓ le superlatif d'infériorité, qui se forme au moyen du comparatif d'infériorité précédé de l'article défini *(le, la, les)* :
- *C'est ici que l'essence est **la moins chère**.*

⚠ Devant un adjectif ou un participe féminin ou pluriel, l'article des superlatifs *le plus* et *le moins* est invariable si le superlatif indique un degré, sans comparer l'être ou l'objet en question à un autre :
- *C'est ce jour-là qu'elle était **le plus** heureuse.*

Il s'accorde au contraire s'il y a comparaison entre plusieurs êtres ou objets :
- *Ces étudiants sont **les plus** brillants de la classe.*

Adjectifs

➡ L'adjectif est généralement suivi d'un complément du superlatif, le plus souvent introduit par la préposition *de*. Ce complément peut être :

✓ un nom ou un groupe nominal :
  - *J'habite la plus grande maison **de la rue**.*

✓ un pronom :
  - *C'est le moins courageux **de tous**.*

✓ une proposition relative au subjonctif :
  - *C'est l'attraction la plus originale **que j'aie jamais vue**.*

➡ Le superlatif peut également être absolu et non relatif ; il exprime alors une qualité à un degré très élevé, sans idée de comparaison. Le superlatif absolu se forme en ajoutant un adverbe d'intensité *(très, extrêmement, fort, etc.)* devant l'adjectif qualificatif :
- *Ce sujet est **très intéressant**.*
- *L'attente est **extrêmement longue**.*

Il peut également être formé en ajoutant certains préfixes ou suffixes à l'adjectif :
- ***hyper**grand*, ***ultra**secret*, *génial**issime**…*

•• Féminin des adjectifs

➡ Le féminin de l'adjectif qualificatif ou relationnel se forme généralement en ajoutant un *e* au masculin :
- *joli* ➡ *joli**e***
- *étroit* ➡ *étroit**e***
- *persan* ➡ *persan**e***

➡ Cet ajout n'est manifeste à l'oral que lorsque l'adjectif masculin se termine par une consonne muette, qui sera

prononcée au féminin :
- *étroit* ➠ *étroite* [etʀwa, etʀwat]
- *persan* ➠ *persane* [pɛʀsɑ̃, pɛʀsan]

exceptions Attention, certains adjectifs en *-ot* et *-s* doublent leur consonne finale :
- *boulot* ➠ *boulo**tt**e* ; *pâlot* ➠ *pâlo**tt**e* ; *sot* ➠ *so**tt**e* ; *vieillot* ➠ *vieillo**tt**e*…
- *bas* ➠ *ba**ss**e* ; *épais* ➠ *épai**ss**e* ; *gras* ➠ *gra**ss**e* ; *métis* ➠ *méti**ss**e*…

➠ Si l'adjectif se termine par un *e* au masculin, il ne change pas au féminin ; on parle alors d'adjectif « épicène » :
- *un problème/une carence **alimentaire***
- *un homme/une femme **aimable***

ⓘ Quelques adjectifs sont épicènes bien qu'ils ne se terminent pas par un *e*. C'est surtout le cas des adjectifs tronqués ou empruntés à d'autres langues, à partir desquels il n'est pas toujours possible de former un féminin :
- *un homme chic et snob* ➠ *une femme **chic** et **snob***
- *un garçon sympa* ➠ *une fille **sympa***

➠ Dans un certain nombre de cas, répertoriés ci-dessous, la syllabe finale de l'adjectif masculin est modifiée pour former le féminin.

Adjectifs en -c

➠ Les adjectifs en *-c* forment leur féminin en *-che* ou en *-que* :
- *blanc* ➠ *blan**che***
- *franc* ➠ *fran**che***
- *caduc* ➠ *cadu**que***
- *public* ➠ *publi**que***

exception *grec* ➠ *grec**que***

Adjectifs

Adjectifs en -en et -on

➥ Les adjectifs en -en et -on forment leur féminin en -enne et -onne :
- ancien ➡ ancienne
- européen ➡ européenne
- bon ➡ bonne

Adjectifs en -er

➥ Les adjectifs en -er forment leur féminin en -ère :
- amer ➡ amère
- mensonger ➡ mensongère

Adjectifs en -et

➥ Les adjectifs en -et forment généralement leur féminin en -ette :
- coquet, coquette
- muet, muette

exceptions Les adjectifs suivants ont un féminin en -ète :
- complet ➡ complète
- concret ➡ concrète
- désuet ➡ désuète
- discret ➡ discrète
- incomplet ➡ incomplète
- indiscret ➡ indiscrète
- inquiet ➡ inquiète
- replet ➡ replète
- secret ➡ secrète

Adjectifs en -eur

➥ Les adjectifs en -eur forment généralement leur féminin en -euse :

- acheteur ➞ achet**euse**
- rieur ➞ ri**euse**

exceptions Les adjectifs suivants ont un féminin en -*eure* :
- antérieur ➞ antéri**eure**
- extérieur ➞ extéri**eure**
- inférieur ➞ inféri**eure**
- intérieur ➞ intéri**eure**
- majeur ➞ maj**eure**
- meilleur ➞ meill**eure**
- mineur ➞ min**eure**
- postérieur ➞ postéri**eure**
- supérieur ➞ supéri**eure**

On trouve également quelques féminins en -*eresse*, par exemple :
- bailleur ➞ baill**eresse**
- enchanteur ➞ enchant**eresse**
- vengeur ➞ veng**eresse**

Adjectifs en -teur

➡ Les adjectifs en -*teur* forment généralement leur féminin en -*trice* :
- évocateur ➞ évoca**trice**

exceptions Quelques adjectifs forment leur féminin en -*teuse* :
- emprunteur ➞ emprun**teuse**
- porteur ➞ por**teuse**
- prêteur ➞ prê**teuse**

Adjectifs en -f

➡ Les adjectifs en -*f* forment leur féminin en -*ve* :
- vif ➞ vi**ve**
- bref ➞ brè**ve**

Adjectifs

Adjectifs en -gu

➡ Les adjectifs en -gu forment leur féminin en -guë :
- aigu ➡ ai**guë**
- contigu ➡ conti**guë**

📓 Les *Rectifications de l'orthographe de 1990* préconisent le déplacement du tréma du *e* au *u*, pour signaler que c'est le *u* qui se prononce :
- aigüe, contigüe

Adjectifs en -l

➡ Les adjectifs en -l, forment leur féminin en -lle :
- cruel, crue**lle**
- vermeil, vermei**lle**
- gentil, genti**lle**
- nul, nu**lle**

Adjectifs en -x

➡ Les adjectifs en -x forment généralement leur féminin en -se :
- curieux ➡ curieu**se**
- jaloux ➡ jalou**se**

exceptions
- doux ➡ dou**ce**
- faux ➡ fau**sse**
- roux ➡ rou**sse**
- vieux ➡ vi**eille**

Autres adjectifs

➡ Certains mots ne répondent à aucune des règles ci-dessus. En voici quelques exemples :
- beau ➡ b**elle**

- *nouveau* ➡ *nouvelle*
- *fou* ➡ *folle*
- *mou* ➡ *molle*
- *bénin* ➡ *bénigne*
- *devin* ➡ *devineresse*
- *favori* ➡ *favorite*
- *frais* ➡ *fraîche*
- *long* ➡ *longue*
- *tiers* ➡ *tierce*
- *traître* ➡ *traîtresse*

Adjectifs composés

➡ Le féminin des adjectifs composés se forme généralement en mettant au féminin les adjectifs entrant dans la composition de ces mots :

- *sourd-muet* ➡ *sourde-muette*
- *doux-amer* ➡ *douce-amère*

exceptions Lorsqu'à l'intérieur d'un composé, un adjectif est employé comme adverbe, celui-ci est invariable ; seul l'autre élément du mot composé prend la marque du féminin :

- une fillette **nouveau**-née (nouvellement née)

➡ Les prépositions et les préfixes (y compris les préfixes géographiques) restent invariables :

- *extra-utérin* ➡ **extra**-utérine
- *avant-dernier* ➡ **avant**-dernière
- *mi-clos* ➡ **mi**-close
- *demi-entier* ➡ **demi**-entière
- *semi-fini* ➡ **semi**-finie
- *franco-allemand* ➡ **franco**-allemande
- *sud-coréen* ➡ **sud**-coréenne

Adjectifs

Pluriel des adjectifs

La plupart des adjectifs qualificatifs et relationnels sont variables. Leur pluriel se forme généralement en ajoutant un *s* au singulier :
- *petit, petite* ➡ *petit**s**, petite**s***
- *haut, haute* ➡ *haut**s**, haute**s***

Un adjectif déjà terminé par un *s* ou un *x* au singulier ne change pas au pluriel :
- *gros* ➡ *gros*
- *ruineux* ➡ *ruineux*

Toutefois, le masculin pluriel des adjectifs en *-eau* se forme en ajoutant un *x* au singulier :
- *beau, belle* ➡ *beau**x**, belles*
- *nouveau, nouvelle* ➡ *nouveau**x**, nouvelles*

Quant aux adjectifs en *-al*, ils font généralement leur masculin pluriel en *-aux* :
- *génial, géniale* ➡ *génia**ux**, géniales*
- *hivernal, hivernale* ➡ *hivern**aux**, hivernales*

exceptions

Quelques adjectifs en *-al* font leur masculin pluriel en *-als* :
- *bancal, bancale* ➡ *banc**als**, bancales*
- *fatal, fatale* ➡ *fat**als**, fatales*
- *fractal, fractale* ➡ *fract**als**, fractales*
- *natal, natale* ➡ *nat**als**, natales*
- *naval, navale* ➡ *nav**als**, navales*
- *tombal, tombale* ➡ *tomb**als**, tombales*
- *tonal, tonale* ➡ *ton**als**, tonales*

Adjectifs

■ Quelques adjectifs en *-al* ont deux masculins pluriels : un pluriel en *-aux* et un pluriel en *-als*. Ces pluriels concernent parfois des sens différents :
- *banal* ➡ *bana**ls*** (dans le sens de « commun ») ou *ban**aux*** (dans le sens féodal)
- *austral* ➡ *austr**als*** ou *austr**aux***
- *boréal* ➡ *boré**als*** ou *boré**aux***
- *causal* ➡ *caus**als*** ou *caus**aux***
- *final* ➡ *fin**als*** ou *fin**aux***
- *glacial* ➡ *glaci**als*** ou *glaci**aux***
- *idéal* ➡ *idé**als*** ou *idé**aux***
- *marial* ➡ *mari**als*** ou *mari**aux***
- *pascal* ➡ *pasc**als*** ou *pasc**aux***

➡ Trois adjectifs se terminent en *-eu* : *bleu*, *hébreu* et *feu* (dans le sens de « défunt »).

✓ Au pluriel, *bleu* prend un *s*, *hébreu* un *x* :
- *des yeux bleu**s***
- *des caractères hébreu**x***

✓ *Feu* prend un *s* seulement s'il est directement accolé au nom pluriel :
- *les feu**s** rois* mais *feu les rois*

Adjectifs composés

➡ En règle générale, seuls les adjectifs prennent la marque du pluriel :
- *sourd-muet* ➡ *sourd**s**-muet**s***
- *aigre-douce* ➡ *aigre**s**-douce**s***

exceptions Lorsque le premier adjectif est employé comme adverbe (pour modifier le sens du second adjectif), il est invariable ; seul le second adjectif prend alors la marque du

pluriel :
- *nouveau-né* ➡ ***nouveau**-nés*
- *grand-ducal* ➡ ***grand**-ducaux*
- *extrême-oriental* ➡ ***extrême**-orientaux*

➡ Les prépositions et les préfixes (y compris les préfixes géographiques) restent invariables :
- *avant-dernier* ➡ ***avant**-derniers*
- *extra-utérin* ➡ ***extra**-utérins*
- *mi-ouvert* ➡ ***mi**-ouverts*
- *demi-entier* ➡ ***demi**-entiers*
- *semi-fini* ➡ ***semi**-finis*
- *franco-allemand* ➡ ***franco**-allemands*
- *sud-coréen* ➡ ***sud**-coréens*

•• Accord des adjectifs

➡ L'adjectif qualificatif ou relationnel s'accorde normalement en genre et en nombre avec le nom, pronom ou groupe de mots auquel il se rapporte :
- *Jette donc **ces fleurs fanées** !*
- ***Ils** sont **charmants**.*
- ***Le médecin** de garde est très **occupé**.*
- *Trop **grande**, **elle** n'entre pas dans cette salopette.*

⚠ Lorsqu'un adjectif est employé en tant qu'adverbe ou en tant que préposition, il est invariable :
- *Elles parlent **fort**.*
- *Ils chantent **juste**.*
- *Ces pommes coûtent **cher**.*
- *Elle a du chocolat **plein** les doigts.*
- ***Vu** l'attente, il a renoncé.*

Adjectifs

❧ Les chapitres qui suivent décrivent les exceptions ou cas particuliers d'accord de l'adjectif.

● **Avec plusieurs noms juxtaposés ou coordonnés par *et***

❧ Lorsqu'un adjectif se rapporte à plusieurs noms juxtaposés (c'est-à-dire séparés par une virgule) ou coordonnés au moyen de la conjonction *et*, il se met au pluriel :
- *J'ai acheté **un bonnet et un poncho péruviens**.*
- ***Une cafetière et un grille-pain** me seraient très **utiles**.*
- *Je trouve **admirables** son honnêteté et sa loyauté.*
- ***La mère, la fille, la grand-mère** sont **rousses**.*

❧ Si ces noms sont de genre différent, l'adjectif se met au masculin pluriel :
- *Il porte **un pantalon, une chemise démodés**.*
- ***La mère et le fils** sont très **amusants**.*

🛈 Lorsque la prononciation de l'adjectif est différente au masculin et au féminin, il est préférable que le nom féminin ne soit pas directement accolé à l'adjectif :
- *Nous avons visité des églises et **des châteaux médiévaux*** plutôt que *Nous avons visité des châteaux et **des églises médiévaux**.*

❧ On peut cependant accorder l'adjectif uniquement avec le sujet le plus rapproché :

✓ lorsque les sujets sont synonymes ou à peu près synonymes :
- *Cet objet a un aspect, **une apparence étrange**.*

✓ lorsque les différents sujets forment une gradation :
- *Il a un ressentiment, **une haine profonde** contre ses anciens amis.*

Adjectifs

⚠ Il est important de déterminer si l'adjectif se rapporte à un seul ou à l'ensemble des noms coordonnés :
- *Il porte **un jean et un pull noirs**.* (Le jean et le pull sont tous les deux noirs.)
- *Il porte un jean et **un pull noir**.* (Seul le pull est noir.)

• Avec plusieurs noms coordonnés par *ou* ou *ni*

➥ Lorsque plusieurs noms sont coordonnés par *ou* ou *ni*, l'adjectif s'accorde uniquement avec le ou les noms au(x)quel(s) il se rapporte :
- *Je recherche un immeuble avec **une cour ou un jardin intérieurs**.* (La cour et le jardin sont intérieurs.)
- *Je recherche une maison avec une terrasse ou **un jardin potager**.* (Seul le jardin est potager.)
- *Mon immeuble n'a **ni cour ni jardin intérieurs**.*
- *Ma maison n'a ni terrasse ni **jardin potager**.*

• Avec *avoir l'air*

➥ Lorsqu'un nom de chose ou de concept est sujet de *avoir l'air*, l'adjectif attribut s'accorde obligatoirement avec le sujet :
- ***Cette tarte** a l'air **bonne**.*
- ***Les dégâts** ont l'air **irréparables**.*
- ***Tes théories** m'ont l'air **pertinentes**.*

➥ Lorsque le sujet est un nom de personne, l'adjectif s'accorde soit avec le sujet, soit avec *air* si on veut insister sur l'expression du visage :
- ***Elle** a l'air **gentille*** ou *Elle a **l'air gentil**.*

⚠ Lorsque *air* est construit avec un complément, l'adjectif s'accorde toujours avec *air* car il s'agit nécessairement de l'expression du visage :

Adjectifs

- *Elle a **l'air mutin** de sa mère.*
- *Elles ont **l'air craintif** de quelqu'un qui a mal agi.*

• Avec *ce*

➡ Lorsqu'un adjectif est attribut du pronom neutre *ce* ou de sa forme élidée *c'*, il se met au masculin singulier :

- *C'est **délicieux** !*
- *C'était **gentil** de sa part de me raccompagner.*
- ***Ce** sera **amusant**, tu verras !*

• Avec *gens*

➡ Le nom *gens* a la particularité d'être à la fois masculin pluriel et féminin pluriel. L'accord en genre de l'adjectif avec *gens* est donc assez complexe, et parfois contre-intuitif.

Adjectifs placés après le nom

➡ Les adjectifs et pronoms placés après *gens* sont toujours au masculin :

- ***Ces gens** sont complètement **fous**.*
- *Bien que **ces gens** soient **âgés**, **ils** semblent en pleine forme.*

Adjectifs placés avant le nom

➡ Lorsqu'un adjectif dont la forme féminine est différente de la forme masculine précède immédiatement *gens*, il se met au féminin :

- *Ce sont de **vieilles gens**.*

Dans ce cas, tous les autres adjectifs et pronoms placés avant *gens* dans la phrase prennent aussi la marque du féminin :

- *J'aime **toutes** ces **bonnes gens**.*
- ***Elles** ne disent rien mais **elles** n'en pensent pas moins, les **petites gens**.*

Adjectifs

⚠ Les adjectifs et pronoms placés après *gens* restent au masculin :
- *Les **vieilles gens** sont souvent **seuls**.*
- *Toutes ces **bonnes gens** sont **gentils** mais **ils** sont **ennuyeux**.*

exceptions

▪ Lorsque *gens* est suivi d'un complément désignant une qualité ou une profession, tous les adjectifs sont au masculin :
- ***Certains gens de lettres** ont aimé mon roman.*
- *Mon aïeul employait de **nombreux gens de maison**.*

▪ Les adjectifs et pronoms qui ne précèdent *gens* que par inversion interrogative restent toujours au masculin :
- *Est-ce qu'**ils** sont **heureux**, les petites **gens** ?*

➡ Lorsque *gens* est précédé par un adjectif dont la forme féminine est différente de la forme masculine, mais que cet adjectif ne le précède pas immédiatement, il reste au masculin ; c'est le cas notamment des adjectifs en apposition :
- *Mal **informés**, la plupart des **gens** ne pensent pas à demander des allocations.*

➡ Lorsqu'un adjectif qui a la même forme au masculin et au féminin précède immédiatement *gens*, tous les adjectifs et pronoms de la phrase se mettent au masculin pluriel, qu'ils soient placés avant ou après *gens* :
- ***Quels braves gens** !*
- *Ces **vigoureux et robustes gens** sont **étonnants** de courage.*

⚠ Lorsque *tout* ou *quel* précèdent *gens* sans autre adjectif à forme féminine distincte, ils se mettent aussi au masculin

pluriel :
- ***Tous ces gens** sont très instruits.*
- ***Quels gens** bavards !*

● Avec *on*

➡ Lorsque *on* est un pronom indéfini, c'est-à-dire lorsqu'il signifie « les hommes en général », « les gens », l'adjectif se met au masculin singulier :
- *On n'est pas **raisonnable** quand **on** est **amoureux**.*
- *Il y a un siècle, **on** était plus **petit**.*

➡ Mais lorsque *on* désigne une personne en particulier, l'adjectif s'accorde avec le sujet réel, au masculin ou au féminin selon le cas :
- ***On** est **contente**, madame Langlois ?*
- *Chloé et moi, **on** a fait une longue randonnée et **on** est bien **fatigués**.* (La personne qui s'exprime est un homme.)
- *Camille et moi, **on** est **heureuses** d'être en vacances.* (La personne qui s'exprime est une femme.)

● Accord des adjectifs coordonnés

➡ Lorsque plusieurs adjectifs épithètes qualifient un même nom au pluriel, ils restent au singulier si chacun des adjectifs se rapporte à une seule des réalités désignées par le nom pluriel :
- *les **gouvernements italien et allemand***
  ➡ Il n'y a qu'un seul gouvernement italien et qu'un seul gouvernement allemand.
- *les auteurs **des dix-neuvième et vingtième siècles***
  ➡ Il n'y a qu'un seul dix-neuvième siècle et qu'un seul vingtième siècle.

Adjectifs

• Accord des adjectifs de couleur

➥ La plupart des adjectifs de couleur s'accordent en genre et en nombre, comme les autres adjectifs :

• *une robe **verte** ; des tasses **bleues** ; des teintes **orangées** ; des pommes **vermeilles** ; des eaux **verdâtres** ; des gants **violets***

➥ Cependant, on rencontre un certain nombre de cas particuliers.

Nom utilisé comme adjectif de couleur

➥ Les noms employés comme adjectifs de couleur sont invariables :

• *des yeux **marron** ; des tasses **orange** ; des pulls **cerise** ; des murs **crème** ; des eaux **turquoise***

exceptions Seuls *écarlate, fauve, mauve, pourpre* et *rose* font exception et s'accordent :

• *des joues **écarlates** ; des chevaux **fauves** ; des fleurs **mauves** ; des tentures **pourpres** ; des crayons **roses***

Adjectif de couleur composé

➥ Les adjectifs de couleur composés de plusieurs éléments sont toujours invariables, quels que soient ces éléments :

✓ adjectif de couleur + adjectif de couleur :

• *des yeux **bleu-vert** ; des vestes **gris-noir** ; des tissus **beige rosé***

✓ adjectif de couleur + autre adjectif

• *des cheveux **châtain foncé** ; des yeux **vert clair** ; des nappes **jaune pâle***

✓ adjectif de couleur + nom

• *des chapeaux **jaune paille** ; des rubans **rose bonbon** ; des cheveux **noir de jais** ; des robes **vert Nil***

✓ nom composé ou groupe nominal employé comme adjectif de couleur :

- *des gilets **bouton-d'or** ; des tapis **feuille-morte** ; des chemises **caca d'oie***

Adjectifs de couleur coordonnés

➡➡ Lorsque deux adjectifs de couleur sont coordonnés, ils s'accordent ou non en fonction du sens :

- *des drapeaux **bleus et rouges*** (Il y a des drapeaux bleus et des drapeaux rouges.)
- *des drapeaux **bleu et rouge*** (Les drapeaux sont bicolores.)

• *demi*

➡➡ L'adjectif *demi* est invariable lorsqu'il est placé devant le nom, auquel il est lié par un trait d'union :

- *Il travaille quatre **demi-journées** par semaine.*
- *J'ai un rendez-vous dans une **demi-heure**.*
- *Il s'est exprimé à **demi-mot**.*

ⓘ *Demi* est également invariable lorsqu'il est placé devant un adjectif ou un participe passé, auquel il est aussi lié par un trait d'union. Mais c'est alors un adverbe et non un adjectif :

- *du lait **demi-écrémé** ; une boîte **demi-remplie** ; un champagne **demi-sec***

Attention, il n'est pas lié par un trait d'union à l'adjectif ou au participe passé qui le suit dans la locution *à demi* :

- *des personnes **à demi endormies** ; une porte **à demi ouverte** ; des vacanciers **à demi nus***

➡➡ *Demi* varie en genre lorsqu'il est placé après le nom, auquel il est relié par la conjonction *et* :

- *Elle en a mangé **deux parts et demie**.*
- *Je pars au Québec dans **trois mois et demi**.*

Adjectifs

• feu

➽ L'adjectif *feu*, qui signifie « qui est mort depuis peu de temps », s'accorde uniquement lorsqu'il est placé entre le déterminant et le nom :
- *la **feue** reine*
- *mes **feus** arrière-grands-parents*
- *les **feues** grands-tantes de mon mari*

⚠ Le pluriel masculin de l'adjectif *feu* est *feus*, avec un *s*. Il ne faut pas le confondre avec *feux*, qui est le pluriel du nom :
- *mes **feus** grands-parents* mais *allumer ses **feux***

➽ *Feu* est invariable dans les autres cas, c'est-à-dire lorsqu'il est placé avant le déterminant ou lorsqu'il n'y a pas de déterminant :
- ***feu** l'épouse du maire*
- ***feu** ses grands-parents*
- ***feu** nos belles-mères*
- ***feu** Agathe Moreau*
- ***feu** Messieurs Dupont*

• possible

➽ Employé avec un superlatif (*le plus, le moins, le pire, le meilleur*), *possible* est invariable :
- *Je ferai **le moins** de fautes **possible**.*
- *Cueille les tomates **les plus** mûres **possible**.*
- *Il fait **les pires** lasagnes **possible**.*
- *Quand nous serons riches, nous dînerons dans **les meilleurs** restaurants **possible**.*

exception Lorsqu'il est précédé d'un nom employé avec *des*, *possible* s'accorde :

- *Nous vivons dans le meilleur **des mondes possibles**.*
- *C'est la meilleure **des solutions possibles**.*

➥ Lorsqu'il n'est pas employé avec un superlatif, *possible* s'accorde normalement :

- *La météo annonce de **possibles chutes** de neige.*
- *Mon fils a fait toutes les **bêtises possibles**.*

• tel

➥ Employé seul, l'adjectif qualificatif *tel* s'accorde avec le nom qui suit ou avec l'ensemble des noms coordonnés qui le suivent :

- *Il a filé **telle une flèche**.*
- *Elle a détalé **tel un lièvre**.*
- *Certaines fleurs, **tels les pissenlits et les pâquerettes**…*

➥ Mais lorsque *tel* est suivi de *que*, il s'accorde avec le nom qui précède :

- ***une canaille telle que** lui*
- ***certains fruits tels que** les poires*

➥ *Tel quel*, *en tant que tel* et *comme tel* s'accordent en genre et en nombre avec le mot qu'ils qualifient :

- *laisser **les choses telles quelles***
- ***Cette tapisserie** n'est pas laide **en tant que telle**, mais elle n'irait pas avec la décoration de mon appartement.*
- *Cette toile est **un objet de valeur** et doit être traitée **comme tel**.*

➥ Dans l'expression *rien de tel*, *tel* s'accorde toujours avec *rien* :

- ***Rien de tel** qu'une bonne nuit de sommeil.*

Adjectifs

... Adjectifs relatifs

L'adjectif relatif se place devant un nom pour indiquer que l'on met en relation ce nom, déjà exprimé ou suggéré dans la proposition principale, et la proposition subordonnée introduite par l'adjectif relatif. *Lequel* (et ses formes fléchies *laquelle, lesquels* et *lesquelles*) est le seul adjectif relatif :

- *J'ai écrit un roman historique, **lequel** ouvrage s'est vendu à des milliers d'exemplaires.*

- *Elle a mis du sel dans leur verre, **laquelle** blague n'a pas été appréciée par les intéressés.*

➡ Lorsqu'il est placé après la préposition *à*, *lequel* se contracte au masculin (singulier et pluriel) et au féminin pluriel en *auquel, auxquels, auxquelles*.

Lorsqu'il est placé après la préposition *de*, *lequel* se contracte au masculin (singulier et pluriel) et au féminin pluriel en *duquel, desquels, desquelles*.

ⓘ Aujourd'hui, les adjectifs relatifs ne sont plus que rarement employés. On les rencontre essentiellement dans la langue littéraire, administrative ou judiciaire ainsi que dans l'expression *auquel cas* :

- *Vous serez peut-être absent, **auquel cas** je vous remplacerai.*

Dans la langue courante, l'emploi du pronom relatif est privilégié :

- *J'ai rencontré des touristes affamés, **auxquels** j'ai indiqué un bon restaurant.*

Articles

Un article est un mot qui, placé devant un nom, sert à le déterminer plus ou moins précisément, et peut prendre la marque du genre et du nombre.

➥ Il existe trois types d'articles :
- ✓ les articles définis : *le, la, les*
- ✓ les articles indéfinis : *un, une, des*
- ✓ les articles partitifs : *du, de la, des*

➥ Les articles sont des déterminants. Ils font partie du groupe nominal.

... Articles définis

L'article défini *(le, la, les)* se rapporte généralement à une chose ou un être déterminé ou connu de la personne qui parle, ou dont on a déjà parlé. Il s'accorde en genre et en nombre avec le nom qu'il détermine :

- ✓ masculin singulier : *le*
  - *C'est **le** chat de mes voisins.*
- ✓ féminin singulier : *la*
  - *Je dois aller à **la** banque.*
- ✓ masculin ou féminin pluriel : *les*
  - ***Les** feuilles sont toutes tombées.*

➥ L'article défini peut également :
- ✓ désigner un groupe, une espèce :
  - ***L'**homme est apparu sur Terre il y a environ 200 000 ans.*
  - ***La** baleine est le plus gros mammifère marin.*

Articles

✓ désigner un être ou une chose unique :
- *As-tu déjà visité **la** tour Eiffel ?*
- *J'ai invité **les** Millot.*

✓ exprimer une généralité :
- ***La** pluie n'est pas rare en cette saison.*
- ***Les** palmiers ne poussent pas ici.*

✓ avoir une valeur affective, positive ou négative :
- ***Le** superbe abat-jour ! C'est toi qui l'as fait ?*
- *Tiens, voilà **la** Marie !*

Élision et contraction

➜ Les articles définis singuliers *le* et *la* s'élident en *l'* devant un mot commençant par une voyelle ou un *h* muet :
- ***L'**étonnant animal peut passer plusieurs semaines sans boire.*
- *Je ne crois pas à **l'h**istoire qu'elle m'a racontée.*

⚠ L'article n'est jamais élidé devant les mots *énième, oui, onze, onzième, ululer, ululement*, devant les noms de voyelles ni devant les mots *un* et *une* quand ils sont des noms :
- ***la énième** répétition*
- ***le oui** l'a emporté*
- ***la onzième** heure*
- ***le ululement** des chouettes*
- *à **la une** des journaux*
- ***le** a, **le** y, **le** iota*

Devant les mots commençant par *y*, l'élision du *e* :

✓ se fait lorsque le mot est français :
- ***l'**ysopet, **l'**Yonne, une paire **d'**yeux*

✓ ne se fait pas lorsque le mot est d'origine étrangère :
- **le** yoga, **le** yogourt/yaourt, **la** Yougoslavie

L'élision est facultative devant les noms de consonnes commençant, à l'oral, par un son vocalique, ainsi que devant quelques mots :
- **le** s ou **l'**s ; **le** f ou **l'**f ; **le** r ou **l'**r ; **le** h ou **l'**h
- **la** ouate ou **l'**ouate ; **le** ouistiti ou **l'**ouistiti ; **la** hyène ou **l'**hyène

➡️ L'article *le* se contracte lorsqu'il est précédé des prépositions *à* ou *de* et suivi d'un mot commençant par une consonne ou un *h* aspiré :

✓ à + le ➡ au
- J'ai parlé **au c**oncierge.

✓ de + le ➡ du
- Il faut s'attendre au retour **du f**roid.

➡️ L'article *les* se contracte lorsqu'il est précédé des prépositions *à* ou *de*, quelle que soit la première lettre du mot qui le suit :

✓ à + les ➡ aux
- Il y a des fleurs **aux f**enêtres.

✓ de + les ➡ des
- J'ai oublié les cartables **des e**nfants à l'école.

🛈 *Ès* est la contraction de la préposition *en* et de l'article défini pluriel *les*. On ne trouve plus cette préposition que dans certaines expressions :
- *Elle est licenciée **ès** lettres.*
- *Le ministre ne pouvait intervenir **ès** qualités.*

Articles

••• Articles indéfinis

L'article indéfini *(un, une, des)* se rapporte généralement à une chose ou un être non identifié ou non connu de la personne qui parle, ou dont on n'a pas encore parlé. Il s'accorde en genre et en nombre avec le nom qu'il détermine :

✓ masculin singulier : *un*
  - *J'ai trouvé **un** chat dans la rue.*

✓ féminin singulier : *une*
  - ***Une** personne a appelé, elle n'a pas laissé son nom.*

✓ masculin ou féminin pluriel : *des*
  - *On a acheté **des** chaises et **des** tabourets.*

➥ L'article indéfini singulier peut aussi avoir une valeur générique :
- ***Un** quadrilatère est une figure à quatre côtés.*
- *À quelle vitesse **une** girafe peut-elle courir ?*

➥ En phrase exclamative, il prend une valeur emphatique ou intensive :
- *Il fait **une** chaleur !*
- *Le ciel est d'**un** bleu !*

➥ Devant un nom propre, il prend différentes valeurs :
- ***Un** M. Renault a téléphoné.* (= « un certain, un dénommé »)
- *C'est **un** Einstein en herbe.* (= « une personne comparable à »)
- *Ce sont **des** Vilmorin.* (= « des personnes de la famille de »)

ⓘ L'article *des* peut s'employer devant un numéral par emphase dans la langue familière :
- *Tu as jusqu'à **des** trois mètres de neige à certains endroits.*

... Articles partitifs

> L'article partitif *de* exprime le fait qu'on considère une partie d'un tout non dénombrable, c'est-à-dire qui ne peut être partagé en unités isolables. Il a le sens de « une certaine quantité de ». Le nom qui le suit est généralement un nom inanimé :
> - *Prends **de l'**argent dans le tiroir.*
> - *On a passé **de** bons moments.*

➡ L'article partitif s'utilise le plus souvent avec l'article défini *le, la, les,* avec lequel il se contracte dans certains cas :

✓ masculin singulier : *du* devant une consonne, *de l'* devant une voyelle ou un *h* muet :
- *Tu as **du** courage !*
- *Il avait bu **de l'**alcool.*

✓ féminin singulier : *de la* devant une consonne, *de l'* devant une voyelle ou un *h* muet :
- *Il y a **de la** neige sur la colline.*
- *Les moutons mangent **de l'**herbe.*

✓ masculin ou féminin pluriel : *des*
- *J'ai acheté **des** prunes et **des** abricots.*

  ⚠ L'article pluriel *des* devient *de* ou *d'* avec un verbe à la forme négative ou lorsque le nom qu'il détermine est précédé d'un adjectif qualificatif :
  - *Je **n'**ai **pas** acheté **de** prunes **ni d'**abricots.*
  - *J'ai acheté **de bonnes** prunes et **d'excellents** abricots.*

ⓘ L'article partitif *du* peut s'employer devant un nom propre féminin ou masculin, pour signifier « une partie de l'œuvre de » :

Articles

- *J'ai joué **du Bach**.*
- *Elle a lu **du Duras**.*

Absence d'article

➥ L'article est ou peut être omis dans les cas suivants :

✓ dans les énumérations :
- *Maisons, véhicules, rues : tout a été endommagé.*

✓ devant certains attributs, généralement des noms de métier :
- *Elle est dentiste.*
- *Ils l'ont élu président.*

✓ dans les appositions :
- *Sa fille, sculptrice de renom, a signé l'œuvre.*

✓ en apostrophe :
- *Garçon, un whisky s'il vous plaît !*

✓ dans des locutions verbales :
- *avoir faim*
- *perdre connaissance*
- *faire envie*

✓ dans des expressions figurées, des proverbes ou des dictons :
- *Petite pluie abat grand vent.*
- *À bon chat, bon rat.*

✓ dans certains tours (petites annonces, pancartes, étiquettes) :
- *Garage à louer*
- *Chien méchant*
- *Prix sacrifiés*

Verbes

Un verbe est un mot qui exprime une action, un état, un fait ou une intention :
- *courir, être, apparaître, vouloir…*

➡ Il varie en personne, en nombre, en temps et en mode. Il peut se présenter sous de nombreuses formes différentes, qui constituent sa conjugaison.

➡ Le verbe est le noyau du groupe verbal, dont il est parfois l'unique élément :
- *Diane **rit**.*

Le groupe verbal peut également comporter tous les compléments essentiels à la construction du verbe :

✓ un complément d'objet direct :
- *Il n'a pas rangé **sa chambre**.*

✓ un complément d'objet indirect :
- *Elle téléphone **à son frère**.*

✓ un complément d'objet second :
- *Je poserai la question **à Bachir**.*

✓ un attribut du sujet ou du complément d'objet :
- *Il semble **embarrassé**.*
- *Je la crois **sincère**.*

✓ tout autre complément indispensable au sens de la phrase :
- *Camille habite **à Berne**.*
- *Je mesure **1,68 m**.*

ⓘ Le verbe est un mot essentiel dans la phrase. Certaines phrases ne sont constituées que de ce seul élément. C'est le

Verbes

cas de certaines phrases impératives :
- *Regarde ! Allons ! Venez !*

Très peu de phrases sont construites sans verbe. Il s'agit surtout d'exclamations ou d'ordres :
- *Quel talent ! Magnifique, ce tableau ! Silence !*

••• Composition des verbes

➡ Un verbe se compose d'un radical et d'une terminaison :
- *chant/er, chant/a, chant/ions*

➡ Le radical donne le sens du verbe ; on le retrouve dans tous les mots de la même famille :
- ***gagn**er, **gagn**ant, **gagn**able, in**gagn**able, re**gagn**er*

➡ La plupart des verbes ont un radical identique pour toutes leurs formes conjuguées :
- *il **parl**e ; nous **parl**ions ; vous avez **parl**é ; **parl**ant*
- *je **grand**is ; ils **grand**irent ; vous **grand**irez ; elle a **grand**i*

Mais certains verbes peuvent présenter des modifications de leur radical :
- *j'**avanc**e ; nous **avanç**ons*
- *tu **rapièc**es ; il **rapiéç**a*
- *elle **pren**d ; ils **prenn**ent*
- ***vien**s ; nous **ven**ons*
- *il **veu**t ; nous **voul**ions ; qu'il **veuil**le*

Certains verbes très courants, tels que *aller*, *être* et *avoir*, ont même plusieurs radicaux différents :
- ***v**a ; vous **all**ez ; nous **ir**ons*
- *je **sui**s ; nous **somm**es ; tu **ét**ais ; nous **ser**ions*
- *il **a** ; vous **av**iez ; il **aur**ait*

➥ La terminaison, aussi appelée « désinence », indique quant à elle le mode, le temps, la personne, le nombre :
- *il parl**ait*** (-ait : indicatif imparfait, 3e personne du singulier)
- *nous finir**ions*** (-ions : conditionnel présent, 1re personne du pluriel)

... Types de verbes

.. Auxiliaires

Un auxiliaire est un verbe qui s'emploie pour conjuguer les autres verbes à certaines voix, certains modes et certains temps.

➥ *Avoir* et *être* sont deux auxiliaires « purs », c'est-à-dire qu'ils perdent leur sens propre lorsqu'ils entrent dans la conjugaison d'autres verbes.

avoir

➥ L'auxiliaire *avoir* permet de former les temps composés de la voix active de tous les verbes transitifs et impersonnels et de la plupart des verbes intransitifs :
- *Je l'**ai** acheté.* (verbe transitif)
- *L'avion **aurait** amerri.* (verbe intransitif)
- *Il **avait** neigé.* (verbe impersonnel)

être

➥ L'auxiliaire *être* permet de former les temps composés de tous les verbes pronominaux :
- *Elle s'**est** évanouie.*
- *Vous vous **étiez** rencontrés.*
- *Ils se **seraient** disputés.*

Verbes

➸ Il est également utilisé pour conjuguer les verbes intransitifs qui indiquent :

✓ un état ou une position *(demeurer, rester)* :
- *Il **était** resté au lit toute la journée.*

✓ un changement d'état *(advenir, décéder, devenir, échoir, éclore, naître, mourir, survenir…)* :
- *Que **sont**-ils devenus ?*

✓ un déplacement *(accourir, aller, arriver, descendre, entrer, monter, partir, parvenir, rentrer, repartir, ressortir, retomber, retourner, revenir, sortir, tomber, venir…)* :
- *Elles **seraient** reparties dans la soirée.*

➸ Enfin, l'auxiliaire *être* sert à conjuguer tous les verbes à la voix passive :
- *Elle applaudit.* ➞ *Elle **est** applaudie.*
- *Ils ont compris.* ➞ *Ils ont **été** compris.*

ⓘ Certains verbes sont à la fois transitifs et intransitifs. Ils se conjuguent avec l'auxiliaire *avoir* lorsqu'ils ont un complément et avec l'auxiliaire *être* lorsqu'ils n'en ont pas :
- *Elle **a monté** la valise au dernier étage.*
- *Elle **est montée** jusqu'au dernier étage.*

•• Semi-auxiliaires

Les verbes ou expressions verbales qui servent occasionnellement à construire des formes composées tout en conservant tout ou partie de leur sens sont appelés « semi-auxiliaires ». C'est le cas par exemple de *aller, devoir, faire, laisser, pouvoir, venir, vouloir* et d'expressions telles que *être sur le point de, être en train de, se prendre à*.

➸ Ces semi-auxiliaires sont toujours suivis de l'infinitif ou du participe présent.

Verbes

Auxiliaires d'aspect

➡ Les semi-auxiliaires appelés « auxiliaires d'aspect » permettent de situer l'action par rapport à celui qui parle. L'action peut débuter ou se terminer, être en cours, révolue ou proche :
- *Je **vais** téléphoner.* (futur proche)
- *Elle **vient de** partir.* (passé proche)
- *Nous **sommes en train de** travailler.* (action en cours)
- *La situation **va** en empirant.* (action en cours)

Auxiliaires modaux

➡ Les semi-auxiliaires appelés « auxiliaires modaux » indiquent la probabilité, la possibilité, la nécessité ou le caractère obligatoire d'une action, ainsi que la volonté :
- *J'ai **dû** faire erreur.* (probabilité)
- *Il **peut** changer d'avis.* (possibilité)
- *J'**ai à** faire.* (nécessité)
- *Elle **veut** y aller.* (volonté)

Semi-auxiliaires factitifs ou causatifs

➡ Suivis de l'infinitif, les semi-auxiliaires, dits « factitifs » ou « causatifs », expriment le fait que le sujet du verbe conjugué n'est pas celui qui agit. *Faire* et *laisser* sont des semi-auxiliaires factitifs :
- *J'ai **fait** venir le réparateur.* (= le réparateur est venu)
- *Nous l'avons **laissé** parler.* (= il a parlé)

ⓘ Certaines formes pronominales telles que *se faire* ou *se voir*, suivies de l'infinitif, donnent un sens passif à la phrase :
- *Ils **se sont fait** réprimander.* (= Ils ont été réprimandés.)
- *Je **me suis vu** interdire l'entrée.* (= On m'a interdit d'entrer.)

Ces emplois posent très souvent des problèmes d'accord du participe passé.

•• Verbes transitifs

Un verbe transitif est un verbe qui appelle un complément d'objet. Il existe deux sortes de verbes transitifs :

✓ les verbes transitifs directs qui ont un complément d'objet direct :
  • *Il a appelé **Emma**.*

✓ les verbes transitifs indirects dont le complément d'objet est indirect car introduit par une préposition *(à, de…)* :
  • *Elle parle **à Roger**.*

➡ Toutefois, un verbe transitif n'est pas nécessairement suivi d'un complément d'objet. Dans l'usage courant, le complément est régulièrement omis sans que soit altéré le sens de la phrase. On parle alors d'« emploi absolu » :

• *J'ai déjà mangé.* (= J'ai déjà mangé mon repas.)

• *Il a abandonné au troisième tour.* (= Il a abandonné la course au troisième tour.)

• *Est-ce que tu viendras ? Ça dépend.* (= Ça dépend des circonstances.)

ℹ Un même verbe peut être, selon le cas, transitif direct, transitif indirect, en emploi absolu ou intransitif. Ces différentes constructions en changent plus ou moins le sens :

• *Ils goûtent à quatre heures.* (intransitif)

• *Goûte ce fruit.* (transitif direct)

• *Elle a goûté au gâteau.* (transitif indirect)

• *Je peux goûter ?* (emploi absolu)

•• Verbes intransitifs

Un verbe intransitif est un verbe qui se construit sans complément d'objet :
- *L'argent affluait.* (pas de complément)
- *Les gens affluaient de toutes parts.* (*de toutes parts* est un complément circonstanciel de lieu, et non un complément d'objet)

🛈 Un même verbe peut être, selon le cas, transitif direct, transitif indirect, en emploi absolu ou intransitif. Ces différentes constructions en changent plus ou moins le sens :
- *Ils goûtent à quatre heures.* (intransitif)
- *Goûte ce fruit.* (transitif direct)
- *Elle a goûté au gâteau.* (transitif indirect)
- *Je peux goûter ?* (emploi absolu)

•• Verbes pronominaux

Un verbe pronominal est un verbe qui se conjugue avec les pronoms personnels réfléchis, qui renvoient au sujet (*me, te, se, nous, vous, se*) :
- *Je **me** promène.*
- *Ils **se** dépêchent.*

➭ On distingue plusieurs catégories de verbes pronominaux selon le rapport qu'entretiennent le sujet, le verbe et le pronom personnel.

🛈 La forme pronominale pose très souvent des problèmes d'accord du participe passé (voir ce chapitre). Il est important de bien identifier les différentes catégories de verbes pronominaux afin d'éviter les erreurs.

Verbes

Verbes essentiellement pronominaux

➥ Un verbe essentiellement pronominal ne s'emploie jamais sans le pronom personnel. Il ne peut être mis ni à la voix active, ni à la voix passive :

- *Je **m'enfuis**.* (On ne peut pas dire : **J'enfuis* ni **Je suis enfui.*)
- *Je **me souviens**.* (On ne peut pas dire : **Je souviens* ni **Je suis souvenu.*)

Verbes pronominaux réfléchis

➥ Le sujet d'un verbe pronominal réfléchi agit sur lui-même ou pour lui-même :

- *Je **me soigne**.* (= Je soigne moi-même.)
- *Elle **s'est offert** un chapeau.* (= Elle a offert un chapeau à elle-même.)

🛈 Dans un registre familier, on observe l'emploi de tournures pronominales réfléchies là où le sens ne l'impose pas. Le pronom personnel réfléchi donne une valeur intensive à la phrase :

- *J'ai acheté une pâtisserie.* ➡ *Je **me suis acheté** une pâtisserie.*
- *Il a pris un coup.* ➡ *Il **s'est pris** un coup.*

Verbes pronominaux réciproques

➥ Les choses ou êtres représentés par le sujet d'un verbe pronominal réciproque agissent les uns sur les autres ou les uns pour les autres :

- *Elles **se sont disputées**.* (= chacune a disputé l'autre)
- *Nous **nous sommes aidés**.* (= chacun a aidé l'autre)

Verbes pronominaux à sens passif

➥ Le sujet d'un verbe pronominal à sens passif subit l'action :

- *Ce plat **se mange** glacé.* (= Ce plat doit être mangé glacé.)

❶ Tout verbe pronominal transitif pouvant a priori être mis à la forme passive, ces pronominaux sont de loin les plus nombreux.

•• Verbes impersonnels

> Un verbe impersonnel (ou unipersonnel) ne s'emploie qu'à l'infinitif ou à la 3ᵉ personne du singulier avec le pronom *il* (ou, plus rarement, avec les pronoms *ça*, *ce* ou *cela*).

➥ Les verbes impersonnels sont essentiellement des verbes exprimant des phénomènes météorologiques :
- *Il **pleut**. Il **neige**. Il **grêle**. Il **vente**. Il **bruine**.*

❶ Certains de ces verbes peuvent s'employer personnellement, mais uniquement au sens figuré :
- *Les malheurs **pleuvent** sur lui.*

➥ Il existe cependant quelques autres verbes essentiellement impersonnels, comme *falloir* ou *advenir* :
- *Il **faut** que tu m'aides.*
- *Je viendrai, quoi qu'il **advienne**.*

➥ Les tournures présentatives *il est*, *il y a*, *il fait* sont également impersonnelles :
- ***Il est** 8 heures. **Il y a** longtemps. **Il fait** nuit.*

➥ De plus, un certain nombre de verbes peuvent s'employer de manière impersonnelle. Ce sont principalement :

✓ des verbes passifs :
- *Il **est écrit** que c'est interdit. Il **est venu** quelqu'un. Il **est prouvé** que le sport est bon pour la santé.*

Verbes

✓ des verbes pronominaux :
- *Il **s'agit** de sa famille. Il **se met** à pleuvoir.*

✓ des verbes actifs intransitifs :
- *Il **manque** une page dans ce cahier. Il ne **subsiste** que des ruines.*

✓ des verbes d'état :
- *Il **paraît** que tu as déménagé. Il me **semble** l'avoir déjà rencontré.*

✓ de locutions construites avec le verbe *être* :
- ***il est nécessaire de** ; **il est intolérable que** ; **il est interdit de***

ℹ Dans les constructions impersonnelles, le pronom *il* ne désigne aucune réalité : c'est le sujet « grammatical » du verbe, mais ce n'est que le sujet « apparent ». Le sujet « réel » ou « logique », c'est-à-dire l'agent de l'action exprimée par le verbe, apparaît parfois derrière lui. Le verbe s'accorde toujours avec le sujet apparent, et non avec le sujet réel :

- ***Il est interdit** de fumer.* (= Fumer est interdit.)
- ***Il tombe** d'énormes grêlons.* (= D'énormes grêlons tombent.)

•• Verbes défectifs

Un verbe défectif est un verbe pour lequel certaines formes conjuguées manquent ou bien sont inusitées à certaines personnes, à certains temps ou à certains modes.

➥ Il existe une soixantaine de verbes défectifs. En voici quelques-uns :

✓ *accroire* et *quérir* n'existent qu'à l'infinitif.

✓ les 1ʳᵉ et 2ᵉ personnes du singulier et du pluriel du verbe *bruire* ne sont pratiquement jamais employées, hors tournure poétique.

✓ *choir* ne s'emploie qu'à quelques personnes au présent de l'indicatif *(je chois, tu chois, il choit, ils choient)*. Les formes du futur *(je choirai* ou *cherrai, nous choirons* ou *cherrons…)* sont considérées comme vieillies.

✓ *gésir* ne s'utilise guère qu'au présent et à l'imparfait de l'indicatif *(je gis, tu gis, il gît, nous gisons, vous gisez, ils gisent ; je gisais…)*, ainsi qu'au participe présent *(gisant)*.

✓ *parfaire* ne s'emploie généralement qu'à l'infinitif et aux temps composés.

••• Groupes de verbes

↬ Les verbes français sont traditionnellement classés en trois groupes selon la terminaison de leur infinitif et de leur participe présent.

🛈 Les auxiliaires *avoir* et *être* n'appartiennent à aucun de ces trois groupes.

•• 1ᵉʳ groupe

Le 1ᵉʳ groupe comprend tous les verbes dont l'infinitif se termine par *-er*, à l'exception du verbe *aller*, qui appartient au 3ᵉ groupe :
- *aim**er**, jou**er**, mang**er**…*

🛈 Environ 90 % des verbes français appartiennent au 1ᵉʳ groupe.

La plupart des nouveaux verbes appartiennent à ce groupe, le plus simple à conjuguer.

Verbes

➡️ Le radical de la plupart des verbes du 1ᵉʳ groupe est identique à tous les temps et modes :
- il **parl**e ; nous **parl**ions ; vous avez **parl**é ; **parl**ant…

Cependant, certains radicaux sont sujets à des modifications phoniques et orthographiques régulières.

Alternance e/è et é/è

➡️ Lorsque l'avant-dernière syllabe de l'infinitif d'un verbe du 1ᵉʳ groupe contient un *e* muet, ce *e* se transforme en *è* devant une syllabe contenant un *e* muet :
- enl**e**ver ➡ j'enl**è**verai
- soul**e**ver ➡ ils soul**è**vent
- s**e**mer ➡ elles s**è**meront

➡️ Lorsque l'avant-dernière syllabe de l'infinitif d'un verbe du 1ᵉʳ groupe contient un *é*, ce *é* se transforme en *è* devant un *e* muet en dernière syllabe :
- c**é**der ➡ je c**è**de
- empi**é**ter ➡ elle empi**è**te
- poss**é**der ➡ tu poss**è**des

Le *é* se maintient dans tous les autres cas, notamment au futur et au conditionnel où le *é* précède un *e* muet, mais pas en dernière syllabe :
- c**é**der ➡ nous c**é**derons, vous c**é**deriez
- poss**é**der ➡ il poss**é**dera, elles poss**é**deraient

📕 Les *Rectifications de l'orthographe de 1990* préconisent l'emploi du *è* au futur et au conditionnel, pour des raisons à la fois d'harmonisation et de conformité avec la prononciation. Ainsi les formes *nous cèderons, nous possèderons, elle empiètera*, etc., sont considérées comme correctes. Elles sont d'ailleurs enregistrées dans la plupart des dictionnaires.

Verbes en -yer

→ Le *y* des verbes en *-oyer* ou *-uyer* se transforme en *i* devant les terminaisons commençant par un *e* muet :
- *nettoyer* ➡ *je nettoie, il nettoiera*
- *essuyer* ➡ *tu essuies, nous essuierons*

exceptions *Envoyer* et *renvoyer* sont irréguliers au futur et au conditionnel :
- *envoyer* ➡ *j'enverrai, nous enverrons*
- *renvoyer* ➡ *il renverrait, vous renverriez*

→ Pour les verbes dont l'infinitif se termine par *-ayer*, la forme avec *y* est tolérée :
- *balayer* ➡ *tu balaies* [balɛ] ou *tu balayes* [balɛj]

Cependant, il est préférable d'employer la forme en *i* pour des raisons d'euphonie et d'harmonisation.

Verbes en -eler et -eter

→ La majorité des verbes dont l'infinitif se termine par *-eler* ou *-eter* doublent leur *l* ou leur *t* devant les terminaisons commençant par un *e* muet :
- *appeler* ➡ *j'appelle, ils appelleraient*
- *jeter* ➡ *tu jettes, elles jetteront*

exceptions Pour les verbes suivants, le *l* ou le *t* n'est pas doublé mais le *e* se transforme en *è* :
- *ciseler* ➡ *cisèle*
- *congeler* ➡ *congèle*
- *démanteler* ➡ *démantèle*
- *écarteler* ➡ *écartèle*
- *geler* ➡ *gèle*
- *marteler* ➡ *martèle*
- *modeler* ➡ *modèle*

Verbes

- p**e**ler ➡ p**è**le
- rec**e**ler ➡ rec**è**le
- ach**e**ter ➡ ach**è**te
- croch**e**ter ➡ croch**è**te
- fur**e**ter ➡ fur**è**te
- hal**e**ter ➡ hal**è**te

Les *Rectifications de l'orthographe de 1990* préconisent l'emploi systématique du *è* dans les verbes en *-eler* et *-eter*.

Ainsi, on peut conjuguer sur le modèle de *geler* et *acheter* des verbes tels que *ruisseler* (*il ruisselle* ou *il ruissèle*), *épousseter* (*il époussette* ou *il époussète*) ou *étiqueter* (*il étiquette* ou *il étiquète*).

Verbes en -cer

Dans les verbes dont l'infinitif se termine par *-cer*, le *c* prend une cédille devant les terminaisons commençant par *o* ou *a*, afin de conserver le son [s] :

- amor**c**er ➡ nous amor**ç**ons
- coin**c**er ➡ il coin**ç**ait
- pla**c**er ➡ vous pla**ç**âtes

Les verbes en *-ecer* se conjuguent comme *placer* et *peler*, c'est-à-dire qu'ils présentent à la fois l'alternance *c/ç* devant *a* et *o* et l'alternance *e/è* devant un *e* muet :

- dép**e**cer ➡ je dép**è**ce, je dép**e**çais

Les verbes en *-écer* se conjuguent comme *placer* et *céder*, c'est-à-dire qu'ils présentent à la fois l'alternance *c/ç* devant *a* et *o* et l'alternance *é/è* devant un *e* muet :

- rapi**é**cer ➡ il rapi**è**ce, il rapi**é**ça

Les *Rectifications de l'orthographe de 1990* préconisent l'emploi systématique du *è* pour noter le son *e* ouvert devant une syllabe contenant un *e* muet. Ainsi les deux formes *il rapiécera* et *il rapiècera* sont correctes. Ces graphies sont d'ailleurs enregistrées dans la plupart des dictionnaires.

Verbes en -*ger*

➥ Dans les verbes dont l'infinitif se termine par -*ger*, le *g* est suivi d'un *e* devant les terminaisons commençant par *a* ou *o*, ceci afin de conserver le son [ʒ] :
- *abréger* ➠ *il abrégea*
- *arranger* ➠ *nous arrangeons*
- *engager* ➠ *ils s'engageaient*

ⓘ Les verbes en -*éger* se conjuguent comme *bouger* et *céder*, c'est-à-dire qu'ils présentent à la fois l'alternance *g/ge* devant *a* et *o* et l'alternance *é/è* devant un *e* muet :
- *protéger* ➠ *elle protège, elle protégeait*
- *siéger* ➠ *il siège, il siégea*

▤ Les *Rectifications de l'orthographe de 1990* préconisent l'emploi systématique du *è* pour noter le son *e* ouvert devant une syllabe contenant un *e* muet. Ainsi on peut écrire *elle protégerait* ou *protègerait*, *il siégera* ou *siègera*. Ces graphies sont d'ailleurs enregistrées dans la plupart des dictionnaires.

•• 2ᵉ groupe

Le 2ᵉ groupe comprend les verbes dont l'infinitif se termine par -*ir* et le participe présent par -*issant* :
- *finir, finissant* ; *languir, languissant* ; *munir, munissant*...

➥ On ajoute -*iss*- à la fin du radical des verbes du 2ᵉ groupe :
  ✓ au participe présent :
  - *grandissant*

Verbes

✓ aux personnes du pluriel du présent de l'indicatif et de l'impératif :
  - *nous grand**iss**ons, grand**iss**ez !*

✓ à toutes les personnes de l'imparfait de l'indicatif :
  - *je grand**iss**ais, vous grand**iss**iez…*

✓ à toutes les personnes du subjonctif présent :
  - *que je grand**iss**e, que nous grand**iss**ions…*

✓ à toutes les personnes du subjonctif imparfait, sauf à la 3ᵉ personne du singulier :
  - *que tu grand**iss**es, qu'ils grand**iss**ent…* mais *qu'il grandît*

➦ Tous les verbes du 2ᵉ groupe sont réguliers.

exceptions

- *Haïr* perd son tréma aux trois premières personnes du présent de l'indicatif :
  - *je hais, tu hais, il hait*

À cause du tréma, *haïr* ne prend pas d'accent circonflexe au passé simple et à l'imparfait du subjonctif :
  - *nous haïmes, vous haïtes*
  - *qu'il, qu'elle haït*

- Au sens de « prospérer », *fleurir* a un radical en *flor-* au participe présent :
  - *un pays **flor**issant*

Ce radical se rencontre aussi parfois à l'imparfait dans la langue littéraire :
  - *Cette mode **flor**issait à l'époque.*

ⓘ Ce groupe comprend quelques centaines de verbes.

•• 3ᵉ groupe

Le 3ᵉ groupe comprend tous les autres verbes, soit :

✓ les verbes dont l'infinitif se termine par -*ir* mais dont le participe présent ne se termine pas par -*issant* :
- *ment**ir** (ment**ant**), dorm**ir** (dorm**ant**), cueill**ir** (cueill**ant**)*…

✓ les verbes dont l'infinitif se termine par -*oir* :
- *sav**oir**, fall**oir**, asse**oir***…

✓ les verbes dont l'infinitif se termine par -*re* :
- *appren**dre**, boi**re**, connaî**tre***…

✓ le verbe *aller*.

➡ Ces verbes sont presque tous irréguliers : ils présentent des modifications de leur radical selon les temps et les modes :
- *elle **pren**d, ils **prenn**ent*
- *v**ien**s, nous v**en**ons*
- *il **veu**t, nous **voul**ions, qu'il **veuill**e*
- *va, vous **all**ez, nous **ir**ons*

exception Le verbe *maudire*, bien qu'appartenant au 3ᵉ groupe, suit la conjugaison des verbes du 2ᵉ groupe, sauf au participe passé où il fait *maudit, ite*.

ⓘ Ce groupe ne comprend que quelques centaines de verbes, mais la plupart d'entre eux sont très fréquents. Il n'accepte aucun verbe nouveau.

Verbes en -*cevoir*

➡ Le *c* des verbes dont l'infinitif se termine par -*cevoir* prend un *c* cédille devant *o* et *u* pour conserver le son [s] :
- *aper**c**evoir* ➡ *j'aper**ç**ois*
- *dé**c**evoir* ➡ *il m'a dé**ç**u*

Verbes

- *recevoir* ➡ *nous reçûmes*

asseoir

➼ Deux radicaux entrent en concurrence dans la conjugaison du verbe *asseoir* au présent, à l'imparfait et au futur de l'indicatif, ainsi qu'à l'impératif. Ainsi, on peut dire :

- *j'assieds* ou *j'assois*
- *j'asseyais* ou *j'assoyais*
- *j'assiérai* ou *j'assoirai*
- *assieds-toi* ou *assois-toi*

Cependant, les formes *assois-toi* et *assoyez-vous* sont considérées comme familières.

⚠ Le *e* n'est présent devant *oi* qu'à l'infinitif :
- *asseoir* mais *je m'assois, tu t'assois*…

📄 Les *Rectifications de l'orthographe de 1990* préconisent la graphie *assoir* pour ce verbe, dans un souci d'harmonisation avec les autres verbes en *-oir*.

Accent circonflexe sur le *i* et le *u*

➼ La dernière syllabe de l'infinitif de certains verbes du 3ᵉ groupe comporte un *i* avec accent circonflexe. Dans les formes conjuguées de ces verbes, l'accent circonflexe ne se maintient que si le *i* est suivi d'un *t* :

- *paraître* ➡ *il paraît, vous paraîtrez* mais *je parais*
- *décroître* ➡ *elle décroît, ils décroîtront* mais *ils décroissent*

➼ L'accent circonflexe se place également sur certaines formes du verbe *croître*, pour les distinguer des formes du verbe *croire* :

- *Tu croîs de jour en jour, mon fils.* / *Tu crois aux fantômes.*
- *Les arbres crûrent à une vitesse folle.* / *Ils crurent que tout était perdu.*

Verbes

➡➡ Les participes passés masculins singuliers des verbes *croître*, *devoir* et *mouvoir* (et leurs dérivés) prennent un accent circonflexe :

- *L'herbe a crû pendant notre absence.*
- *J'aurais dû être plus prudent.*
- *Il est mû par un désir de vengeance.*

Lorsque le participe est au féminin ou au pluriel, l'accent disparaît :

- *Veuillez rembourser la somme due.*
- *Les automates sont mus par un mécanisme.*

➡➡ Enfin, les verbes *clore*, *gésir* et *plaire* (et leurs dérivés) prennent un accent circonflexe à la 3ᵉ personne du singulier du présent de l'indicatif :

- *La barrière clôt le champ.*
- *Ce tableau me plaît.*
- *Ci-gît un soldat inconnu.*

Les *Rectifications de l'orthographe de 1990* préconisent l'abandon de l'accent circonflexe sur le *i* et le *u* dans toutes ces formes, sauf pour le verbe *croître* (afin d'éviter la confusion avec le verbe *croire*) et pour le participe passé *dû* (afin de le distinguer de l'article contracté *du*). Les graphies telles que *il accroit, elle nait, ils décroitront, ils ont mu* ne sont donc plus considérées comme fautives.

L'accent circonflexe se maintient dans les terminaisons verbales régulières, c'est-à-dire :

✓ au passé simple, pour les 1ʳᵉ et 2ᵉ personnes du pluriel (*nous suivîmes, vous voulûtes*),

✓ à la 3ᵉ personne du singulier de l'imparfait du subjonctif (*qu'il suivît, qu'il voulût*),

... Verbes

✓ à la 3ᵉ personne du singulier du plus-que-parfait du subjonctif *(qu'il eût suivi, qu'elle eût voulu)*.

... Voix

Les voix permettent de définir le rôle du sujet par rapport à l'action exprimée par le verbe.

↠ On distingue traditionnellement deux voix en français : la voix active et la voix passive.

.. Voix active

À la voix active, le sujet « fait » l'action, c'est-à-dire qu'il peut :

✓ agir sur un être, une situation ou une chose (verbe d'action) :
- *Marjorie **parle** à Jean.*
- *Elle **a changé** le processus.*
- *As-tu **tondu** la pelouse ?*

✓ se trouver dans un certain état ou se transformer (verbe d'état) :
- *Elle **paraît** heureuse.*
- *L'eau **bout**.*

✓ se déplacer (verbe de mouvement) :
- *Nous **marchions** lentement.*
- ***Viens** !*

↠ Certains verbes, de par leur sens, sont régis par des sujets qui subissent plutôt qu'ils ne font l'action. Cela ne remet pas en cause la notion de voix « active » :
- *Le garnement **a reçu** une gifle.*
- *Elle **aura subi** plusieurs opérations.*

•• Voix passive

À la voix passive, le sujet « subit » l'action :
- *Elle **est invitée** par le président.*
- *Ces livres **ont été écrits** par Victor Hugo.*

Formation

➡ À la voix passive, le verbe se compose de l'auxiliaire *être* suivi du participe passé. C'est donc l'auxiliaire qui indique à quel temps et à quel mode est le verbe :
- *Elle **est aimée**.* (indicatif présent)
- *Elle **sera aimée**.* (indicatif futur)
- *Elle **a été aimée**.* (passé composé)
- *Elle **avait été aimée**.* (plus-que-parfait)
- *Elle **aura été aimée**.* (futur antérieur)
- *Elle **serait aimée**.* (conditionnel présent)
- *Elle **aurait été aimée**.* (conditionnel passé 1re forme)
- *qu'elle **soit aimée*** (subjonctif présent)
- *qu'elle **eût été aimée*** (subjonctif plus-que-parfait)

➡ Le complément d'agent indique l'auteur de l'action. Il est introduit par la préposition *par* ou par la préposition *de* :
- *Elle est très aimée **par tout le monde**.*
- *Elle est très aimée **de tout le monde**.*

Sa présence n'est pas obligatoire :
- *Elle est très aimée.*

ℹ Pour certains verbes, la voix passive peut être exprimée par la forme pronominale :
- *Ce livre **se vend** bien.*

Verbes

Passage de la voix active à la voix passive

➡ Dans le passage de la voix active à la voix passive :

✓ Le complément d'objet direct de la phrase active devient le sujet de la phrase passive.

✓ Le sujet de la phrase active devient complément d'agent dans la phrase passive.

- *Son patron l'**a licenciée**.* ➡ *Elle **a été licenciée** par son patron.*

Seuls les verbes transitifs directs peuvent donc être employés à la voix passive, les verbes transitifs indirects ou intransitifs n'ayant pas de complément d'objet direct.

exceptions Quelques rares verbes transitifs indirects peuvent être mis à la voix passive :
- *obéir à* ➡ *Il **est** toujours **obéi**.*
- *pardonner à* ➡ *Tu **es pardonné**.*

➡ Si l'on veut mettre à la voix active une phrase qui ne comporte pas de complément d'agent à la voix passive, on emploie le pronom indéfini *on* comme sujet :
- *Le tableau a été volé.* ➡ ***On a volé** le tableau.*

Emplois

➡ La voix passive permet de mettre l'accent sur la personne qui subit l'action :
- *Son patron l'**a licenciée**.* (voix active : l'accent est mis sur le patron)
- *Elle **a été licenciée** par son patron.* (voix passive : l'accent est mis sur la personne licenciée)

➡ L'emploi de la voix passive permet parfois de ne pas indiquer qui est le responsable de l'action, soit parce qu'on ne désire pas le mentionner, soit parce qu'on ne le connaît pas. Il suffit pour cela de ne pas employer de complément d'agent :

- *Le mot de passe **a été changé**.*
- *Ses bijoux **ont été volés**.*

... Modes et temps

Les modes permettent d'exprimer l'attitude de celui qui parle vis-à-vis du procès (état, devenir, action) exprimé par le verbe.

➾ Le français compte sept modes :
- ✓ l'indicatif,
- ✓ le subjonctif,
- ✓ le conditionnel,
- ✓ l'impératif,
- ✓ l'infinitif,
- ✓ le participe (présent et passé),
- ✓ le participe gérondif.

➾ Ces modes sont répartis en deux grands groupes :
- ✓ les modes personnels, dans lesquels les formes du verbe varient avec la personne : indicatif, subjonctif, conditionnel, impératif ;
- ✓ les modes impersonnels, dans lesquels les formes du verbe ne varient pas avec la personne : infinitif, participe et gérondif.

➾ Les modes sont constitués de différents temps.

ⓘ Certains grammairiens considèrent le conditionnel comme un temps de l'indicatif, et non comme un mode. C'est ainsi qu'il est parfois enseigné.

Les temps permettent de situer le procès exprimé par le verbe par rapport au moment de l'énonciation : passé, présent, futur.

Verbes

➡ On distingue trois types de temps :

✓ les temps dits « simples », dont les formes verbales ne sont composées que d'un seul mot :
- *nous bavardons*
- *il hurlât*
- *vous postulerez*
- *elle choisirait*
- *pars !*

✓ les temps dits « composés », dont les formes verbales sont composées de l'auxiliaire *être* ou *avoir* à un temps simple, suivi du participe passé du verbe :
- *tu as plaisanté*
- *je m'étais déguisé*
- *elle eut préféré*
- *nous serons félicités*
- *ils auraient pu*
- *vous fussiez venus*
- *aie rangé !*

✓ les temps dits « surcomposés », dont les formes verbales sont constituées de l'auxiliaire *avoir* ou *être* à un temps composé, suivi du participe passé du verbe :
- *j'ai eu demandé*
- *il aurait été averti*
- *tu auras été marié*

Indicatif

➡ L'indicatif permet d'énoncer de façon neutre un procès considéré comme réel ou certain dans une phrase affirmative, ou bien un procès qui reste à vérifier dans une phrase interrogative. C'est le mode de l'objectivité :

- *Il est arrivé.*
- *Je pense qu'elle se trompe.*
- *Croyez-vous qu'il pleuvra ?*

➡ L'indicatif compte quatre temps simples (présent, imparfait, futur simple, passé simple) et quatre temps composés (passé composé, plus-que-parfait, futur antérieur, passé antérieur). À ces temps s'ajoute le passé surcomposé.

• Indicatif présent
Formation

➡ L'indicatif présent des verbes du 1er groupe se forme au moyen du radical du verbe suivi des terminaisons *-e, -es, -e, -ons, -ez, -ent* :

- *j'aime, tu aimes, il aime, nous aimons, vous aimez, ils aiment*

➡ L'indicatif présent des verbes du 2e groupe se forme au moyen du radical du verbe suivi des terminaisons *-is, -is, -it, -ons, -ez, -ent* ; aux personnes du pluriel, la terminaison est précédée de *-iss-* :

- *j'applaudis, tu applaudis, il applaudit, nous applaudissons, vous applaudissez, ils applaudissent*

➡ L'indicatif présent des verbes du 3e groupe se forme au moyen :

✓ soit du radical du verbe suivi des terminaisons *-s, -s, -t, -ons, -ez, -ent*
- *je souris, tu souris, il sourit, nous sourions, vous souriez, ils sourient*

✓ soit du radical du verbe suivi des terminaisons *-s, -s, ø, -ons, -ez, -ent*
- *je défends, tu défends, il défend, nous défendons, vous*

Verbes

défend**ez**, ils défend**ent**

✓ soit du radical du verbe suivi des terminaisons *-e, -es, -e, -ons, -ez, -ent*

• *je couvre, tu couvres, il couvre, nous couvrons, vous couvrez, ils couvrent*

✓ soit du radical du verbe suivi des terminaisons *-x, -x, -t, -ons, -ez, -ent*

• *je veux, tu veux, il veut, nous voulons, vous voulez, ils veulent*

⚠ Le radical des verbes du 3ᵉ groupe est souvent modifié :
- **prend**re ➡ *je prends, nous prenons*
- **dorm**ir ➡ *je dors, nous dormons*
- **boi**re ➡ *je bois, nous buvons*

Les verbes dont l'infinitif se termine par *-aître* conservent l'accent circonflexe sur le *i* à la 3ᵉ personne du singulier uniquement :

• *il paraît ; il connaît ; il disparaît*

Gésir, plaire et ses dérivés prennent eux aussi un accent circonflexe sur le *i* à la 3ᵉ personne du singulier :

• *il gît ; il plaît ; il se complaît ; il me déplaît*

📖 Les *Rectifications de l'orthographe de 1990* préconisent l'abandon de cet accent circonflexe ; les deux graphies sont ainsi acceptées : *il paraît* ou *il parait* ; *il connaît* ou *il connait* ; *il plaît* ou *il plait*

Emplois

➡ Le présent permet d'exprimer :

✓ un procès qui se déroule au moment où l'on parle :
• *Le téléphone sonne.*

Verbes

✓ un procès habituel :
- *Je **prends** le train tous les jours.*

✓ une vérité générale, scientifique :
- *L'eau **bout** à 100 °C.*

✓ un procès passé :
- *Le mur de Berlin **tombe** le 9 novembre 1989.*

✓ un procès dans un futur proche :
- *Je **reviens** dans deux heures.*

● Indicatif imparfait

Formation

➡ L'indicatif imparfait des verbes des 1ᵉʳ et 3ᵉ groupes se forme au moyen du radical du verbe suivi des terminaisons *-ais, -ais, -ait, -ions, -iez, -aient* :

- *je rêv**ais**, tu rêv**ais**, il rêv**ait**, nous rêv**ions**, vous rêv**iez**, ils rêv**aient***
- *je sav**ais**, tu sav**ais**, il sav**ait**, nous sav**ions**, vous sav**iez**, ils sav**aient***

⚠ Le radical des verbes du 3ᵉ groupe est souvent modifié :
- *pre**ndre** ➡ je pren**ais***
- *cou**dre** ➡ je cous**ais***
- *joi**ndre** ➡ je joign**ais***

➡ L'indicatif imparfait des verbes du 2ᵉ groupe se forme au moyen des mêmes terminaisons, mais le radical du verbe est augmenté de la syllabe *-iss-* :

- *je ralent**issais**, tu ralent**issais**, il ralent**issait**, nous ralent**issions**, vous ralent**issiez**, ils ralent**issaient***

📍 À l'oral, la distinction entre le présent et l'imparfait des 1ʳᵉ et 2ᵉ personnes du pluriel s'entend à peine pour les verbes

Verbes

du 1ᵉʳ groupe en *-gner* (*signer*), *-iller* (*mouiller*), *-ier* (*épier*) et *-yer* (*tournoyer*) et certains verbes du 3ᵉ groupe (*bouillir, cueillir, fuir, voir, asseoir, craindre, peindre, croire* et *rire*). Or, la terminaison de l'imparfait des 1ʳᵉ et 2ᵉ personnes du pluriel des verbes débute par un *i*.

Pour éviter la faute, il suffit de remplacer la personne du pluriel par une personne du singulier :

- *L'été dernier, nous nous **baignons** ou nous nous **baignions** ?*
➡ *L'été dernier, tu te **baignais**.*
Il s'agit donc d'un imparfait : on écrit *Nous nous **baignions***.

Emplois

➥ L'imparfait permet d'exprimer :

✓ un procès non achevé qui se déroule dans le passé :
- *Nous **écoutions** de la musique quand il est entré.*

✓ un procès qui dure dans le passé :
- *Ils **travaillaient** sans relâche.*

✓ un procès habituel dans le passé :
- *Elle s'**entraînait** toutes les semaines.*

✓ un procès ponctuel dans le passé :
- *Le 18 juin 1940, le général de Gaulle **lançait** son fameux appel.*

✓ un procès présent ou futur dans le discours indirect :
- *Elle m'a annoncé qu'elle **était** enceinte.*
- *On m'a dit qu'ils **partaient** vivre en Islande.*

✓ une condition ; on parle alors d'« irréel du présent » :
- *Si j'**étais** plus jeune, je le ferais.*

Verbes

• Passé simple

Formation

➥ Le passé simple des verbes du 1er groupe et du verbe *aller* se forme au moyen du radical du verbe suivi des terminaisons *-ai, -as, -t, -âmes, -âtes, -èrent* :

- *je chant**ai**, tu chant**as**, il chant**a**, nous chant**âmes**, vous chant**âtes**, ils chant**èrent***

➥ Le passé simple des verbes du 2e groupe se forme au moyen du radical du verbe suivi des terminaisons *-is, -is, -it, -îmes, -îtes, -irent* :

- *je fin**is**, tu fin**is**, il fin**it**, nous fin**îmes**, vous fin**îtes**, ils fin**irent***

➥ Le passé simple des verbes du 3e groupe se forme au moyen du radical du verbe suivi :

✓ soit des terminaisons *-is, -is, -it, -îmes, -îtes, -irent*
- *je r**is**, tu r**is**, il r**it**, nous r**îmes**, vous r**îtes**, ils r**irent***

✓ soit des terminaisons *-us, -us, -ut, -ûmes, -ûtes, -urent*
- *je cour**us**, tu cour**us**, il cour**ut**, nous cour**ûmes**, vous cour**ûtes**, ils cour**urent***

⚠ Le radical de *venir*, *tenir* et de leurs composés est très altéré :
- *je v**ins**, nous v**înmes**, ils v**in**rent*
- *je ret**ins**, nous ret**înmes**, ils ret**in**rent*

Ne pas oublier l'accent circonflexe sur les 1re et 2e personnes du pluriel :
- *nous décid**âmes** ; vous nourr**îtes** ; nous voul**ûmes***

Emplois

➥ Le passé simple est l'un des principaux temps du récit. Il sert :

Verbes

✓ à exprimer un procès achevé dans un récit historique :
- *Les troupes **débarquèrent** en juin.*

✓ à exprimer une action qui se produit tandis qu'une autre action est en cours :
- *Ils jouaient dans le jardin quand l'orage **éclata**.*

✓ à présenter une succession de faits dans le passé :
- *Elle **prit** son sac, **ouvrit** la porte et **sortit**.*

➽ Le passé simple est le temps du conte par excellence :
- *Ils se **marièrent** et **vécurent** heureux.*

❶ Ce temps, dont certaines formes sont un peu difficiles, est surtout utilisé à l'écrit et dans un style soutenu. Dans l'usage courant et notamment à l'oral, le passé simple est remplacé par le passé composé.

• Passé composé

Formation

➽ Le passé composé se construit avec l'auxiliaire *être* ou *avoir* au présent suivi du participe passé du verbe :
- *je suis arrivé, tu es arrivé, il est arrivé, nous sommes arrivés, vous êtes arrivés, ils sont arrivés*
- *j'ai deviné, tu as deviné, il a deviné, nous avons deviné, vous avez deviné, ils ont deviné*

Emplois

➽ Le passé composé est l'un des principaux temps du récit au passé. Il permet d'exprimer un procès achevé, qui s'est produit dans un passé plus ou moins proche et qui garde éventuellement un lien avec le présent :
- *Hier, il **a plu** toute la journée.*
- *Il **est arrivé** en France en 1995.*

- *J'**ai** toujours **voulu** aller au Mexique.*

➡️ Dans une proposition conditionnelle introduite par *si*, il a également une valeur de futur antérieur :

- *Si demain vous n'**avez** pas **donné** votre réponse, je considérerai que vous acceptez.*

● Indicatif plus-que-parfait

Formation

➡️ Le plus-que-parfait se construit avec l'auxiliaire *avoir* ou *être* à l'imparfait suivi du participe passé du verbe :

- *j'avais chanté, tu avais chanté, il avait chanté, nous avions chanté, vous aviez chanté, ils avaient chanté*
- *j'étais ressorti, tu étais ressorti, il était ressorti, nous étions ressortis, vous étiez ressortis, ils étaient ressortis*

Emplois

➡️ Le plus-que-parfait permet d'exprimer, dans le passé :

✓ une action qui s'est déroulée avant une autre action passée, avec un intervalle de temps entre les deux :

- *Elle vit qu'il **avait pleuré**.*

✓ une action qui se répète ; il a alors une valeur dite « itérative » :

- *Ils s'**étaient entraînés** tous les jours des années durant.*

✓ le caractère éventuel de l'action de la subordonnée, antérieure à l'action de la proposition principale ; on parle alors d'« irréel du passé » :

- *Si tu n'**avais** rien **dit**, il n'y aurait pas eu de problème.*

✓ un regret dans une proposition exclamative :

- *Si j'**avais su !***

Verbes

• Passé surcomposé

Formation

➥ Le passé surcomposé se construit avec l'auxiliaire *avoir* ou *être* au passé composé, suivi du participe passé du verbe :
- *j'ai eu demandé, tu as eu demandé, il a eu demandé, nous avons eu demandé, vous avez eu demandé, ils ont eu demandé*
- *j'ai été parti, tu as été parti, il a été parti, nous avons été partis, vous avez été partis, ils ont été partis*

⚠ Le premier des deux participes est toujours invariable :
- *J'ai pu recommencer à travailler une fois que je les ai **eu congédiés**.*

Emplois

➥ Le passé surcomposé est employé :

✓ le plus souvent dans la subordonnée lorsque le verbe de la principale est à un temps composé :
- *Je suis parti quand j'**ai eu terminé**.*

✓ plus rarement dans une proposition principale :
- *Il **a eu** vite **fait** de renoncer à cette aventure.*

ⓘ Même si tous les temps composés peuvent a priori avoir un équivalent surcomposé, seul le passé surcomposé est réellement employé en français.

• Passé antérieur

Formation

➥ Le passé antérieur se construit avec l'auxiliaire *avoir* ou *être* au passé simple suivi du participe passé du verbe :
- *j'eus préféré, tu eus préféré, il eut préféré, nous eûmes préféré, vous eûtes préféré, ils eurent préféré*

Verbes

- *je fus allé, tu fus allé, il fut allé, nous fûmes allés, vous fûtes allés, ils furent allés*

Emplois

➦ Le passé antérieur sert à exprimer que l'action de la subordonnée s'est déroulée immédiatement avant celle de la principale au passé simple :

- *Dès qu'elle **eut quitté** la pièce, ils se chamaillèrent.*
- *Aussitôt que nous **fûmes arrivés**, on nous bombarda de questions.*

● Futur simple

Formation

➦ Le futur simple se forme avec l'infinitif du verbe suivi des terminaisons *-ai, -as, -a, -ons, -ez, -ont* :

- *j'aimer**ai**, tu aimer**as**, il aimer**a**, nous aimer**ons**, vous aimer**ez**, ils aimer**ont***

⚠ Le radical de certains verbes du 3ᵉ groupe est modifié au futur simple :

✓ perte du *e* de l'infinitif :
  - *apprend**re*** ➟ *j'apprend**r**ai*
  - *joind**re*** ➟ *nous joind**r**ons*

✓ doublement du *r* devant la terminaison :
  - *courir* ➟ *nous cou**rr**ons*
  - *mourir* ➟ *il mou**rr**a*

✓ changement de radical et doublement du *r* :
  - *acquérir* ➟ *j'acqu**err**ai*
  - *pouvoir* ➟ *je pou**rr**ai*
  - *voir* ➟ *vous ve**rr**ez*

Verbes

✓ transformation du *i* du radical de *cueillir* en *e* :
- *cueill**ir*** ➡ *je cueill**er**ai*

Emplois

➡ Le futur permet d'exprimer :

✓ un procès à venir, plus ou moins proche :
- *Je **partirai** demain.*
- *Ils **viendront** l'année prochaine.*

✓ un procès passé, mais postérieur à un fait relaté au présent :
- *Il décède en 1980 et son film **sortira** un an plus tard.*

• Futur antérieur

Formation

➡ Le futur antérieur se construit avec l'auxiliaire *avoir* ou *être* au futur suivi du participe passé du verbe :
- *j'aurai fait, tu auras fait, il aura fait, nous aurons fait, vous aurez fait, ils auront fait*
- *je serai parti, tu seras parti, il sera parti, nous serons partis, vous serez partis, ils seront partis*

Emplois

➡ Le futur antérieur permet d'exprimer :

✓ un procès considéré comme achevé dans le futur de manière certaine :
- *Dans une semaine, j'**aurai** tout **oublié**.*

✓ l'antériorité, dans le futur, d'une action par rapport à une autre :
- *Dès que tu **auras fini**, nous **sortirons**.*

✓ une hypothèse, une probabilité dans le passé :
- *Il **aura pris** le mauvais chemin.*

✓ une récapitulation, un bilan :
- *Toutes ces expériences n'**auront servi** à rien.*

•• Subjonctif

➥ Le subjonctif est le mode de la subjectivité. Il est généralement utilisé pour énoncer un fait non réalisé ou incertain, sur lequel la personne qui parle ne veut pas s'engager :
- *Je crains qu'il ne **soit** trop tard.*
- *Crois-tu qu'il l'**ait fait** exprès ?*

➥ Le subjonctif a un temps présent et trois temps passés : imparfait, passé, plus-que-parfait.

• Subjonctif présent

➥ Au subjonctif présent, tous les verbes, excepté *avoir* et *être*, se terminent par *-e, -es, -e, -ions, -iez, -ent* :
- *que je prenn**e**, que tu prenn**es**, qu'il prenn**e**, que nous pren**ions**, que vous pren**iez**, qu'ils prenn**ent***

⚠ Le *e* final de la 1re personne du singulier se transforme en *é* en cas d'inversion du sujet et du verbe :
- *Crois-tu que je puiss**e** t'aider ?* mais *Puiss**é**-je t'aider !*

Cependant, la réforme de l'orthographe de 1990 préconise le remplacement du *é* par un *è* pour rendre compte de la prononciation ; la graphie *puissè-je* est ainsi considérée comme correcte.

📍 Certains verbes du 3e groupe ont des formes qui se prononcent de la même manière (mais s'écrivent différemment !) aux personnes du singulier du présent de l'indicatif et du subjonctif. Pour les distinguer, il suffit de remplacer la personne du singulier par la 1re ou la 2e personne du pluriel.

Verbes

• *Je doute qu'il recoure à ces méthodes* ou *qu'il recourt à ces méthodes ?*
➙ *Je doute que vous recouriez à ces méthodes* et non **recourez.*
Il s'agit donc d'un subjonctif : on écrit *qu'il recoure* et non **qu'il recourt.*

Pour les verbes du 1er groupe dont l'infinitif se termine par *-gner (soigner), -iller (veiller), -ier (plier)* et *-yer (pagayer),* la différence entre les formes de 1re et 2e personnes du pluriel du subjonctif présent *(soignions, veillions, pliions, pagayions)* et celles de l'indicatif présent *(soignons, veillons, plions, pagayons)* ne s'entend pas à l'oral, ce qui génère de nombreuses fautes d'orthographe. Pour éviter la confusion, il suffit de remplacer le verbe du 1er groupe par un verbe du 2e ou 3e groupe.

• *Il faut que nous signons le contrat* ou *que nous signions le contrat ?*
➙ *Il faut que nous lisions le contrat* et non **que nous lisons.*
Il s'agit donc d'un subjonctif : on écrit *que nous signions* et non **que nous signons.*

• Subjonctif imparfait

❖ Au subjonctif imparfait, tous les verbes, excepté *avoir* et *être*, se terminent par *-sse, -sses, -t, -ssions, -ssiez, -ssent :*

• *que je prisse, que tu prisses, qu'il prît, que nous prissions, que vous prissiez, qu'ils prissent*

❖ À la 3e personne du singulier, la voyelle précédant le *t* prend un accent circonflexe ; ceci permet de différencier le passé simple du subjonctif imparfait :

• *il prit* (passé simple) mais *il prît* (subjonctif imparfait)

⚠ Le *e* final de la 1re personne du singulier se transforme en é

en cas d'inversion du sujet et du verbe :
- *que je duss**e*** mais *duss**é**-je attendre longtemps*
- *que j'euss**e*** mais *euss**é**-je ce bonheur*
- *que je fuss**e*** mais *fuss**é**-je mieux compris*

Cependant, la réforme de l'orthographe de 1990 préconise le remplacement du é par un è pour rendre compte de la prononciation ; les graphies *dussè-je, eussè-je, fussè-je* sont ainsi considérées comme correctes.

• Subjonctif passé

➡ Le subjonctif passé se construit avec l'auxiliaire *avoir* ou *être* au subjonctif présent suivi du participe passé du verbe :
- *que j'aie décidé, que tu aies décidé, qu'il ait décidé, que nous ayons décidé, que vous ayez décidé, qu'ils aient décidé*
- *que je me sois hâté, que tu te sois hâté, qu'il se soit hâté, que nous nous soyons hâtés, que vous vous soyez hâtés, qu'ils se soient hâtés*

• Subjonctif plus-que-parfait

➡ Le subjonctif plus-que-parfait se forme avec l'auxiliaire *avoir* ou *être* au subjonctif imparfait suivi du participe passé du verbe :
- *que j'eusse décidé, que tu eusses décidé, qu'il eût décidé, que nous eussions décidé, que vous eussiez décidé, qu'ils eussent décidé*
- *que je fusse revenu, que tu fusses revenu, qu'il fût revenu, que nous fussions revenus, que vous fussiez revenus, qu'ils fussent revenus*

• Emplois du subjonctif

➡ Le subjonctif est utilisé pour énoncer un fait non réalisé ou incertain, sur lequel la personne qui parle ne veut pas

Verbes

s'engager. C'est le mode de la subjectivité.

Dans les propositions principales ou indépendantes

➡ Le subjonctif s'emploie surtout dans les propositions subordonnées. Il peut cependant s'employer dans des propositions principales ou indépendantes pour exprimer :

✓ l'ordre :
- **Sois rentré** avant la nuit.

✓ la défense :
- Qu'ils **ne remettent jamais** les pieds ici !

✓ le souhait :
- Que le meilleur **gagne** !

✓ le regret :
- Ne l'**eusses**-tu jamais rencontré !

✓ l'éventualité, l'hypothèse :
- J'y arriverai, **dussé**-je attendre dix ans.

✓ la supposition :
- **Soit** une droite D.

✓ la concession :
- Qu'il **fasse** ce dont il a envie, puisqu'il ne veut écouter personne.

✓ l'affirmation atténuée :
- Je ne **sache** pas qu'on m'ait prévenu.

Dans les propositions subordonnées complétives introduites par que

➡ On emploie le subjonctif dans les propositions subordonnées complétives introduites par *que* :

✓ après les verbes exprimant la volonté, le souhait, l'ordre, le doute, l'incertitude :

- *J'exige que vous **sortiez**.*
- *Elle aurait préféré qu'il s'**abstienne** ou (plus rarement) qu'il s'**abstînt**.*
- *Il craignait que son absence ne **soit remarquée** ou (plus rarement) ne **fût remarquée**.*
- *Je m'étonne qu'il n'**ait** pas **réagi**.*
- *Il s'attend à ce que je **revienne**.*

✓ après les verbes exprimant la permission, l'accord, le refus, une recommandation, un conseil :
- *Ils acceptent que nous **assistions** à l'entrevue.*
- *Je suggère que nous **partions** maintenant.*

✓ après les verbes exprimant le sentiment (amour, crainte, étonnement, joie, regret, etc.) :
- *Je crains qu'il ne **soit** déjà trop tard.*
- *Je m'étonne qu'il ne m'**ait** rien **dit**.*
- *Cela me surprend qu'elle n'**ait** pas **téléphoné**.*

✓ après des tours impersonnels :
- *Il est impossible qu'il ne le **sache** pas.*
- *Pourvu qu'elle ne l'**apprenne** pas !*

✓ dans les contextes interrogatifs ou négatifs de certains verbes d'opinion :
- *Crois-tu qu'elle **soit revenue** ?*
- *Je ne pense pas qu'il en **soit** capable.*

ⓘ Dans ces mêmes contextes interrogatifs ou négatifs, l'indicatif est également possible si l'on veut exprimer la quasi-certitude :
- *Crois-tu qu'elle **est revenue** ?*
- *Je ne pense pas qu'il en **est** capable.*

Verbes

✓ en tête de phrase :
- *Qu'il **ait oublié** mon anniversaire me surprend.*

Dans les propositions subordonnées relatives

➡ On emploie le subjonctif dans les propositions subordonnées relatives :

✓ dont la tournure est interrogative ou négative :
- *Est-il un bien qui **soit** plus précieux ?*
- *Il n'y a pas de pays qui **ait connu** autant de changements.*

✓ dont l'antécédent est un superlatif ou une locution impliquant une valeur superlative *(le premier, le dernier, le seul, l'unique…)*
- *Le film le plus émouvant que nous **ayons** jamais **vu**.*
- *C'est le seul vestige qui **ait été trouvé** sur le site.*

✓ exprimant la finalité, la conséquence, parfois l'hypothèse :
- *Je cherche un dictionnaire qui **convienne** à un adolescent.*

🛈 Dans les phrases suivantes, l'indicatif et le subjonctif expriment deux sens différents :
- *Je cherche une maison qui **a** des volets roses.* (Cette maison aux volets roses existe, je la cherche.)
- *Je cherche une maison qui **ait** des volets roses.* (Je ne sais pas si une maison aux volets roses existe, mais j'aimerais en trouver une.)

Dans les propositions subordonnées circonstancielles

➡ On emploie le subjonctif dans les propositions subordonnées circonstancielles introduites par des locutions conjonctives exprimant :

Verbes

✓ le temps : *avant que, en attendant que, jusqu'à ce que*
  • *Sortons **avant qu**'il (ne) **pleuve**.*

✓ la cause incertaine ou écartée : *soit que… soit que, non (pas) que, sans que, ce n'est pas que*
  • *Je le réparerai **sans que** cela se **voie**.*

✓ la conséquence : *assez/trop… pour que*
  • *Elle lui donne **assez** d'argent **pour qu**'il n'**ait** pas besoin de travailler.*

✓ le but : *afin que, pour que, de telle manière/façon/sorte que, de crainte que, de peur que, pour éviter que*
  • *Il a tout fait **pour qu**'elle **accepte**.*

✓ la concession, l'opposition : *alors que, bien que, encore que, au lieu que, quoique, pour peu que, si… que, tout… que, où que, qui que*
  • *Est-elle **si** occupée **qu**'elle ne **puisse** nous recevoir ?*

✓ la condition : *à condition que, pourvu que, pour peu que, en admettant que, à moins que*
  • *Je le ferai **à condition que** vous m'**aidiez**.*

✓ la supposition : *à supposer que, en admettant que*
  • *Je l'aiderai volontiers, **à supposer qu**'il le **veuille**.*

✓ la comparaison : *(pour) autant que*
  • *Ce service est gratuit, **pour autant que** je **sache**.*

•• Conditionnel

➦ Le conditionnel exprime généralement un procès subordonné à une condition ou à une éventualité. Il comprend trois temps : présent, passé 1re forme et passé 2e forme, ce dernier étant relativement inusité :
  • *Si j'étais lui, je ne me **vanterais** pas autant.*

Verbes

- *Quand bien même il **aurait été** là, il ne nous **aurait** pas **aidés**.*
- *Elle **eût apprécié** qu'il l'appelât.*

ⓘ Si les grammaires traditionnelles considèrent le conditionnel comme un mode, certains grammairiens le classent aujourd'hui parmi les temps de l'indicatif. Deux raisons sont invoquées pour rapprocher le conditionnel des temps de l'indicatif :

✓ Le conditionnel est proche du futur simple, dont il partage le radical, et de l'imparfait, dont il partage les désinences. Or, ces deux temps appartiennent au mode indicatif.

✓ Les conditions d'emploi du conditionnel sont très proches de celles du futur simple : il s'agit généralement de décrire une action qui n'a pas encore eu lieu. Certains grammairiens nomment d'ailleurs le conditionnel « futur hypothétique ».

● Conditionnel présent

➡ Le conditionnel présent se forme avec le radical du futur simple suivi des terminaisons de l'imparfait -*ais*, -*ais*, -*ait*, -*ions*, -*iez*, -*aient* :

- *je chanter**ais**, tu chanter**ais**, il chanter**ait**, nous chanter**ions**, vous chanter**iez**, ils chanter**aient***
- *je verr**ais**, tu verr**ais**, il verr**ait**, nous verr**ions**, vous verr**iez**, ils verr**aient***

💡 Les verbes à la 1ʳᵉ personne du singulier du futur simple de l'indicatif (terminaison en -*ai*) et à la 1ʳᵉ personne du présent du conditionnel (terminaison en -*ais*) se prononcent de manière identique, ce qui est source d'erreurs à l'écrit. Pour faire la distinction entre ces deux temps, il suffit de remplacer

la 1re personne du singulier par une autre personne :
- *Quand il arrivera, je lui dir**ai** ou je lui dir**ais** ?*
- ➡ *Quand il arrivera, nous lui dir**ons*** et non **nous lui dirions.*

Il s'agit donc d'un futur : on écrit *je lui dir**ai*** et non **je lui dirais*.

• Conditionnel passé 1re forme

↠ Le conditionnel passé 1re forme se construit avec l'auxiliaire *avoir* ou *être* au présent du conditionnel suivi du participe passé du verbe :
- *j'aurais dit, tu aurais dit, il aurait dit, nous aurions dit, vous auriez dit, ils auraient dit*
- *je me serais tu, tu te serais tu, il se serait tu, nous nous serions tus, vous vous seriez tus, ils se seraient tus*

• Conditionnel passé 2e forme

↠ Le conditionnel passé 2e forme se construit comme le subjonctif plus-que-parfait, avec l'auxiliaire *avoir* ou *être* au subjonctif imparfait suivi du participe passé du verbe :
- *que j'eusse décidé, que tu eusses décidé, qu'il eût décidé, que nous eussions décidé, que vous eussiez décidé, qu'ils eussent décidé*
- *que je fusse revenu, que tu fusses revenu, qu'il fût revenu, que nous fussions revenus, que vous fussiez revenus, qu'ils fussent revenus*

ⓘ D'un emploi délicat, cette forme du conditionnel est relativement inusitée, et on ne la trouve plus guère que dans la langue littéraire.

• Emplois du conditionnel

↠ Le conditionnel exprime un procès subordonné à une

condition ou à une éventualité, dans le présent ou le passé :
- *J'**irais** avec lui s'il me le demandait.*
- *S'il avait insisté, je l'**aurais aidé**.*

➡ Le conditionnel s'utilise également pour exprimer :
  ✓ un souhait d'action future :
    - *Je **prendrais** volontiers des vacances !*
  ✓ un regret concernant un fait passé :
    - *Elle **aurait aimé** accepter son invitation.*
  ✓ une information dont on n'est pas sûr :
    - *On m'a dit qu'il **aurait démissionné**.*
  ✓ une demande polie :
    - *Me **prêterais**-tu ton stylo ?*
  ✓ un conseil prudent :
    - *Tu **devrais** arrêter de fumer.*

⚠ Le verbe d'une proposition débutant par la conjonction *si* n'est jamais au conditionnel :
- *Je serais ravie si tu **venais*** et non **si tu **viendrais***.

➡ Le conditionnel sert aussi à exprimer le futur dans une proposition subordonnée, après un verbe principal au passé, sans aucune idée de condition. Il a alors une valeur temporelle, et non modale :
- *Elle **a dit** qu'elle **viendrait** demain.*
- *Je **pensais** que vous **accepteriez**.*

•• Impératif

➡ L'impératif n'existe qu'à la 2ᵉ personne du singulier et du pluriel *(tu, vous)* et à la 1ʳᵉ personne du pluriel *(nous)*. Le pronom sujet n'est jamais exprimé :

Verbes

- *Viens !*
- *Essayons !*
- *N'approchez pas !*

Pour les 3ᵉˢ personnes du singulier et du pluriel, qui n'ont pas d'impératif, on emploie un subjonctif précédé de *que* :

- *Qu'il approche !*
- *Qu'elles essaient !*

➡ Lorsqu'un pronom suit immédiatement un verbe à l'impératif dont il est complément, il est lié à ce verbe par un trait d'union :

- *Laissez le gâteau tiédir puis **recouvrez-le** de glaçage.*
- ***Préviens-moi** quand tu auras fini !*
- *Puisqu'il reste de la tarte, **reprends-en**.*

⚠ Si le pronom n'est pas complément du verbe à l'impératif, on ne met pas de trait d'union :

- *C'est le voisin qui sonne : va **lui** ouvrir !* (lui est complément de l'infinitif *ouvrir*)

➡ Si plusieurs pronoms sont compléments du verbe à l'impératif, verbe et pronoms sont liés par des traits d'union :

- *Cette balle est à ton frère : **rends-la-lui**.*
- *Si tu as quelque chose sur le cœur, **dis-le-moi**.*

⚠ Les pronoms *moi* et *toi* s'élident quand ils sont placés devant les pronoms *en* et *y*, dont ils sont alors séparés par une apostrophe et non par un trait d'union :

- *Va-**t'**en !*
- *Fais-**m'**y penser !*

➡ Le pronom COD précède toujours le pronom COI :

- *Dis-**le-moi*** et non **Dis-moi-le*.

Verbes

• Impératif présent

➡ À l'impératif présent, les formes des 1ʳᵉ et 2ᵉ personnes du pluriel sont celles du présent de l'indicatif :
- *Allons !*
- *Partez !*

➡ À la 2ᵉ personne du singulier, la forme est aussi celle du présent de l'indicatif :
- *Prends !*

Cependant, les verbes qui se terminent par *-es* ou *-as* au présent de l'indicatif perdent leur *s* final :
- *Donne !*
- *N'oublie pas !*
- *Ouvre vite !*
- *Va !*

exceptions Le verbe *savoir* ainsi que les auxiliaires *avoir* et *être* forment leur impératif présent sur le radical du subjonctif présent :
- *sache, sachons, sachez*
- *aie, ayons, ayez*
- *sois, soyons, soyez*

Le verbe *vouloir* accepte deux formes d'impératif présent :
- *veuille, veuillons, veuillez* ou *veux, voulons, voulez*

⚠ Pour éviter un hiatus, les impératifs se terminant normalement par un *e* ou un *a* à la 2ᵉ personne du singulier prennent un *s* final (dit « euphonique ») devant *y* et *en* quand ces mots sont des adverbes ou des pronoms compléments de l'impératif :
- *Mange !* mais *Manges-en un peu.*
- *Pense à moi* mais *Penses-y.*

- *Va !* mais *Vas-y !*

Attention, lorsque *en* ou *y* sont compléments d'un infinitif (et non du verbe à l'impératif), ou lorsque *en* est une préposition, il n'y a pas de *s* euphonique (ni de trait d'union) :
- *Il n'y a plus de lait, va **en chercher** !*
- *Daigne **y penser** !*
- *Va **en Alaska** si tu en as envie !*

• Impératif passé

➡ L'impératif passé se construit comme le subjonctif passé, c'est-à-dire avec l'auxiliaire *avoir* ou *être* au subjonctif présent suivi du participe passé du verbe :
- *aie pris, ayons pris, ayez pris*
- *sois rentré, soyons rentrés, soyez rentrés*

ⓘ Ce temps est peu usité.

• Emplois de l'impératif

➡ L'impératif exprime le commandement, l'exhortation, le conseil, la prière et la défense :
- ***Écoute**-moi !*
- ***Avançons** !*
- ***Essayez** de comprendre.*
- *Ne **dis** pas cela.*
- ***Aie fini** tes devoirs avant mon retour.*

➡ L'impératif s'utilise également dans des propositions juxtaposées pour exprimer la condition ou la concession :
- ***Refais** cela et je ne te parle plus !* (= si tu refais cela)
- ***Explique-lui** cent fois, il continue à se tromper.* (= même si tu lui expliques)

Verbes

•• Infinitif

> L'infinitif est la forme du verbe exprimant l'idée d'un procès sans indication de personne ni de temps. C'est sous cette forme que l'on trouve les verbes dans les dictionnaires.

L'infinitif peut prendre toutes les fonctions du nom :

- ✓ sujet :
  - ***Boire** beaucoup permet d'éliminer.*
- ✓ attribut :
  - *Souffler n'est pas **jouer**.*
- ✓ en apposition :
  - *Lui **dire** la vérité ou la lui **cacher**, voilà la question.*
- ✓ complément d'un nom :
  - *C'est la peur de **décevoir** qui le paralyse.*
- ✓ complément d'un verbe ou d'un groupe verbal :
  - *Je les entends **chanter**.*
  - *Il serait bon de l'en **informer**.*

❶ L'infinitif, éventuellement modifié par un adverbe, peut devenir un nom à part entière ; c'est un mode de création lexicale assez courant dans l'usage actuel :

- *le **boire**, le bien-**manger**, le mieux-**vivre**…*

◉ Les verbes du 1er groupe se prononçant de la même façon à l'infinitif et au participe passé, les confusions entre ces deux formes sont fréquentes à l'écrit. Le moyen le plus simple de ne pas se tromper est de remplacer le verbe du 1er groupe par un verbe d'un autre groupe :

- *Laissez-les **entrer** ou **entré** ?* ➡ *Laissez-les **sortir** (infinitif, donc entrer)*

• *Nous sommes **entrer** dans la maison* ou ***entrés** ?* ➡ *Nous sommes **sortis*** (participe passé, donc *entrés*)

⦁⦁ Participe présent

➡ Le participe présent se construit en ajoutant le suffixe *-ant* au radical du verbe de la 1ʳᵉ personne du pluriel du présent de l'indicatif :

• *chant**ant**, conduis**ant**, craign**ant**, part**ant**, finiss**ant***

exceptions Les participes présents des verbes *avoir*, *être* et *savoir* sont *ayant*, *étant* et *sachant*.

➡ À la voix passive, le participe présent est formé du participe présent de l'auxiliaire *être* suivi du participe passé du verbe. Ce participe passé s'accorde en genre et en nombre avec le sujet :

• *La porte **étant fermée**, il est entré par la fenêtre.*
• ***Étant poursuivis** par la police, les malfaiteurs se sont réfugiés dans une bergerie.*

⦁ Emplois du participe présent

➡ Le participe présent peut avoir une valeur verbale et recevoir des compléments et un sujet propre. Il est alors invariable et s'emploie avec les mêmes nuances de sens :

✓ qu'une proposition relative :
  • *Vous trouverez des commerçants **offrant** de grosses remises.* (qui offrent de grosses remises)

✓ qu'une proposition circonstancielle de temps :
  • *Je l'ai vu **sortant** de la poste.* (alors qu'il sortait de la poste)

✓ qu'une proposition circonstancielle de cause :
  • *Son téléphone portable **étant éteint**, je n'ai pas pu le joindre.* (comme son téléphone portable était éteint)

Verbes

✓ qu'une proposition circonstancielle de condition :
- *La critique sera mieux reçue **venant** de toi.* (si la critique vient de toi)

✓ qu'une proposition circonstancielle de concession :
- ***Voulant** aider, il a retardé tout le monde.* (bien qu'il ait voulu aider)

⚠ Le sujet implicite du participe présent placé en tête de phrase doit obligatoirement être le même que le sujet de la proposition principale qui suit :
- *(moi) **Espérant** vous revoir bientôt, **je** vous envoie mes meilleures salutations.*

Et non :
- **(moi)* Espérant vous revoir bientôt, (vous) veuillez recevoir mes meilleures salutations.*

➡ Le participe présent peut aussi avoir les mêmes valeurs et les mêmes fonctions qu'un adjectif qualificatif. C'est alors un adjectif verbal qui s'accorde en genre et en nombre avec ce qu'il qualifie :
- *Les résultats sont **encourageants**.*
- *As-tu éteint les plaques **chauffantes** ?*

⚠ L'orthographe de certains adjectifs verbaux diffère de celle du participe présent correspondant. Par exemple :
- *différ**ant*** (participe présent) ➡ *différ**ent*** (adjectif verbal)
- *fati**guant*** (participe présent) ➡ *fati**gant*** (adjectif verbal)

📍 À l'oral, rien ne distingue l'adjectif verbal du participe présent lorsqu'il est rattaché à un nom masculin. Or le premier est variable et l'autre invariable. Pour éviter la confusion, il suffit de se rappeler que le participe présent est généralement suivi d'un complément :

- *des hommes **attirant** les ennuis* (participe présent) / *des hommes **attirants*** (adjectif verbal)

On peut aussi essayer de remplacer le nom ou le pronom masculin par un féminin ; si l'accord n'est pas possible, c'est qu'il s'agit d'un participe présent :

- *des femmes **attirant** les ennuis* et non **attirantes les ennuis*

Par ailleurs, le participe présent n'est pas modifiable par un adverbe :

- **des hommes très **attirant** les ennuis*

• Gérondif

➟ Le gérondif est une forme du participe présent généralement précédée de la préposition *en*. Il a la valeur d'un complément circonstanciel :

✓ de temps :
- *Les enfants apprennent **en s'amusant**.*

✓ de cause :
- ***En criant**, il a réveillé tout le monde.*

✓ de manière :
- ***En mastiquant**, on assimile mieux la nourriture.*

✓ de moyen :
- *Il l'a cassé **en utilisant** un marteau.*

✓ de condition :
- ***En partant** maintenant, vous arriveriez pour l'ouverture*

✓ d'opposition :
- *Il a obtenu ce poste **en arrivant** en retard à l'entretien d'embauche.*

Verbes

➡ On trouve le gérondif sans préposition dans des formules figées :
- *Elles discutèrent **chemin faisant**.*
- ***Ce faisant**, ils s'exposent à la critique.*

➡ Combiné avec *aller*, le gérondif marque l'action continue, la progression dans le temps :
- *La crainte **va grandissant**.*

⚠ Le sujet implicite du gérondif doit obligatoirement être le même que celui du verbe principal :
- Tournure correcte : ***En creusant** les fondations, **on** a mis au jour des vestiges.*
- Tournure incorrecte : *****En creusant** les fondations, **des vestiges** sont apparus.*

Toutefois, certaines expressions anciennes, notamment de type proverbial, ne respectent pas cette règle :
- *L'appétit vient **en mangeant**.*

•• Participe passé

Formation

➡ Le participe passé complet est formé de l'auxiliaire *être* ou *avoir* au participe présent, suivi du radical de l'infinitif terminé par :

✓ *-é* pour les verbes du 1er groupe :
- *ayant parl**é**, ayant particip**é**, étant tomb**é***

✓ *-i* pour les verbes du 2e groupe :
- *ayant fin**i**, ayant rempl**i**, ayant réfléch**i***

✓ le plus souvent *-i*, mais parfois *-is*, *-t* ou *-u* pour les verbes du 3e groupe :
- *étant part**i**, étant ass**is**, ayant join**t**, ayant cour**u***

Verbes

exception Le participe passé du verbe *naître* est *étant né*.

⚠ Le radical de certains participes du 3ᵉ groupe est modifié :
- d*evoir* ➜ *dû, due*
- *pouvoir* ➜ *pu*
- pl*aire* ➜ *plu*
- *vivre* ➜ *vécu, vécue*

📍 Le *t* et le *s* finaux étant muets, il suffit de mettre le participe passé au féminin pour s'assurer de son orthographe :
- *elle s'est plainte* ➜ *il s'est plaint*
- *elle s'est assise* ➜ *il s'est assis*
- *elle est cuite* ➜ *il est cuit*

➡ Dans l'usage courant, on appelle « participe passé » la forme réduite, c'est-à-dire sans auxiliaire. C'est celle qui apparaît dans les tableaux de conjugaison.

⚠ Le participe passé pose souvent des problèmes d'accord. Reportez-vous au chapitre « Accord du participe passé » pour plus d'informations.

Emplois

➡ Le participe passé est utilisé pour former tous les temps composés et surcomposés :
- *tu as réussi* (passé composé)
- *je m'étais caché* (plus-que-parfait)
- *elle eut préféré* (passé antérieur)
- *nous serons arrivés* (futur antérieur)
- *ayez travaillé* (subjonctif passé)
- *vous fussiez venus* (subjonctif plus-que-parfait)

- *aie terminé !* (impératif passé)
- *il aurait été prévenu* (conditionnel passé passif)

➻ Seul, le participe passé peut apparaître dans une proposition participiale :
- *Le soleil **s'étant couché**, il faisait plus froid.*

➻ Employé sans auxiliaire, le participe passé a une valeur adjectivale. Comme l'adjectif, il s'accorde et il peut être épithète, attribut ou apposé :
- *Ils étaient à l'endroit **prévu**.*
- *Ces graphies sont **admises**.*
- *Elle lisait, **assise** près du feu.*

Futur proche, passé proche, action en cours

➻ Certains temps peuvent être exprimés au moyen d'une périphrase verbale, c'est-à-dire d'un verbe ou d'une locution verbale suivis d'un infinitif :
- *Il **va faire** froid.*
- *Je **viens de commencer** le piano.*
- *Nous **sommes en train de faire** des travaux.*

➻ Le verbe employé dans la périphrase joue alors le rôle d'un semi-auxiliaire : en apportant une indication de temps, il perd une partie de son sens.

Futur proche

➻ Le futur proche indique qu'une action est sur le point de se produire. Il est formé au moyen du verbe *aller* conjugué au présent de l'indicatif et suivi d'un infinitif :
- *Il **va pleuvoir**.*
- *Nous **allons** bientôt **arriver**.*
- *Qu'est-ce que je **vais** lui **dire** ?*

Verbes

➻ L'action exprimée par le futur proche est plus ou moins imminente. Aussi la langue courante emploie-t-elle souvent le futur proche à la place du futur simple :
- *Il ne **va** pas le **croire**.* = *Il ne le **croira** pas.*
- *Elles **vont être** contentes.* = *Elles **seront** contentes.*
- *Ils **vont acheter** un appartement l'année prochaine.* = *Ils **achèteront** un appartement l'année prochaine.*

➻ *Aller* peut aussi se conjuguer à l'imparfait lorsque l'énoncé est au passé :
- *Nous **allions partir** quand il est arrivé.*
- *Je pensais qu'il **allait pleuvoir**.*
- *J'**allais** le **dire** !*

ⓘ Certains grammairiens appellent « passé prospectif » cet emploi du futur dans le passé.

● **Passé proche**

➻ Le passé proche indique qu'une action s'est récemment achevée. Il est formé au moyen de la locution *venir de* conjuguée au présent de l'indicatif et suivie d'un infinitif :
- *Ce livre **vient de paraître**.*
- *Devine qui je **viens de croiser**.*
- *Ils **viennent de partir**.*

➻ *Venir* peut aussi se conjuguer à l'imparfait lorsque l'énoncé est au passé :
- *Elle avait 15 ans et son frère **venait** d'en **avoir** 18.*
- *Nous **venions** à peine **d'arriver** qu'il nous bombardait déjà de questions.*

ⓘ Certains grammairiens appellent « passé rétrospectif » cet emploi du passé proche dans le passé.

Verbes

• Action en cours

➾ Pour décrire une action en cours, on peut employer la locution *être en train de* conjuguée au présent de l'indicatif et suivie d'un infinitif :
- *Il **est en train de travailler**.*
- *Nous **sommes en train de** nous **disputer**.*

➾ *Être en train de* peut aussi se conjuguer à l'imparfait lorsque l'énoncé est au passé :
- *J'**étais en train de prendre** une douche quand on a sonné.*
- *La fromagère, qui **était en train de servir** un client, s'arrêta net.*

🛈 La locution *être en train de* peut toujours être remplacée par un verbe au temps correspondant :
- *Il **est en train de dormir**. = Il **dort**.*
- *Elle **était en train de s'habiller**. = Elle **s'habillait**.*

••• Accord du verbe

➾ Le verbe s'accorde en nombre et en personne avec son sujet :
- ***J'ai** faim.*
- ***Aimes**-tu le jazz ?*
- ***Sophie collectionne** les timbres.*
- ***Dépêchons**-nous !*
- ***Vous** n'**avez** rien laissé.*
- ***Les rosiers sont** en fleurs.*

Cependant, certains types de sujets posent des problèmes d'accord. Ce chapitre recense et explique les cas les plus problématiques.

Verbes

🛈 Le participe passé varie aussi en genre. L'accord du participe passé des verbes employés avec l'auxiliaire *avoir* et de certains verbes pronominaux dépend du complément d'objet direct et non du sujet. Pour plus de détails, reportez-vous au chapitre « Accord du participe passé ».

▪▪ Avec des sujets juxtaposés ou liés par *et*

➡ Lorsque le verbe a plusieurs sujets juxtaposés ou coordonnés au moyen de la conjonction *et*, il se met au pluriel :

- ***Mon frère et sa femme travaillent*** dans la restauration.
- ***L'ours, l'éléphant, la girafe sont*** des mammifères.
- ***Claire, Louise et Alice ont vécu*** au Brésil.

➡ Lorsque les sujets ne sont pas de la même personne, le verbe se met au pluriel et s'accorde avec la personne du rang le plus petit :

- ***Toi et moi avons*** les mêmes passions. (On accorde à la 1ʳᵉ personne et non à la 2ᵉ.)
- ***Martine et moi n'irons*** pas. (On accorde à la 1ʳᵉ personne et non à la 3ᵉ.)
- ***Tes frères et toi*** ne vous ***ressemblez*** pas. (On accorde à la 2ᵉ personne et non à la 3ᵉ.)

exception On peut toutefois accorder le verbe avec le sujet le plus rapproché :

✓ lorsque les sujets sont synonymes ou à peu près synonymes :
- ***La rage, la fureur s'est emparée*** de lui.

✓ lorsque les différents sujets forment une gradation :
- ***La moindre phrase, le moindre mot est*** susceptible de le contrarier.

Verbes

•• Avec des sujets liés par *ni* ou par *ou*

➡ Lorsque le verbe a plusieurs sujets juxtaposés ou coordonnés au moyen des conjonctions *ni* ou *ou*, il se met généralement au pluriel :

- ***Ni Lola ni Hugo** ne **portent** des lunettes.*
- ***Le gel ou la grêle risquent** d'abîmer mes plantations.*

➡ Lorsque les sujets ne sont pas de la même personne, le verbe se met au pluriel et s'accorde avec la personne du rang le plus petit :

- ***Ni toi ni moi** n'**aimons** les navets.* (On accorde à la 1re personne et non à la 2e.)
- ***Maria ou moi pourrions** t'aider.* (On accorde à la 1re personne et non à la 3e.)
- ***Ni toi ni ta femme** n'**êtes inscrits** sur les listes électorales.* (On accorde à la 2e personne et non à la 3e.)

➡ Le verbe se met au singulier si l'action ne peut se rapporter qu'à un seul des sujets singuliers :

- ***Ni votre candidat ni le mien** ne **sera nommé** à ce poste.*
- *C'est **Émeline ou Chloé** qui **gagnera**.*

•• Avec des sujets liés par un comparatif

➡ Lorsqu'il y a deux sujets dont l'un, placé entre virgules, est introduit par un comparatif d'égalité *(ainsi que, autant que, comme, de même que, non moins que…)*, l'accord du verbe se fait avec le sujet qui n'est pas introduit par le comparatif :

- ***La limace**, comme l'escargot, **est** un gastéropode.*
- *Autant que toi, **j'ai** besoin de ce travail.*

➡ En revanche, lorsqu'un comparatif est employé pour coordonner deux mots, sans valeur comparative et sans virgules, l'accord se fait au pluriel :

- *Le zèbre comme le cheval appartiennent* à la famille des équidés.
- *Adeline ainsi que David* nous **ont présenté** leurs projets.

•• Avec un sujet collectif
Nom collectif employé avec un complément

➥ Lorsqu'un nom collectif suivi d'un complément est précédé d'un déterminant indéfini (*un, une*), le verbe s'accorde soit avec le nom collectif, soit avec son complément :

- *Une foule* de visiteurs **est attendue** ou **sont attendus** pour ces journées portes ouvertes.
- *Un grand nombre* de tableaux **a été vendu** ou **ont été vendus**.
- *Une majorité* de citadins **utilise** ou **utilisent** les transports en commun.
- *Une dizaine* d'œufs **sera suffisante** ou **seront suffisants**.
- *Une centaine* de personnes **attendait** ou **attendaient**.
- *Un milliard* d'années **s'est écoulé** ou **se sont écoulées**.

🛈 L'accord avec le nom collectif met l'accent sur la notion d'ensemble ; l'accord avec le complément insiste davantage sur les éléments qui composent cet ensemble.

➥ Lorsque le nom collectif employé avec un complément est précédé d'un déterminant qui n'est pas indéfini (déterminant défini, possessif ou démonstratif), le verbe s'accorde traditionnellement avec le nom collectif :

- *La foule* de badauds **s'est dispersée**.
- *La dizaine* d'œufs qu'on m'a vendue **était** pourrie.
- *La centaine* de personnes présentes **va** être évacuée.

- ***Son armée de** conseillers le **suit** partout.*
- ***Cette majorité de** Français **veut** faire entendre sa voix.*

exception Avec *la plupart de*, le verbe s'accorde toujours avec le complément :

- *La plupart de **son temps est consacré** à la peinture.*
- *La plupart de **ses collègues apprécient** son travail.*

Avec *la plupart d'entre nous* et *la plupart d'entre vous*, le verbe s'accorde à la troisième personne du pluriel :

- ***La plupart d'**entre nous le **croient** et non *le croyons*

Nom collectif employé sans complément

➥ Lorsque le nom collectif est employé sans complément, le verbe s'accorde évidemment avec le nom collectif :

- ***La foule** se **dispersa**.*
- ***La majorité pense** que c'est une bonne loi.*

exception Avec *la plupart*, le verbe s'accorde au masculin pluriel :

- *La plupart se **sont trompés**.*

L'accord au féminin singulier est réservé à la langue littéraire :

- *La plupart s'**est trompée**.*

•• Avec une fraction, un pourcentage ou un nombre décimal

➥ Lorsque le sujet est un nom de fraction suivi d'un complément, le verbe s'accorde soit avec le nom de fraction, soit avec son complément :

- *Le tiers des spectateurs **est parti** ou **sont partis** avant la fin.*
- *La moitié des utilisateurs **est satisfaite** ou **sont satisfaits**.*

🛈 La règle traditionnelle, qui veut que l'accord se fasse au singulier quand il s'agit d'une quantité exacte et au pluriel

Verbes

quand il s'agit d'une quantité approximative, n'est pas respectée dans l'usage.

➡ Lorsque le sujet est un pourcentage, le verbe s'accorde généralement avec le complément :
- *Soixante pour cent des gens **ont voté**.*

ℹ On rencontre parfois l'accord au masculin singulier :
- *Soixante pour cent des gens **a voté**.*

Mais mieux vaut privilégier l'accord avec le complément, surtout si le verbe est accompagné d'un participe passé ou d'un adjectif :
- *Quarante pour cent de la population **s'est abstenue**.* (plutôt que *s'est abstenu*)

➡ Avec un nombre décimal inférieur à deux, le verbe s'accorde obligatoirement au singulier :
- *1,75 million d'euros **sera économisé** grâce à cette mesure.*

ℹ Notez que le nom auquel se rapporte le nombre décimal se met lui aussi au singulier :
- *Il a acheté sa villa 1,5 **million** d'euros.*

•• Avec un adverbe de quantité

➡ Lorsque le sujet est un adverbe de quantité employé seul, le verbe s'accorde au pluriel :
- ***Peu** le **croient**.*
- ***Beaucoup sont** déjà repartis.*
- ***Trop** se **sont** découragés.*
- ***Combien seraient** prêts à tout abandonner ?*

ℹ Les participes passés et les adjectifs s'accordent au masculin, sauf si le contexte indique que l'adverbe de quantité ne peut représenter que des femmes :
- *Beaucoup sont **fatiguées** à la fin de leur grossesse.*

Verbes

❧ Lorsque l'adverbe de quantité est suivi d'un complément, le verbe s'accorde avec le complément :

- *Beaucoup de **monde est venu** à cette fête.*
- *Trop de **gens** t'**ont sollicité**.*
- *Assez de **personnes sont venues** à l'assemblée générale pour que le quorum soit atteint.*

exceptions

■ Avec *trop de*, le verbe s'accorde soit avec le complément, soit avec *trop* en fonction du sens :

- *Trop de **routes sont** dangereuses.* (Ce sont les routes qui sont dangereuses.)
- ***Trop** d'aliments gras **est** dangereux.* (C'est l'excès d'aliments gras qui est dangereux.)

■ Lorsque *peu* est précédé d'un déterminant (*un peu de, le peu de, ce peu de…*), l'accord peut se faire au masculin singulier si l'on veut insister sur l'idée de manque :

- ***Le peu** d'objets de valeur que je possède n'**intéresse** pas les cambrioleurs.*

Sinon, l'accord se fait avec le complément :

- *Le peu d'**objets de valeur** que je possède n'**intéressent** pas les cambrioleurs.*

■ Après *plus d'un*, le verbe s'accorde à la 3ᵉ personne du singulier :

- *Plus d'un **voudrait** être à sa place.*

Après *moins de deux*, le verbe s'accorde à la 3ᵉ personne du pluriel :

- ***Moins de deux** semaines **s'écoulèrent**.*

•• Avec *ce* ou *c'*

➡ Lorsque le sujet est le pronom neutre *ce* ou sa forme élidée *c'*, le verbe s'accorde au singulier si l'attribut du sujet est au singulier, au pluriel si l'attribut du sujet est au pluriel :
- ***C'est Arnaud*** *qui m'a appris la bonne nouvelle.*
- ***C'étaient mes meilleurs amis*** *avant qu'on ne se fâche.*
- *Est-ce que **ce sont tes lunettes** ?*
- ***Ce sont eux*** *que j'attendais.*

🛈 Dans la langue familière, l'accord se fait souvent au singulier même avec un attribut au pluriel :
- ***C'est eux*** *que j'attendais.*
- *Est-ce que **c'est tes lunettes** ?*

exception Le verbe est toujours au singulier devant les pronoms *nous* et *vous* :
- *Les responsables, **c'est nous**.*
- ***Ce sera vous*** *qui déciderez.*

•• Dans une subordonnée introduite par *qui*

➡ Le verbe d'une proposition subordonnée introduite par *qui* s'accorde avec l'antécédent, y compris lorsque l'antécédent est un pronom personnel :
- *Ce sont **nos voisins** qui vous **ouvriront**.*
- *C'est **toi** qui **garderas** les enfants* (et non **toi qui gardera*)
- *C'est **nous** qui l'**avons** fait* (et non **nous qui l'ont fait.*)

exception Lorsque *qui* a pour antécédent un nom ou un pronom qui est attribut du sujet de la proposition principale, le verbe de la subordonnée s'accorde obligatoirement avec l'attribut lorsque :
✓ l'attribut est précédé de l'article défini :
- *Je suis **la personne** qui t'**a** téléphoné* (et non **qui t'ai*)

✓ l'attribut est un pronom démonstratif :
- *Tu es **celui** qui **a** le plus de talent* (et non **celui qui as*)

✓ la proposition principale est à la forme négative ou interrogative :
- *Je ne suis pas **une femme** qui se **plaint*** (et non **une femme qui me plains*)
- *Êtes-vous **ceux** qui **ont réalisé** cette œuvre ?* (et non **ceux qui avez*)

Dans les autres cas, l'accord se fait soit avec l'attribut, soit avec le groupe nominal auquel se rapporte l'attribut :
- ***Nous** sommes **deux étudiantes** qui **cherchent** ou qui **cherchons** une colocation.*
- ***Tu** es **le seul** qui m'**a aidé** ou qui m'**as aidé**.*

➥ Après *un de ceux qui, une de celles qui,* le verbe s'accorde au pluriel :
- ***Un de ceux qui** m'**ont** autrefois aidé a aujourd'hui besoin de moi.*
- *J'ai acheté l'**une de celles qui** t'**avaient plu**.*

vive, soit, qu'importe…

➥ Les verbes qui apparaissent en tête de phrase dans des expressions figées *(vive, soit, qu'importe, peu importe, reste)* peuvent soit se conjuguer à la 3e personne du singulier, soit s'accorder avec leur sujet :
- ***Vive** les mariés !* ou ***Vivent** les mariés !*
- ***Soit** deux droites parallèles* ou ***Soient** deux droites parallèles.*
- ***Qu'importe** les promesses !* ou ***Qu'importent** les promesses !*
- ***Peu importe** les critiques !* ou ***Peu importent** les critiques !*

- ***Reste** deux problèmes* ou ***Restent** deux problèmes*.

... Accord du participe passé

➥ Réputées difficiles, les règles d'accord du participe passé dépendent de plusieurs facteurs. Le principal est l'auxiliaire utilisé :

- ✓ auxiliaire *être*
  - *Il **est né** le 2 juillet.*
- ✓ auxiliaire *avoir*
  - *Le compteur **a disjoncté**.*
- ✓ pas d'auxiliaire
  - *C'est un vélo **volé**.*

➥ La présence d'un complément d'objet direct avant le participe passé peut également avoir une influence sur l'accord. Il est donc important de savoir analyser les différents composants de la phrase.

.. Employé seul

➥ Employé sans auxiliaire, le participe passé a une valeur adjectivale. Comme l'adjectif, il s'accorde en genre et en nombre avec le nom auquel il se rapporte :

- *Il est venu à **l'heure convenue**.*
- ***Ils** semblent **étonnés**.*
- ***Ces terres**, **irriguées** par le Nil, sont très fertiles.*

➥ Dans les tours exclamatifs débutant par un participe passé, l'accord peut se faire ou non :

- ***Fini** ou **finis** les soucis !*

⚠ Les participes *attendu, compris* (dans le sens de « inclus »), *entendu, excepté, passé, supposé* et *vu* ainsi que *ci-annexé*,

Verbes

ci-inclus, ci-joint, restent invariables lorsqu'ils sont placés devant le nom — ils se comportent alors comme des prépositions ou des adverbes :

- *Tous ses petits-enfants étaient là, **excepté Maël et Ella**.*
- *Vous trouverez **ci-joint les contrats** signés.*
- ***Passé 22 heures**, je ne réponds plus au téléphone.*

En revanche, ils s'accordent en genre et en nombre avec le nom auquel ils se rapportent lorsqu'ils sont placés derrière ce nom — ils se comportent alors comme des adjectifs :

- *Tous ses petits-enfants étaient là, **Maël et Ella exceptés**.*
- *Merci de bien vouloir signer **les contrats ci-joints**.*
- *Il est **22 heures passées**.*

De même, les locutions prépositionnelles *étant donné* et *mis à part* sont généralement invariables lorsqu'elles sont placées avant le nom :

- ***Étant donné les circonstances**, nous avons tout annulé.*
- ***Mis à part ces petites difficultés**, tout s'est bien déroulé.*

Cependant, on trouve parfois l'accord dans la langue littéraire :

- ***Étant données les circonstances**, nous avons tout annulé.*
- ***Mises à part ces petites difficultés**, tout s'est bien déroulé.*

Dans la mention légale *lu et approuvé*, ainsi que dans les locutions conjonctives *attendu que, étant donné que, excepté que, supposé que* et *vu que*, les participes sont toujours invariables :

- *Mes filles ne pourront pas venir, **étant donné qu**'elles seront en voyage scolaire.*

•• Employé avec l'auxiliaire *être*

Verbes non pronominaux

➦ Le participe passé des verbes non pronominaux employés avec l'auxiliaire *être* s'accorde en genre et en nombre avec le sujet :

- ***Elle*** *est déjà **partie**.*
- ***Antoine et son frère*** *sont **rentrés** tard.*
- ***Ces images*** *seront **diffusées** demain.*

Verbes pronominaux

➦ Lorsque le verbe pronominal est **de sens passif**, le participe passé s'accorde avec le sujet :

- ***Ses œuvres*** *se sont bien **vendues**.*
- ***La déception*** *s'est **lue** sur son visage.*

➦ Lorsque **le pronom n'a pas de fonction grammaticale dans la phrase** (il n'est ni complément d'objet direct, ni complément d'objet indirect), le participe passé s'accorde également avec le sujet. C'est notamment le cas des verbes essentiellement pronominaux, c'est-à-dire qui ne peuvent s'employer qu'avec un pronom réfléchi *(me, te, se, nous, vous)* :

- ***Ils*** *s'en sont **souvenus**.* (verbe essentiellement pronominal)
- ***Elle*** *s'est **enfuie**.* (verbe essentiellement pronominal)
- ***Ils*** *se sont **saisis** du butin.*

exceptions Le participe passé des verbes *se rire, se plaire, se déplaire* et *se complaire* est toujours invariable :

- *Nous nous sommes **plu** à rêver.*
- *Elles se sont **ri** de nous.*

➦ **Dans tous les autres cas**, les règles d'accord sont similaires à celles des verbes formés avec l'auxiliaire *avoir* c'est-à-dire que :

Verbes

✓ Lorsque le pronom est complément d'objet direct (COD) du verbe, le participe passé s'accorde avec le pronom :
- *Elle s'est coiffée.* (= elle a coiffé elle-même)
- *Nous **nous** sommes lavé(e)s.* (= nous avons lavé nous-mêmes)
- *Ils **se** sont brûlés.* (= ils ont brûlé eux-mêmes)

✓ Lorsque le COD du verbe n'est pas le pronom, le participe passé :
➥ s'accorde avec le COD s'il est placé avant le verbe :
- *As-tu vu **la robe** qu'elle s'est **offerte** ?*
- *Voilà **les objectifs** qu'il s'est **fixés**.*

➥ est invariable si le COD est placé après le verbe :
- *Elle s'est **offert** une moto.*
- *Nous nous sommes **lavé** les mains.*
- *Vous vous êtes **envoyé** plusieurs lettres.*
- *Louise ne s'est pas **rendu compte** de son erreur.*

✓ Lorsque le verbe n'a pas de COD, le participe passé est invariable :
- *Ils se sont **parlé**.* (*se* est COI et non COD)
- *Elles se sont **succédé** à la tribune.* (*se* est COI et non COD)
- *Ma mère s'est **permis** d'entrer.* (*se* est COI et non COD)

•• Employé avec l'auxiliaire *avoir*

Participe passé variable

➡ Le participe passé employé avec *avoir* s'accorde en genre et en nombre avec le complément d'objet direct lorsque celui-ci est placé avant le verbe :

Verbes

- *Quelle bonne surprise tu nous as **faite** !*
- *Ce sont **les lettres** qu'il a **reçues**.*
- *As-tu vu **la pièce** que je t'ai **conseillée** ?*
- ***Les moments** difficiles qu'ils ont **passés** les ont endurcis.*
- *Ses arguments, je ne **les** ai pas **trouvés** très convaincants.*
- *J'ai acheté leur disque après **les** avoir **entendus** en concert.*

⚠ Aux temps surcomposés, seul le dernier participe peut varier :

- *J'ai pu recommencer à travailler une fois que je les ai **eu congédiés**.*

Participe passé invariable

➥ Le participe passé employé avec *avoir* est invariable :

✓ lorsque le complément d'objet direct est placé <u>après le verbe</u> :
- *Il a **reçu** deux lettres.*
- *Elle m'a **prêté** sa bicyclette.*
- *Ils ont **passé** des moments difficiles.*

✓ lorsque le verbe n'a pas de complément d'objet direct :
- *Ils ont **menti**.*
- *Ces romans nous ont **plu**.* (*nous* est complément d'objet indirect)

⚠ Attention, les verbes d'état se construisent parfois avec des noms qui ne sont pas des compléments d'objet mais des attributs du sujet ; ces verbes n'ont pas de COD et leur participe passé reste donc invariable :
- *Quelles belles **demoiselles d'honneur** elles ont **fait** !*

✓ lorsqu'il a pour complément d'objet direct une proposition ou un infinitif sous-entendus :

- *Ils ne m'ont pas donné l'augmentation qu'ils m'avaient **dit**.* (= qu'ils m'avaient dit qu'ils me donneraient)
- *J'ai fait tous les exercices que j'ai **pu**.* (= que j'ai pu faire)
- *Il n'a pas pu organiser la fête qu'il aurait **voulu**.* (= qu'il aurait voulu organiser)

➡ Le participe passé des tours impersonnels est invariable :
- *As-tu une idée des mètres de tissu qu'**il a fallu** pour faire ce costume ?*
- *Les tempêtes qu'**il y a eu** dans le Sud ont entraîné des coupures d'électricité.*

💡 Il y a parfois confusion entre les verbes du 1ᵉʳ groupe à l'infinitif et leur participe passé en é, de prononciation identique. Pour faire la distinction entre infinitif et participe, il suffit de remplacer le verbe du 1ᵉʳ groupe par un verbe du 2ᵉ ou du 3ᵉ groupe :
- *J'ai mang**é** du caviar* ou *J'ai mang**er** du caviar ?*
➡ *J'ai pris du caviar* et non **J'ai prendre du caviar*.

Il s'agit donc d'un participe passé : on écrit *J'ai mangé du caviar*.

Suivi d'un infinitif

➡ Le participe passé immédiatement suivi d'un infinitif est invariable si le complément placé devant lui est le complément d'objet direct de l'infinitif ; dans ce cas, le complément « subit » l'action :

- *J'ignore le titre de **la sonate** que j'ai **entendu** jouer.* (on joue quoi ? la sonate)
- ***Les plats** qu'il a **choisi** de cuisiner sont très simples.* (il a cuisiné quoi ? les plats)

Verbes

- *Elles **se** sont **laissé convaincre***. (on a convaincu qui ? elles)
- ***Quelle récompense** ce cinéaste s'est-il **vu décerner** ?* (on a décerné quoi ? une récompense)

➥ Il s'accorde si le complément placé devant lui est le complément d'objet direct du verbe conjugué ; il est alors aussi sujet de l'infinitif, dont il fait l'action :

- ***Les musiciens** que j'ai **entendus jouer** sont très bons.* (qui joue ? les musiciens ; j'ai entendu qui ? les musiciens)
- *Elle s'est **laissée tomber**.* (qui est tombé ? elle)

⚠ Le participe passé **fait** suivi de l'infinitif est toujours invariable :

- *La voiture que j'ai **fait réparer** le mois dernier est encore en panne.*
- *Elles se sont **fait avoir**.*

Non suivi d'un infinitif, *fait* s'accorde selon la règle générale d'accord des verbes pronominaux :

- ***Cette erreur**, il l'a **faite** exprès.*
- *Elle s'est **fait** un chignon.*

📖 Les *Rectifications de l'orthographe de 1990* préconisent l'invariabilité du participe passé de *laisser* suivi d'un infinitif dans tous les cas, par souci de simplicité et d'harmonisation avec les emplois de *faire* suivi de l'infinitif. La phrase *Elle s'est laissé tomber* est donc considérée comme correcte.

➥ Lorsque l'infinitif est précédé d'une préposition, le participe s'accorde ou non :

- ***Les problèmes** qu'il a **eu** ou **eus à régler** ont forgé son caractère.*
- *Le vent a emporté **les chemises** que j'avais **mis** ou **mises** à sécher.*

Verbes

•• Suivi d'un attribut du COD

➡ Lorsque le participe passé est suivi d'un attribut du complément d'objet direct, il s'accorde normalement en genre et en nombre avec le complément d'objet direct, si celui-ci est placé avant le participe :

- *On **les** a **retrouvés** vivants.*
- ***Cette ville**, **qu**'on m'avait **présentée** si accueillante, ne me plaît pas beaucoup.*

Cependant, le participe passé peut rester invariable si l'on considère que l'attribut fait partie intégrante du COD. C'est notamment le cas avec les participes passés *cru*, *dit* ou *voulu* :

- *On l'a **dit** morte, mais elle n'était que blessée.*
  (Ce n'est pas elle qu'on a dite. Ce qu'on a dit, c'est qu'elle était morte.)
- *Ma chienne, que j'avais **cru** perdue, est revenue hier.*
  (Ce n'est pas ma chienne que j'ai crue. Ce que j'ai cru, c'est qu'elle était perdue.)

•• Avec un complément de mesure

➡ Employés au sens propre avec une quantité, une distance, une durée, un prix, les verbes *courir*, *coûter*, *durer*, *peser*, *mesurer*, *valoir* et *vivre* se construisent avec des compléments qui ressemblent à des compléments d'objet direct mais qui sont en fait des compléments circonstanciels indiquant une mesure ; ces verbes n'ayant pas de complément d'objet direct, leur participe passé est invariable :

- *les deux mille mètres qu'ils ont **couru***
- *les milliards que le projet a **coûté***
- *les soixante-dix kilos qu'il a **pesé***
- *les 1,88 m qu'elle a **mesuré***
- *les millions que cela a **valu***

- *les trente ans qu'il a **vécu***
- *les trois heures que la réunion a **duré***

➡ En revanche, lorsque ces verbes sont employés au sens figuré, leurs compléments sont bien des compléments d'objet direct. Si le complément est placé avant le verbe, le participe s'accorde donc :

- *les dangers qu'ils ont **courus***
- *les efforts que cela m'a **coûtés***
- *les pommes que j'ai **pesées***
- *la renommée que son film lui a **value***
- *la pièce que tu as **mesurée***
- *les horreurs qu'elle a **vécues***

•• Avec *que*

Pronom relatif

➡ Le pronom relatif *que* représente son antécédent. Lorsque *que* est complément d'objet direct, le participe passé prend donc le genre et le nombre de l'antécédent :

- ***La chaise** que tu as **réparée** est comme neuve.*
- ***Les décisions** qu'il a **prises** me semblent bonnes.*
- ***La moto** qu'il s'est **offerte** à Noël a été volée.*

➡ Le participe passé qui a pour complément d'objet direct le pronom relatif *que* avec deux antécédents coordonnés par *ou* ou *ni* s'accorde :

✓ soit avec le second antécédent, si on considère les antécédents isolément :

- *C'est une femelle ou **un mâle** que vous avez **capturé** ?*

✓ soit avec les deux antécédents, si on considère qu'ils font bloc :

- *Il n'a **ni le talent ni l'enthousiasme** que j'avais **espérés**.*

→ Le participe passé qui a pour complément d'objet direct le pronom relatif *que* avec des antécédents coordonnés par des tournures telles que *ainsi que, autant que, comme, de même que*, etc. s'accorde en genre et en nombre :

✓ soit avec le premier antécédent si c'est sur lui que l'on veut insister :

- *C'est **sa mère**, tout autant que son père, qu'elle a **blessée**.*

✓ soit avec les deux antécédents si l'on considère qu'ils font bloc :

- *C'est **sa mère tout autant que son père** qu'elle a **blessés**.*

Conjonction de subordination

→ Une proposition subordonnée complétive introduite par *que* est toujours COD du verbe. Puisque la subordonnée est placée après le participe passé, celui-ci est donc invariable :

- *Ils ont **prétendu** qu'ils étaient innocents.*
- *Elles nous ont **dit** que la boutique était fermée.*

→ Selon cette règle, le participe passé placé entre deux *que* est lui aussi invariable ; le COD du verbe est en effet la proposition subordonnée introduite par le 2ᵉ *que*, et non l'antécédent du 1ᵉʳ *que* :

- *C'est l'argenterie qu'il a **promis** qu'il me léguerait.*

⚠ La deuxième proposition subordonnée est parfois seulement sous-entendue ; le participe passé est alors également invariable :

- *Ils ne m'ont pas donné l'augmentation qu'ils m'avaient **dit**.*

(sous-entendu : *qu'ils m'avaient dit qu'ils me donneraient*)

•• Avec le pronom neutre *le*

➨ Le participe passé qui a pour complément d'objet direct le pronom neutre *le* (ou *l'*) reste invariable :
- *Cette route est plus dangereuse que je ne **l'**aurais **pensé**.*

⚠ Attention à ne pas confondre le pronom neutre, qui reprend une proposition entière, avec le pronom personnel masculin ou féminin, qui reprend un groupe nominal :
- *Cette expérience n'a pas fonctionné comme je me **l'**étais **imaginé**.* (pronom neutre ➡ pas d'accord)
- *Cette histoire, il **l'**a **racontée** à tout le monde.* (pronom personnel ➡ accord)

•• Avec le pronom *en*

➨ *En* est généralement considéré comme un pronom neutre. Lorsqu'il est complément d'objet direct d'un verbe à un temps composé avec l'auxiliaire avoir ou d'un verbe pronominal, le participe passé qui le suit est donc d'ordinaire invariable :
- *Il a donné plus de coups qu'il n'**en** a **reçu**.*
- *Des histoires de ce genre, **en** as-tu déjà **entendu** ?*
- *Des illusions, elle s'**en** est **fait** !*

➨ Il est toutefois possible d'accorder le participe en genre et en nombre avec le nom représenté par *en*, notamment si l'on veut insister sur la quantité :
- *J'ai **des milliers de livres** ; j'**en** ai même que je n'ai jamais **lus**.*

⚠ Attention à bien identifier la fonction de *en* :
- *Des quiches, tu **en** as **fait** combien ?* (*en* est complément du COD *combien*)

- *Tes projets ? Je te jure que je n'**en** ai **parlé** à personne !* (en est COI : la phrase ne comprend pas de COD)

Avec un nom collectif

→ Lorsque le complément d'objet direct placé avant le verbe est un nom collectif suivi d'un complément, le participe passé s'accorde soit avec le nom collectif, soit avec son complément :
- *Il a récolté une belle somme, vu **la quantité de tableaux** qu'il a **vendue** ou **vendus**.*
- *Que feras-tu de **la douzaine d'œufs** que tu as **rapportée** ou **rapportés** du marché ?*
- *Il a une excellente formation, comme **une majorité des salariés** que cette nouvelle entreprise a **embauchée** ou **embauchés**.*
- *Il doit être bien seul, étant donné **le nombre de personnes** qu'il s'est **mis** ou **mises** à dos.*

ⓘ Selon la règle générale d'accord du participe passé avec l'auxiliaire *avoir*, le participe passé ne varie pas si le complément d'objet direct est placé après lui :
- *As-tu **rapporté** une douzaine d'œufs du marché ?*

Avec un adverbe de quantité

→ Lorsque le complément d'objet direct précédant le participe est un adverbe de quantité suivi d'un complément, le participe s'accorde avec le complément :
- *Combien d'**entretiens** as-tu **passés** ?*

→ Lorsque le complément d'objet direct est *peu* précédé d'un déterminant, l'accord du participe passé peut se faire au masculin singulier si l'on veut insister sur l'idée de manque :
- *Un incendie a détruit **le peu** de biens qu'il avait **amassé**.*

Sinon, l'accord se fait avec son complément :
- *Un incendie a détruit le peu de **biens** qu'il avait **amassés**.*

🛈 Selon la règle générale d'accord du participe passé avec l'auxiliaire *avoir*, le participe passé ne varie pas si le complément d'objet direct est placé après lui :
- *Combien as-tu **passé** d'**entretiens** ?*
- *Il avait **amassé** un peu de **biens**, mais ceux-ci ont été détruits dans un incendie.*

Pronoms

Un pronom est un mot ou une locution qui sert à remplacer un mot ou un groupe de mots déjà employé à un autre endroit du contexte :
- ***Lucas** est né ce matin. **Il** pèse 3,4 kg.*
- ***Mon frère** était occupé quand je **lui** ai téléphoné.*

Un pronom peut aussi représenter un nom absent, pour préciser la personne grammaticale ou pour apporter une nuance d'indétermination :
- *Connais-**tu** cet homme ?*
- ***Quelqu'un** a volé mon parapluie.*

❧ Le pronom est le noyau du groupe pronominal. Le groupe pronominal est constitué du pronom et de son éventuel complément :
- ***Nous** vivons à la campagne.*
- ***Celui d'entre vous** qui arrivera le premier sera récompensé.*
- *Ici, c'est **moi qui commande**.*

Pronoms

➥ Il existe six catégories de pronoms :

✓ les pronoms **démonstratifs** : *ça, ce, ceci, cela, celui-ci, celui-là…*

✓ les pronoms **indéfinis** : *autrui, chacun, on, plusieurs, quelqu'un, quiconque, tous…*

✓ les pronoms **interrogatifs** : *qui, que, quoi, lequel…*

✓ les pronoms **personnels** : *je, me, moi, tu, te, toi, il, elle, on, le, la, lui, eux, leur, nous, vous, se, soi, en, y*

✓ les pronoms **possessifs** : *le mien, la tienne, les siennes, le vôtre, la nôtre, les leurs…*

✓ les pronoms **relatifs** : *auquel, dont, duquel, lequel, que, qui, quoi, où…*

➥ Un pronom représente le plus souvent un nom ou un groupe nominal :

• **Anne** a déménagé à la campagne, mais la ville **lui** manque.

• Stéphane a perdu **ses clés**. **Elles** sont sûrement tombées de sa poche.

• Comment s'appelle **la personne qui** t'a accueilli ?

Cependant, un pronom peut aussi se substituer à :

✓ un adjectif qualificatif :
• **Malin**, il **l**'est.

✓ un infinitif ou un groupe infinitif :
• **Reconnaître ses erreurs**, **ce** n'est pas faire preuve de faiblesse.

✓ un autre pronom :
• **J'**ai demandé à ma sœur de **m'**accompagner.

✓ une proposition :
• **Il s'est excusé**, j'**en** suis témoin.

Pronoms

❶ On appelle « antécédent » le mot (ou groupe de mots) représenté par le pronom qui le reprend.

➙ Un pronom peut occuper toutes les fonctions occupées par un nom : sujet, attribut du sujet, complément d'objet direct, complément d'objet indirect, complément circonstanciel...

... Pronoms démonstratifs

Le pronom démonstratif désigne un être, un objet, un concept que l'on montre, dont on va parler ou dont on vient de parler :
- *Quelle sculpture préfères-tu ? – **Celle-là**, à droite.*
- *Elle préfère les bonbons à la menthe à **ceux** au citron.*
- ***Celui** qui trouvera la réponse gagnera un cadeau.*

➙ Le pronom démonstratif peut être :

✓ simple : *ce, celui (celle, ceux, celles)* ;

❶ Le pronom *ce* s'élide en *c'* devant les mots commençant par un *e* :
- *C'en est trop. C'est fini.*

Il s'élide en *ç'* devant les mots commençant par un *a* :
- *Ç'aurait pu marcher.*

✓ composé avec *-ci* ou *-là* : *ceci, cela* (et sa forme contractée *ça*), *celui-ci (celle-ci, ceux-ci, celles-ci), celui-là (celle-là, ceux-là, celles-là)*.

❶ Dans la langue ancienne et juridique, on trouve parfois *icelui, icelle, iceux, icelles*, formes renforcées de *celui-ci, celle-ci, ceux-ci, celles-ci*.

Emplois

➙ Les pronoms démonstratifs simples sont toujours accompagnés d'un complément qui peut être :

Pronoms

✓ une proposition subordonnée relative :
- *Ne prends pas ce verre, c'est **celui qui est ébréché**.*
- ***Ce que je veux**, c'est qu'il parte.*

✓ un complément du nom :
- *Ce n'est pas mon sac, mais **celui de Valérie**.*
- *Le gâteau au yaourt est fade : **celui au chocolat** est meilleur.*
- ***Ceux d'entre vous** qui étaient présents hier connaissent déjà la nouvelle.*

✓ un participe passé ou un participe présent :
- *Ces tableaux sont **ceux légués** par les descendants de Picasso.*
- *Il n'y a pas d'archives antérieures à 1789. **Celles précédant** la Révolution ont été détruites.*

⚠ L'accord du verbe se fait toujours avec le pronom et jamais avec son complément :
- ***Ceux** d'entre vous qui **sont** végétariens **doivent** se manifester auprès du restaurateur.*

exception Employé comme sujet du verbe *être*, le pronom *ce* peut se passer d'un complément :
- ***Ce sont** mes fleurs préférées.*
- ***C'était** un beau spectacle.*
- ***Ce sera** mon baptême de l'air.*

➥ Les pronoms démonstratifs composés avec *-ci* ou *-là* (*ceci, cela, celui-ci, celui-là, celle-ci, celle-là, ceux-ci, ceux-là*) s'emploient sans complément :
- *Comment trouves-tu **celui-ci** ?*
- ***Cela** n'a pas d'importance.*

Celui-ci, celui-là, celle-ci, celle-là, ceux-ci, ceux-là peuvent

Pronoms

toutefois être complétés par une subordonnée relative :

- *C'est **celui-là que je préfère**.*

➥ *Ceci* et *celui-ci* s'emploient plutôt pour désigner ce qui est proche (dans le temps, dans l'espace ou dans l'énoncé), ou ce dont il va être question :

- *Est-ce que je peux prendre **celui-ci** ?* (qui est tout proche)
- *Il possède un appartement et une maison de campagne. **Celle-ci** lui a été léguée par ses parents.*
- *Vous qui aimez les histoires drôles, **celle-ci** devrait vous plaire.*
- *Nous procéderons comme **ceci** : Adèle fera les courses pendant que je m'occuperai du ménage.*

Cela et *celui-là* s'emploient plutôt pour désigner ce qui est éloigné (dans le temps, dans l'espace ou dans l'énoncé), ou ce dont il a été question :

- *Je préférerais prendre **celui-là**, au fond.*
- *Il possède un appartement et une maison de campagne. Il a acheté **celui-là** en 1997.*
- *Vous qui aimez les histoires drôles, **celle-là** a dû vous plaire.*
- *Je t'aiderai. **Cela** dit, ça ne suffira peut-être pas.*

Les pronoms *celui-ci* et *celui-là* ou *ceci* et *cela* peuvent également s'employer simultanément pour opposer deux êtres ou deux choses :

- *De ces peintures, **celle-ci** est la plus belle, mais **celle-là** est la plus originale.*

❶ *Ça* est la contraction de *cela* :

- ***Ça** m'est égal.*
- *Il me doit bien **ça**.*

Son emploi est considéré comme plus familier, et doit être évité à l'écrit.

⚠ Il ne faut pas confondre le pronom démonstratif *ça* et l'adverbe *çà*.

Çà est utilisé dans la locution *çà et là* qui signifie « de côté et d'autre ». Seul *ça* peut être remplacé par *cela* :
- *Des coquelicots ont poussé **çà et là**.*
- *Comment a-t-il pu me faire **ça** ?*

Accord

➡ *Ça, ceci, cela* sont des formes neutres ; elles ne varient ni en genre ni en nombre et entraînent un accord du verbe au singulier :
- *Où veux-tu dîner ? – **Cela** m'est égal.*
- *Où est-ce que je mets **ces vieilleries** ? – Jette **ça** à la poubelle !*

➡ *Ce* est également invariable, mais il peut entraîner un accord du verbe au pluriel :
- *Elle n'arrivera jamais à vendre **ces bibelots** : **ce sont** de vraies horreurs.*

➡ En revanche, les pronoms démonstratifs *celui, celui-ci* et *celui-là* varient en genre et en nombre :
- *Les anciens locataires étaient bruyants, mais **ceux** qui viennent d'arriver sont très discrets.*
- *Tu n'aimais pas mes anciennes lunettes, mais que penses-tu de **celles-ci** ?*

••• Pronoms indéfinis

Les pronoms indéfinis désignent des êtres ou des choses dont on ne précise pas l'identité ou le nombre :

- *Je ne connais **personne** ici.*
- ***Certains** prétendent que le yéti existe.*
- *Nous avons cassé tous les verres : il faudra en acheter **d'autres**.*

➡ Les pronoms indéfinis peuvent exprimer :

✓ une quantité nulle : *aucun, nul, pas un, personne, rien*

✓ une quantité indéfinie : *certains, d'aucuns, d'autres, la plupart, plusieurs, maint(s)*

✓ une identité indéterminée : *je ne sais qui, je ne sais quoi, je ne sais lequel, l'un, l'autre, l'un et l'autre, l'un ou l'autre, n'importe qui, n'importe quoi, n'importe lequel, on, on ne sait qui, on ne sait quoi, on ne sait lequel, quelqu'un, quelque chose, tel*

✓ la totalité : *chacun, tout*

✓ la similitude : *le même*

✓ la différence : *l'autre, un autre, autrui*

ⓘ Certains adverbes de quantité peuvent s'employer comme des pronoms indéfinis :
- ***Beaucoup** sont de mon avis.*
- ***Peu** le savent.*

➡ Certains pronoms indéfinis s'emploient uniquement en référence à un être ou une chose évoquée plus tôt ou plus tard dans le discours ; ces pronoms sont dits « représentants » :
- *De tous **mes amis**, **aucun** n'a oublié mon anniversaire.*
- *Quel **parfum** voulez-vous ? – **N'importe lequel**.*
- ***L'une** de **mes sœurs** est linguiste.*
- ***Aucun** de **nous** ne fume.*

Pronoms

⚠️ Le verbe s'accorde toujours avec le pronom, même lorsque celui-ci est précisé par un complément :
- ***Aucun** de nous ne **fume*** et non **Aucun de nous ne fumons.*
- ***Chacun** d'eux **a** participé* et non **Chacun d'eux ont participé.*
- ***Plusieurs** d'entre vous le **savent*** et non **Plusieurs d'entre vous le savez.*

➡️ D'autres pronoms indéfinis n'ont pas besoin de renvoyer à d'autres mots du discours ; ces pronoms sont dits « nominaux » :
- *Le problème, ce n'est pas toi, ce sont **les autres**.*
- *Elle s'amourache de **n'importe qui**.*
- ***On** vous demande au téléphone.*
- *J'agis pour le compte d'**autrui**.*
- ***Tel** est pris, qui croyait prendre.*

➡️ Un certain nombre de pronoms indéfinis peuvent être soit nominaux, soit représentants :
- ***Ils** se saluèrent, et **chacun** s'en alla de son côté. / **Chacun** voit midi à sa porte.*
- *Quand je suis passé devant **les chiens**, **tous** ont aboyé. / **Tous** l'admirent et le respectent.*
- ***Rien** de tout cela ne me plaît. / Je ne te demande **rien**.*

ℹ️ La plupart des pronoms indéfinis sont aussi des adjectifs indéfinis ; ils s'emploient alors pour compléter un nom :
- *Il n'a **aucun ami**. (adjectif) / **Aucun** de ses amis ne le soutient. (pronom)*
- *J'ai **la même chemise** que toi. (adjectif) / Toi et moi avons **la même**. (pronom)*

•• *aucun*

➥ De nos jours, *aucun* signifie « nul », « pas un ». Il s'accompagne toujours de *ne* ou de *sans* :

- *Parmi ses collègues, **aucun** n'a d'enfants.*
- *Je **n**'aime **aucune** de ces tapisseries.*
- *Il a parlé **sans qu'aucun** ne le contredît.*

➥ Autrefois, *aucun* signifiait « quelqu'un ». Il a conservé ce sens positif dans certains de ses emplois :

- *Elle travaille plus qu'**aucun** de ses collègues.*
- ***D'aucuns** prétendent qu'il a un compte en Suisse.*

➥ *Aucun* varie en genre mais, hormis dans la locution *d'aucuns*, ne s'emploie qu'au singulier :

- *Il paraît qu'il y a des **macareux** ici, mais je n'en ai vu **aucun**.*
- *Il paraît qu'il y a des **cigognes** ici, mais je n'en ai vu **aucune**.*

ⓘ Aucun peut aussi être un adjectif indéfini. Il complète alors un nom :
- *Il n'y a **aucun bruit**.*

•• *autre*

➥ *Autre* désigne quelqu'un ou quelque chose de différent. Il est presque toujours accompagné d'un article :

- *Cette boisson n'est pas fraîche, j'en voudrais **une autre**.*
- *Ce modèle n'est pas pratique : **l'autre** me conviendrait mieux.*
- *En corrigeant tes fautes, prends garde à ne pas en ajouter **d'autres**.*

Pronoms

➡ Lorsque le pronom *autre* est précédé de l'article défini, il est souvent mis en opposition avec *l'un* :
- **L'un** faisait la cuisine pendant que **l'autre** mettait la table.
- **Les uns** étaient en vacances pendant que **les autres** travaillaient.

⚠ Quand *l'un ou l'autre* est sujet, le verbe s'accorde au singulier :
- **L'un ou l'autre** viendra.

Quand *l'un et l'autre* et *ni l'un ni l'autre* sont sujets, l'accord peut se faire au singulier ou au pluriel :
- **L'un et l'autre** *se dit* ou *se disent*.
- **Ni l'un ni l'autre** *n'est venu* ou *ne sont venus*.

➡ Lorsque l'on oppose plus de deux personnes ou deux choses, on emploie *un autre* au lieu de *l'autre* :
- **L'un** faisait la cuisine, **un autre** mettait la table, **un autre** encore rangeait le salon.
- **Les uns** marchaient, **d'autres** couraient, **d'autres** enfin ne bougeaient pas.

⚠ *Autre* prend un *s* final dans les locutions *entre autres* et *parler de choses et d'autres*.

ⓘ *Autre* peut aussi être :
✓ un adjectif indéfini :
- Je vous propose **une autre solution**.

✓ un adjectif qualificatif :
- C'est un paysage **autre** que ceux que je connais.

certains

➡ *Certains* indique que le locuteur connaît l'identité des personnes dont il parle, mais choisit de ne pas la préciser :

- ***Certains*** *ne sont pas d'accord avec tes choix.*
- ***Certains*** *d'entre nous sont mineurs.*

➡ *Certains* varie en genre, mais ne s'emploie qu'au pluriel :
- ***Certains*** *de mes amis vivent au Québec.*
- ***Certaines*** *de mes amies vivent au Québec.*

🛈 *Certain* peut aussi être :
  ✓ un adjectif indéfini :
   - ***Certains*** *jours, on resterait bien au lit.*
  ✓ un adjectif qualificatif :
   - *Nous sommes **certains** de réussir.*

●● *chacun*

➡ *Chacun* désigne tous les éléments d'un ensemble, considérés individuellement :
- ***Chacune*** *de mes filles a sa chambre.*
- *Nous pourrons tous dormir ici si **chacun** apporte son duvet.*
- ***Chacun*** *est libre de ses actes.*

➡ *Chacun* varie en genre, mais s'emploie toujours au singulier :
- ***Chacun*** *d'eux est venu me saluer.*
- ***Chacune*** *d'elles est venue me saluer.*

➡ En règle générale, le pronom possessif renvoyant à *chacun* s'emploie indifféremment au singulier ou au pluriel :
- *Ils sont partis **chacun** de **son** côté ou **chacun** de **leur** côté.*

exceptions Le pronom possessif est obligatoirement au singulier lorsque :

Pronoms

✓ *chacun* est en relation avec un participe présent ou passé :
- ***Chacun** fit silence, **buvant son** verre.*
- *Les enfants lisaient sagement, **chacun captivé** par **son** roman.*

✓ *chacun* est suivi d'un complément du nom :
- ***Chacun des candidats** présentera **son** projet.*

➡ En règle générale, le pronom personnel complément d'objet indirect renvoyant à *chacun* s'emploie indifféremment au singulier ou au pluriel :
- *Ils font **chacun** ce qui **lui** plaît ou **chacun** ce qui **leur** plaît.*

On hésite parfois entre l'emploi des pronoms personnels réfléchis *soi* et *lui*.

✓ Lorsque *chacun* désigne des personnes indéterminées, on emploie *soi* :
- *C'est **chacun** pour **soi**.*

✓ Lorsque *chacun* désigne des personnes identifiées, on emploie plutôt *lui* :
- *Après cette rencontre, **chacun** est rentré chez **lui**.*

✓ Lorsque *chacun* se réfère à un sujet pluriel, on emploie indifféremment *soi* ou *eux* :
- ***Ils** sont rentrés **chacun** chez **soi** ou **chacun** chez **eux**.*

•• on

➡ *On* ne peut désigner que des êtres humains. Pronom indéfini, il signifie « les hommes en général », « les gens », ou « une personne quelconque » :
- *Autrefois, **on** se mariait jeune.*
- ***On** m'a dit que tu avais déménagé.*

- ***On** n'est pas sérieux, quand **on** a dix-sept ans.* (Rimbaud, «Roman»)

➡ *On* ne peut être que sujet. Il régit toujours un verbe à la 3ᵉ personne du singulier :
- ***On** vous **demande** au téléphone.*

ⓘ Dans la langue soignée, on emploie parfois *l'on* au lieu de *on* afin d'éviter le hiatus (rencontre de deux sons vocaliques) ou la cacophonie *(qu'on)* :
- *J'ignore où **l'on** va.*
- *Si **l'on** en croit le médecin, elle n'est pas vraiment malade.*
- *Il me semble que **l'on** m'a dit le contraire.*

L'on peut également s'employer en tête de phrase, mais cet usage est vieilli :
- ***L'on** ne saurait penser à tout.*

ⓘ Dans le registre familier, *on* est souvent employé comme pronom personnel (le plus souvent en remplacement de *nous*), éventuellement en reprise :
- *Alors, **on** a bien dormi ?*
- *Nous, **on** n'a rien demandé.*

personne

Emploi

➡ *Personne* signifie la plupart du temps « aucun », « nul » et s'emploie alors toujours avec une négation *(ne, sans)* :
- *Il **n**'y a **personne**.*
- *Il était seul, **sans personne** à qui parler.*

Dans les phrases sans verbe et dans les comparaisons, *personne* peut toutefois s'employer sans négation :
- *As-tu rencontré quelqu'un ? – **Personne**.*

Pronoms

- *Elle chante **comme personne**.*

➥ Dans le registre soutenu, *personne* peut signifier « quelqu'un » dans les subordonnées dépendant de principales négatives :

- *Il sortit sans que **quelqu'un** / **personne** s'en aperçût.*
- *Il n'est pas question que **quelqu'un** / **personne** abandonne.*

➥ Dans les phrases comparatives, l'emploi de *personne* au lieu de *quiconque* est courant :

- *Vous le savez mieux que **quiconque** / **personne**.*

➥ Le groupe adjectival épithète qui qualifie *personne* est introduit par *de* :

- *Il n'y a personne **de sérieux** ici.*
- *Il n'y a personne **d'aussi fou que lui**.*
- *Personne **d'autre qu'elle** ne peut faire ce travail.*

Accord

➥ Avec le pronom indéfini *personne*, l'accord se fait au masculin :

- *Personne n'est **parfait**.*

➥ Toutefois, l'accord se fait au féminin s'il ne fait aucun doute que *personne* représente une femme :

- *Parmi les étudiantes, **personne** n'est aussi **travailleuse** qu'elle.*

➥ Le pronom *personne* ne peut pas s'employer au pluriel.

•• quelque chose

➥ *Quelque chose* est une locution pronominale qui désigne un objet, un concept, un fait indéterminé :

- *Est-ce que tu cherches **quelque chose** ?*

- *Il lui est arrivé **quelque chose**.*

➡ *Quelque chose* peut aussi désigner un objet ou un fait remarquable, notamment dans des exclamations :
- *Cette œuvre, **c'est quelque chose** !*

➡ Le groupe adjectival épithète qui qualifie *quelque chose* est introduit par *de* :
- *Il s'est produit quelque chose **d'étrange**.*
- *Elle m'a raconté quelque chose **d'assez drôle**.*
- *Je n'aime pas les brocolis : puis-je avoir quelque chose **d'autre** à la place ?*

➡ Avec *quelque chose*, l'accord se fait toujours au masculin singulier :
- ***Quelque chose** est **arrivé**.*
- *Elle a vu **quelque chose** d'**intéressant**.*

●● quelqu'un

Au singulier

➡ Au singulier, *quelqu'un* désigne une personne dont on ignore ou ne souhaite pas révéler l'identité :
- *Est-ce que **quelqu'un** a téléphoné ?*
- ***Quelqu'un** m'a dit que tu avais des soucis.*

Il peut aussi signifier « personne remarquable », notamment dans des exclamations :
- *Cet homme, **c'est quelqu'un** !*

➡ On emploie la forme masculine *quelqu'un* même quand il ne peut s'agir que d'une femme :
- *Parmi les danseuses, **quelqu'un** a été sélectionné.*

ⓘ Dans la langue littéraire, on peut rencontrer *quelqu'un* suivi d'un partitif. Dans ce cas, *quelqu'un* peut désigner aussi bien

Pronoms

une chose qu'un être humain :

• *Mes filles, chantez-nous **quelqu'un de ces cantiques*** (Racine, *Esther*)

Dans cet emploi, on rencontre dans la littérature la forme féminine *quelqu'une* :

• *Malheur à celui que **quelqu'une de ces pensées** [...] ne plongera pas dans la méditation !* (Diderot, *Essai sur les règnes*)

➡➡ Le groupe adjectival épithète qui qualifie *quelqu'un* est introduit par *de* :

• *C'est **quelqu'un d'honnête**.*
• *Je trouve que Martin est **quelqu'un de très ambitieux**.*
• *Si tu refuses de le faire, **quelqu'un d'autre** s'en chargera.*

Au pluriel

➡➡ Au pluriel, *quelques-uns* signifie « un petit nombre indéterminé » :

• *C'est l'avis de **quelques-uns**.*
• *Tu ne connais que **quelques-uns** de mes talents.*

➡➡ On emploie la forme féminine *quelques-unes* lorsqu'il ne peut s'agir que de femmes :

• *Parmi ses amies, **quelques-unes** l'accompagneront.*

quiconque

➡➡ Pronom indéfini, *quiconque* signifie « n'importe qui » :

• *Il est aussi intelligent que **quiconque**.*

➡➡ Dans les tournures négatives, il signifie « personne » :

• *Il a agi sans en faire part à **quiconque**.*

ⓘ *Quiconque* est aussi un pronom relatif qui signifie « toute personne qui » :

• **Quiconque** casse quelque chose doit payer la facture.

rien

→ *Rien* signifie la plupart du temps « aucune chose », « nulle chose » et s'emploie alors obligatoirement avec une négation :
- *Je **ne** vois **rien**.*
- ***Rien ne** va plus.*

exceptions Dans les phrases sans verbe et dans certaines expressions, *rien* s'emploie sans la négation :
- *Qu'as-tu compris ? – **Rien**.*
- *C'est mieux que **rien**.*
- *Vous êtes venus **pour rien**.*

→ Au contraire, dans certaines tournures, *rien* peut signifier « quelque chose » :
- *Nous sommes restés sans **rien** dire.*
- *A-t-on jamais **rien** vu de pareil ?*
- *Il fut incapable de **rien** manger pendant trois jours.*

→ Le groupe adjectival épithète qui qualifie *rien* est introduit par *de* :
- *Il n'y a **rien de nouveau**.*
- *Je n'ai jamais **rien** vu **d'aussi beau**.*
- *Elle n'aime **rien d'autre** que la musique.*

→ Lorsque *rien* est antécédent d'un pronom relatif, la subordonnée est au subjonctif :
- *Cela ne me dit **rien qui vaille**.*
- *Ne dis **rien qui puisse** te compromettre.*

tel

→ Le pronom indéfini *tel* signifie « certain, quelqu'un ». Il

Pronoms

s'emploie exclusivement au singulier et son usage est littéraire :

- ***Tel** est pris, qui croyait prendre.*
(La Fontaine, « Le rat et l'huître »)
- ***Tel** qui rit vendredi, dimanche pleurera.*
(Racine, *Les Plaideurs*)

➟ Dans la langue courante, on emploie la locution *un tel* pour désigner une personne dont on ne veut pas ou ne peut pas préciser l'identité :

- ***Un tel** dit une chose, **une telle** dit le contraire.*

⚠ *Un tel* peut se contracter en *Untel* pour se substituer à un nom propre ; il s'écrit alors avec une majuscule :

- *Madame **Untel** ; la famille **Untel** ; les **Untel***

ℹ *Tel* peut aussi être :

✓ un adjectif indéfini :
- *Nous nous sommes donné rendez-vous **tel** jour, à **telle** heure.*
- *Je prendrai **tel** ou **tel** train.*

✓ un adjectif qualificatif ; il exprime alors la comparaison ou l'intensité :
- *Il a filé **telle** une flèche.*
- *Sa générosité est **telle** qu'elle donnerait jusqu'au moindre sou.*

Ces adjectifs posent souvent des problèmes d'accord (se reporter aux sections concernées).

•• tout

➟ Au singulier, le pronom *tout* désigne un ensemble de choses ou de faits. Il est toujours masculin :

- *J'ai **tout** rangé.*
- ***Tout** est parfait.*

➥ Au pluriel, le pronom *tous* désigne un ensemble de personnes ou de choses. Il varie en genre :
- **Tous** *l'ont félicité.*
- *Pose-lui la question une fois pour* ***toutes***.

➥ Lorsque le pronom *tout* est complément d'objet direct d'un verbe à l'infinitif ou au participe passé, il se place devant le verbe et non derrière :
- *Il ne peut pas* ***tout faire*** *et non* *Il ne peut pas faire tout.*
- *Il a* ***tout mangé*** *et non* *Il a mangé tout.*

➥ La locution *tout ce qu'il y a de* est le plus souvent au présent même si la principale est au passé :
- *C'était un jeune homme* ***tout ce qu'il y a de*** *plus honnête.*

ⓘ *Tout* peut être aussi :

✓ un adjectif indéfini :
- ***Tout délit*** *sera puni.*
- ***Tous les hivers****, nous partons à la montagne.*

✓ un adverbe ; il est alors invariable, sauf devant un adjectif féminin commençant par une consonne ou un *h* aspiré :
- *Elle est* ***tout étonnée***.
- *De* ***toutes jeunes*** *filles*

✓ plus rarement, un nom :
- *Le* ***tout***, *c'est de commencer.*

•• *un*

➥ L'adjectif numéral *un* peut être employé comme pronom indéfini. Il s'accorde en genre mais ne s'emploie qu'au singulier :
- *Il me faut* ***un GPS***. *Tu m'en offriras* ***un*** *?*

Pronoms

• *J'adore **ces poteries**. J'en achèterais bien **une**.*

➡ *Un* peut être précédé de l'article défini ; il marque alors l'opposition avec *l'autre* :

• ***L'un*** *faisait la cuisine pendant que **l'autre** mettait la table.*

➡ Contrairement à *un*, *l'un* varie en genre et en nombre :

• ***L'une*** *faisait la cuisine pendant que **l'autre** mettait la table.*

• ***Les uns*** *étaient en vacances pendant que **les autres** travaillaient.*

• *Elles sont plus jolies **les unes** que **les autres**.*

ⓘ Tous les adjectifs numéraux cardinaux peuvent être employés comme des pronoms, mais seul *un* est un pronom indéfini :

• *Nous sommes **cinq**.*

• *Combien d'œufs voulez-vous ? – Donnez-m'en **douze**.*

• ***Deux*** *de mes oncles vivent en Australie.*

Cas particuliers d'accord du verbe

➡ Lorsque le pronom sujet *un* ou *l'un* est suivi d'un complément, le verbe s'accorde avec ce complément :

• *C'est l'**une des inventions** qui **ont** changé la vie quotidienne.*

• *C'est **un de ceux** qui m'**ont** soutenu.*

L'accord avec le pronom est toutefois admis lorsqu'il s'agit d'une formule à valeur intensive :

• *C'est l'**une** des plus belles choses que j'aie **vue** ou **vues**.*

➡ Quand *l'un ou l'autre* est sujet, le verbe s'accorde au singulier :

• *L'un ou l'autre **viendra**.*

Quand *l'un et l'autre* et *ni l'un ni l'autre* sont sujets, l'accord peut se faire au singulier ou au pluriel :
- *L'un et l'autre **se dit** ou **se disent**.*
- *Ni l'un ni l'autre n'**est venu** ou **ne sont venus**.*

••• Pronoms interrogatifs

Les pronoms interrogatifs servent à interroger sur l'identité d'une personne ou d'une chose, sur la nature d'une action.

➥ Ils peuvent être employés dans les interrogatives directes ou indirectes :
- ***Qui** a fait ça ? Dis-moi **qui** a fait ça.*
- *À **quoi** penses-tu ? Je me demande à **quoi** tu penses.*
- ***Lequel** d'entre vous est le plus âgé ? J'ignore **lequel** d'entre vous est le plus âgé.*

➥ Certains pronoms interrogatifs peuvent être suivis d'un complément. Ils prennent alors une nuance partitive :
- ***Laquelle d'entre vous** se portera volontaire ?*
- ***Qui de nous deux** est le plus courageux ?*

➥ On peut distinguer trois formes de pronoms interrogatifs :
✓ les formes simples : *que, qui, quoi*
✓ les formes renforcées : *qui est-ce qui, qui est-ce que, qu'est-ce qui, qu'est-ce que…*
✓ les formes composées : *lequel, duquel, auquel…*

•• Pronoms interrogatifs simples

➥ Les pronoms interrogatifs simples sont : *que, qui, quoi.*

➥ Ces pronoms interrogatifs sont invariables en genre et en nombre.

Pronoms

➻ On emploie l'un ou l'autre pronom interrogatif selon la fonction du pronom dans la phrase et la nature de l'antécédent (animé ou inanimé).

fonction	antécédent animé	antécédent inanimé
sujet	qui	
COD	qui	que, quoi
attribut	qui, que	que
complément prépositionnel	préposition + qui	préposition + quoi

➻ *Qui* représente un nom animé, quelle que soit sa fonction dans la phrase :
- *Qui* t'a offert cette montre ? (sujet)
- Je me demande *qui* tu as invité. (COD)
- *Qui* êtes-vous ? (attribut)
- Pour *qui* sont ces fleurs ? (COI)

➻ *Que* représente un inanimé en fonction COD ou attribut :
- *Que* voulez-vous ? (COD)
- *Qu'*est-ce ? (attribut)

Dans certaines tournures de phrases, il peut représenter un nom animé en fonction attribut à la place de *qui* :
- *Que* devient-il ? (attribut)

ⓘ Dans une interrogative indirecte, *que* devient *ce que* :
- *Que* dis-tu ? Je ne comprends pas *ce que* tu dis.

➻ *Quoi* représente un inanimé derrière une préposition :
- À *quoi* penses-tu ?
- J'ignore *de quoi* ils ont parlé.

Pronoms

➡ Il représente aussi un inanimé en fonction COD lorsqu'il est placé après le verbe, dans la langue relâchée :
- *Vous voulez **quoi** ?*

➡ Pour les inanimés en fonction sujet, il n'existe pas de forme simple. On emploie la forme renforcée *qu'est-ce qui* :
- ***Qu'est-ce qui** ne va pas ?*

🛈 Tous les pronoms interrogatifs simples sont aussi des pronoms relatifs :
- *La personne **qui** habitait ici a déménagé.*
- *Je te remercie pour le cadeau **que** tu m'as offert.*
- *Il n'a pas de **quoi** s'acheter une voiture.*

➡ Pronoms interrogatifs renforcés

➡ Pour chaque forme simple, il existe une forme renforcée qui est une locution pronominale formée à partir de *est-ce qui* ou *est-ce que*. Ces locutions sont d'un usage plus familier, sauf *qu'est-ce qui* qui n'a pas de forme simple équivalente.

fonction	antécédent animé	antécédent inanimé
sujet	qui est-ce qui	qui est-ce qui
complément prépositionnel	qui est-ce que	(à/de...) quoi est-ce que
autres fonctions	qui est-ce que	qu'est-ce que

➡ *Qui est-ce qui* interroge sur un nom animé en fonction sujet :
- ***Qui est-ce qui** a sonné ?*

➡ *Qui est-ce que* interroge sur un nom animé dans les autres

Pronoms

fonctions :
- ***Qui est-ce que*** *je dois appeler ?* (COD)
- *De **qui est-ce que** tu parles ?* (COI)

➺ *Qu'est-ce qui* interroge sur un inanimé en fonction sujet :
- ***Qu'est-ce qui*** *te manque ?*

🛈 Dans une interrogative indirecte, *qu'est-ce qui* devient *ce qui* :
- ***Qu'est-ce qui*** *t'empêche d'accepter ? Je me demande **ce qui** t'empêche d'accepter.*

➺ *Quoi est-ce que* interroge sur un inanimé précédé d'une préposition :
- ***À quoi est-ce que*** *tu penses ?*
- ***De quoi est-ce qu****'il a besoin ?*

➺ *Qu'est-ce que* interroge sur un inanimé dans les autres cas :
- ***Qu'est-ce que*** *tu fais ?*

🛈 Dans une interrogative indirecte, *qu'est-ce que* devient *ce que* :
- ***Qu'est-ce que*** *tu dis ? Je ne comprends pas **ce que** tu dis.*

➺ Ces pronoms interrogatifs renforcés sont invariables en genre et en nombre.

Pronoms interrogatifs composés

➺ Le pronom interrogatif *lequel* est composé à partir de l'article *le* et de l'adjectif interrogatif *quel*. Il s'emploie uniquement pour interroger sur des êtres ou des choses dont on a déjà parlé, ou dont on va parler :
- *De ces deux modèles, **lequel** préfères-tu ?*
- ***Lequel*** *de ces deux modèles préfères-tu ?*

➡ À la différence des autres pronoms relatifs, *lequel* varie en genre et en nombre :
- **Laquelle** de ces chambres préfères-tu ?
- **Lesquels** de ses projets ont abouti ?
- **Lesquelles** de ces histoires sont vraies ?

➡ Précédés de la préposition *à*, *lequel*, *lesquels* et *lesquelles* se contractent en *auquel*, *auxquels* et *auxquelles* :
- **Auxquels** de ses amis fait-elle vraiment confiance ?

Précédés de la préposition *de*, ils se contractent en *duquel*, *desquels* et *desquelles* :
- **Duquel** de ses cousins est-il le plus proche ?

Laquelle ne se contracte pas :
- **À laquelle** de ces revues veux-tu t'abonner ?
- **De laquelle** de ses cousines est-elle le plus proche ?

ⓘ *Lequel, auquel, duquel* peuvent être aussi :

✓ pronoms relatifs :
- *C'est la maison dans* **laquelle** *je vis.*

✓ adjectifs relatifs :
- *Elle a écrit un roman historique,* **lequel** *roman s'est vendu à des milliers d'exemplaires.*

▪▪▪ Pronoms personnels

Les pronoms personnels désignent des êtres en marquant la personne grammaticale :
- **Elle** *progresse tous les jours.*
- *Ce crayon est à* **moi**.
- *Est-ce que ce modèle* **te** *plaît ?*

À la troisième personne, ils servent aussi à éviter la répétition

Pronoms

d'un groupe nominal exprimé ailleurs dans le discours :
- *J'ai croisé **Julien** ce matin. **Il** avait l'air pressé.*
- *Me **la** prêterais-tu, **cette robe** que tu ne portes plus ?*
- *J'attire **les oiseaux** en **leur** donnant du pain sec.*

Enfin, les pronoms personnels dits « réfléchis » sont utilisés pour désigner le même antécédent que le sujet du verbe ; ils servent principalement à former les verbes pronominaux :
- *Je **me** suis acheté un dictionnaire.*
- *Ils **se** sont rencontrés sur Internet.*

➡ La forme de pronom personnel utilisée dépend :

✓ de la personne à laquelle réfère le pronom : 1re, 2e ou 3e personne ;

✓ du nombre : singulier ou pluriel ;

✓ du genre, pour certains pronoms de 3e personne ;

✓ de la fonction grammaticale du pronom dans la phrase : sujet ou objet ;

✓ de la position du pronom par rapport au verbe : conjointe ou disjointe.

Pronoms conjoints, pronoms disjoints

➡ Les **pronoms conjoints** précèdent ou suivent immédiatement le verbe :
- ***Il gagne** toujours.*
- *Ce pull **te va** bien.*
- ***Seras-tu** en vacances en juillet ?*

Ils peuvent toutefois en être séparés par un autre pronom personnel ou par la négation *ne* :
- ***Je vous aime**.*
- *Ils **ne veulent** pas nous accompagner.*

Pronoms

➼ Les **pronoms disjoints** sont séparés du verbe par un élément quelconque (hormis un autre pronom personnel ou la négation *ne*) :

- *Ce pull **est** à **moi**.*
- ***Eux**, ils ne nous **aimons** pas.*
- *Je ne **connais** qu'**elle**.*
- ***Lui** seul me **comprend**.*

On les emploie aussi :

✓ dans les expressions du présentatif (*c'est, c'est… qui/que*) :
- ***C'est lui qui** parlera le premier.*

✓ en coordination avec un groupe nominal :
- ***Thomas et toi** formez un couple uni.*

✓ seuls :
- *Qui part en vacances en juillet ? – **Moi**.*

ⓘ Les formes disjointes *moi* et *toi* s'emploient aussi à la place de *me* et *te* après un impératif à la forme positive, sauf lorsqu'elles sont suivies de *en* :
- *Parle-**moi** !*
- *Détends-**toi** !*

Mais :
- *Ne **me** parle pas !*
- *Parle-**m**'en !*

⚠ Les pronoms personnels disjoints peuvent être renforcés par l'adjectif *même* ; ils lui sont alors liés par un trait d'union :
- ***Lui-même** n'en sait rien.*
- *Ont-elles fait ce travail **elles-mêmes** ?*

Pronoms

•• 1ʳᵉ personne du singulier

La première personne du singulier représente celui ou celle qui s'exprime.

➡ Les formes du pronom personnel de la 1ʳᵉ personne du singulier sont :

- ✓ forme conjointe sujet : *je*
  - **Je** suis d'accord.
- ✓ forme conjointe objet : *me*
  - Mon fils **me** ment.
- ✓ forme disjointe : *moi*
  - Ma sœur et **moi** jouons du violon.
  - Ce poème est de **moi**.

  ℹ Lorsque le pronom *moi* est coordonné à un autre pronom personnel, il est plus poli de le mettre en seconde position :
  - **Lui et moi**, c'est du sérieux plutôt que **Moi et lui**, c'est du sérieux.

- ✓ forme réfléchie : *me*
  - Je **me** suis trompé de train.

ℹ *Je* et *me* s'élident en *j'* et *m'* devant une voyelle ou un *h* muet :
- **J'a**dore le fromage.
- Cette idée **m'h**orrifie.

•• 2ᵉ personne du singulier

La deuxième personne du singulier représente celui ou celle à qui l'on s'adresse.

➡ Les formes du pronom personnel de la 2ᵉ personne du singulier sont :

Pronoms

✓ forme conjointe sujet : *tu*
- **Tu** *viens ?*

✓ forme conjointe objet : *te*
- *Je ne **te** crois pas.*

✓ forme disjointe : *toi*
- ***Toi**, tu m'étonneras toujours.*
- *J'ai fait tout cela pour **toi**.*

✓ forme réfléchie : *te*
- *Tu **te** sous-estimes.*

❶ *Te* s'élide en *t'* devant une voyelle ou un *h* muet :
- *Je vois bien qu'elle **t'**énerve.*

Tu ne s'élide pas dans la langue soignée :
- ***Tu** es fatiguée ?* et non ***T'**es fatiguée ?*

•• 3ᵉ personne du singulier

La troisième personne du singulier représente l'être, la chose ou le concept dont on parle.

∞ Les formes du pronom personnel de la 3ᵉ personne du singulier sont :

✓ forme conjointe sujet : *il, elle*
- ***Il** rit.*
- *Fait-**elle** du sport ?*

✓ forme conjointe objet direct : *le, la*
- *Vous **le** rencontrerez demain.*
- *Appelle-**la** !*

  ❶ *Le* et *la* s'élident en *l'* devant une voyelle ou un *h* muet :
  - *Cette nouvelle ne **l'**enchante pas.*
  - *Pierre m'a avoué que Nathalie **l'**horripilait.*

Pronoms

✓ forme conjointe objet indirect : *lui*
- *Je **lui** fais entièrement confiance.*

✓ forme disjointe : *lui, elle*
- ***Lui**, il n'est pas honnête.*
- *Je crois en **elle**.*

✓ forme réfléchie conjointe : *se*
- *Il **se** prend pour un artiste.*
- *Elle **se** décidera plus tard.*

ⓘ *Se* s'élide en *s'* devant une voyelle ou un *h* muet :
- *Elle **s'é**merveille d'un rien.*
- *Il **s'h**abille n'importe comment.*

✓ forme réfléchie disjointe : *soi, lui, elle*

⚠ Aujourd'hui, la forme disjointe réfléchie *soi* s'emploie uniquement pour désigner une personne indéterminée :
- *Chacun pour **soi**.*
- *Il faut avoir confiance en **soi**.*

Lorsque le sujet est identifié, on emploie *lui* ou *elle* :
- *Elle a confiance en **elle**.*

ⓘ Dans les constructions impersonnelles, le pronom *il* a une valeur neutre, c'est-à-dire qu'il ne représente ni quelque chose ni quelqu'un :
- ***Il** pleut.*
- ***Il** est encore temps de changer.*

Le a également une valeur neutre lorsqu'il est synonyme de *cela* :
- *C'est difficile, je te **le** concède.*

•• 1re personne du pluriel

La première personne du pluriel représente ceux qui s'expriment.

➡ La forme du pronom personnel de la 1re personne du pluriel est *nous* dans tous les cas :
- *Nous, nous restons là.* (sujet disjoint puis sujet conjoint)
- *Quelqu'un nous a renseignés.* (COD conjoint)
- *Nous font-ils confiance ?* (COI conjoint)
- *Nous nous passerons de leur aide.* (forme réfléchie)

ℹ Dans la langue familière, *on* est parfois employé à la place de *nous*.

Nous peut également être employé à la place de *je* pour désigner une seule personne : c'est le « pluriel de majesté ».

•• 2e personne du pluriel

La deuxième personne du pluriel représente ceux à qui l'on s'adresse.

➡ La forme du pronom personnel de la 2e personne du pluriel est *vous* dans tous les cas :
- *Avez-vous fini ?* (sujet conjoint)
- *Je ne vous crois pas.* (COD conjoint)
- *C'est à vous de jouer.* (COI disjoint)
- *Vous devriez vous habiller plus chaudement.* (forme réfléchie)

ℹ *Vous* peut être employé à la place de *tu* pour s'adresser à une personne que l'on vouvoie. C'est ce qu'on appelle le « pluriel de politesse ».

●● 3ᵉ personne du pluriel

La troisième personne du pluriel représente les êtres, les choses ou les concepts dont on parle.

↣ Les formes du pronom personnel de la 3ᵉ personne du pluriel sont :

- ✓ forme conjointe sujet : *ils, elles*
  - *Ils ont gagné.*
  - *Sont-elles au courant ?*

- ✓ forme conjointe objet direct : *les*
  - *Je les aperçois.*

- ✓ forme conjointe objet indirect : *leur*
  - *Nous leur avons posé la question.*

- ✓ forme disjointe : *eux, elles*
  - *C'est à eux de décider.*
  - *J'aimerais que l'initiative vienne d'elles.*

- ✓ forme réfléchie conjointe : *se*
  - *Émeline et Fred se sont mariés.*
  - *Elles se plaisent ici.*

  ⓘ *Se* s'élide en *s'* devant une voyelle ou un *h* muet :
  - *Ils s'expriment admirablement.*
  - *Elles s'habituent au froid petit à petit.*

- ✓ forme réfléchie disjointe : *eux, elles, soi*

  ⚠ Aujourd'hui, *soi* s'emploie uniquement pour désigner une personne indéterminée. Or, à la 3ᵉ personne du pluriel, le sujet est généralement identifié : on emploie donc *eux* ou *elles* :
  - *Ils sont contents d'eux.*
  - *Elles sont rentrées chez elles.*

On peut toutefois utiliser indifféremment *soi* ou *eux/elles* avec le pronom indéfini *chacun* :

- *Ils sont rentrés **chacun** chez **soi** ou chacun chez **eux**.*

•• on

➙ Dans le registre familier, *on* est souvent employé comme pronom personnel en remplacement de *nous* :

- *Quand est-ce qu'**on** mange ?*
- *Nous, **on** n'est pas d'accord.*

Dans ce cas, le pronom possessif s'accorde à la 1re personne du pluriel :

- *Mes amis et moi, **on** aime **notre** ville.*

➙ Moins souvent, *on* est employé en remplacement des pronoms personnels :

✓ de première personne du singulier *(je)* :
- *Est-ce que tu t'en sors ? – **On** fait ce qu'**on** peut.*
- *J'écris un livre. **On** y parlera d'orthographe.*

✓ de deuxième personne du singulier ou du pluriel *(tu, vous)* :
- *Eh bien Maurice, **on** ne s'en fait pas !*
- *Alors les enfants, **on** a bien dormi ?*

Dans ce cas, le pronom possessif s'accorde à la 3e personne du singulier *(son, sa, ses)* :

- *Alors, **on** est satisfait de **son** voyage ?*

➙ Attention, on ne peut employer *on* qu'en fonction sujet et en forme conjointe :

- ***On** parle* mais non **Ils on parlent*.
- ***On** décide* mais non **On, on décide*. **C'est **on** qui décidons*.

Pronoms

⚠ Avec *on*, les verbes et les pronoms réfléchis sont toujours à la 3ᵉ personne du singulier mais les adjectifs et les participes passés s'accordent en genre et en nombre avec le sujet réel :

- ***On** est **arrivés** à cinq heures.*
- *Alors, **on** est **contente** ?*
- ***On** s'est bien **amusées**.*

ℹ Dans la langue soignée, on emploie parfois *l'on* au lieu de *on* afin d'éviter un hiatus (rencontre de deux sons vocaliques) ou une cacophonie *(qu'on)* :

- *Je ne sais pas **si l'on** parviendra à les rattraper.*
- *Ce sont des gens **que l'on** admire.*

Lorsqu'il n'est pas pronom personnel, *on* est un pronom indéfini signifiant « les hommes en général », « les gens », ou « une personne quelconque » :

- *Autrefois, **on** se mariait jeune.*
- ***On** m'a dit que tu avais déménagé.*

•• *en*

En, comme *y*, remplace un ensemble de mots de natures grammaticales différentes. Il est à la fois pronom personnel et adverbe, c'est pourquoi on parle parfois de « pronom adverbial ».

➡ *En* remplace un groupe de mots comprenant :

✓ soit l'article indéfini *un, une* ou *des* :
- *On m'a donné **une tablette**, mais j'**en** avais déjà une.*
- *Avez-vous **des enfants** ? – Oui, j'**en** ai deux.*

✓ soit l'article partitif *du* :
- *Je n'ai plus **de farine**. Est-ce que tu peux m'**en** donner ?*

Pronoms

✓ soit la préposition *de*, contractée si besoin :
- *Je ne retournerai pas au* **marché** *: j'***en** *viens.* (= Je viens du marché.)
- *Il* **en** *est capable.* (= Il est capable de...)

  ❶ Parfois, la préposition *de* est sous-entendue :
  - *Venez me voir, j'***en** *serai ravi.* (= Je serais ravi de votre venue.)
  - *Que fait-il ? – Je n'***en** *sais rien.* (= Je ne sais rien de ce qu'il fait.)

➻ *En* est aussi employé dans un certain nombre de locutions :
- *s'en aller, s'en tenir à, s'en remettre à, en vouloir à, en avoir le cœur net...*

⚠ La présence immédiate de *en* derrière un impératif de 2ᵉ personne du singulier se terminant par une voyelle implique l'ajout d'un *s* à la fin du verbe pour éviter le hiatus :
- *Achète des fruits.* ➡ *Achètes-en.*

Toutefois, si *en* est complément d'un verbe à l'infinitif qui le suit, on n'ajoute pas de *s* :
- *Il n'y a plus de lait. Va* **en** *chercher !*

En se place toujours après le pronom personnel :
- ***Donne-m'en*** *un peu !* et non **Donnes-en moi un peu !*

❶ *En* peut être également une préposition :
- *partir* **en** *Suède ; voyager* **en** *train ; un buste* **en** *marbre ; se faire mal* **en** *tombant*

●● y

Y, comme *en*, remplace un ensemble de mots de natures grammaticales différentes. Il est à la fois pronom personnel et adverbe, c'est pourquoi on parle parfois de « pronom adverbial ».

Pronoms

→ *Y* remplace un complément de lieu précédé de sa préposition (*à, dans, chez, sur*…) et par extension tout type de complément précédé de ces prépositions :

- *Connais-tu **la ville de Nantes** ? – J'**y** suis né.*
- *Es-tu **chez toi** ? – Non, je n'**y** suis pas.*
- *Il s'**y** connaît **en informatique**.*
- ***Que je renonce** ? N'**y** comptez pas !*

→ Pour des raisons d'euphonie, *y* est omis devant le futur et le conditionnel du verbe *aller* :

- *Je n'**y** suis pas allé aujourd'hui mais **j'irai** demain* et non **j'y irai*.

⚠ La présence immédiate de *y* derrière un impératif de la 2ᵉ personne du singulier se terminant par une voyelle implique l'ajout d'un *s* à la fin du verbe pour éviter le hiatus :

- *Va dans ta chambre !* **→** *Va**s-y** !*

Toutefois, si *y* est complément d'un verbe à l'infinitif qui le suit, on n'ajoute pas de *s* :

- *La banque est encore ouverte : va **y déposer** ton chèque.*

Y se place toujours après le pronom personnel :

- *Emmène-**les-y** !* et non **Emmène-y-les !*

⚠ Dans la langue soignée, *y* représente uniquement une chose ou un énoncé. Les noms de personne sont remplacés par le pronom personnel correspondant :

- *Je pense à **mon mari**.* **→** *Je pense à **lui**.*

Mais dans la langue relâchée, on trouve parfois *y* en remplacement d'un nom de personne. Cet usage est à éviter :

- *Je pense à **mon mari**.* **→** *J'**y** pense.*

•• Pluriel de majesté et de politesse

Le pronom personnel pluriel *nous* peut être employé à la place du pronom personnel singulier *je* pour désigner une seule personne. C'est le pluriel de majesté, que l'on rencontre dans les discours officiels de personnes détenant une autorité, ou le pluriel de modestie, que l'auteur d'un ouvrage, et particulièrement d'un travail académique, emploie pour parler de lui-même.

➥ Le pluriel de majesté ou de modestie entraîne l'accord du verbe au pluriel, mais les adjectifs et les participes passés restent au singulier :

- « **Nous** sommes **étonnée** de cette décision », dit la reine.
- **Nous** avons nous-**même** réalisé toutes les expériences de cette thèse.

Le pronom personnel pluriel *vous* peut être employé à la place du pronom personnel singulier *tu* pour s'adresser à une seule personne que l'on vouvoie : c'est le pluriel de politesse. On vouvoie normalement les inconnus, ses supérieurs et toutes les personnes avec qui on n'a pas de liens étroits.

➥ Le *vous* de politesse entraîne l'accord du verbe au pluriel, mais les adjectifs et participes passés restent au singulier :

- **Vous** êtes très **aimable**.
- Avez-**vous** fait cela vous-**même** ?
- Je **vous** trouve **fatiguée**. (C'est à une femme que l'on s'adresse.)

... Pronoms possessifs

Les pronoms possessifs marquent la possession ou la relation. Ils reprennent un nom ou un groupe nominal précédé d'un adjectif possessif :
- *Est-ce que tu as **tes clés** ? J'ai perdu **les miennes**.* (= j'ai perdu mes clés)
- ***Son père** est professeur de français, comme **le tien**.* (= comme ton père)

➥ Les pronoms possessifs varient en fonction du genre et du nombre de la chose possédée, mais aussi en fonction de la personne du possesseur :

possesseur	possédé masculin singulier	possédé féminin singulier	possédé masculin pluriel	possédé féminin pluriel
1re personne du singulier	le mien	la mienne	les miens	les miennes
2e personne du singulier	le tien	la tienne	les tiens	les tiennes
3e personne du singulier	le sien	la sienne	les siens	les siennes
1re personne du pluriel	le nôtre	la nôtre	les nôtres	les nôtres
2e personne du pluriel	le vôtre	la vôtre	les vôtres	les vôtres
3e personne du pluriel	le leur	la leur	les leurs	les leurs

⚠ Les pronoms possessifs *le nôtre, la nôtre, les nôtres, le vôtre, la vôtre* et *les vôtres* prennent un accent circonflexe sur le ô :
- *Mon fils aime jouer avec **le vôtre**.*

Cet accent circonflexe est également présent sur les adjectifs possessifs *nôtre* et *vôtre* lorsque, dans le registre soutenu, ils occupent la fonction d'attribut (ils sont alors séparés du nom auquel ils se rapportent par un verbe) :

- *Ce trésor est **nôtre**.*

En revanche, il n'y a pas d'accent sur les adjectifs possessifs *notre* et *votre* lorsqu'ils précèdent immédiatement le nom auquel ils se rapportent :

- *J'ai retrouvé **votre** chat.*

❶ Le premier élément constitutif du pronom possessif est l'article défini *le, la, les*.

Précédés de la préposition *à*, les articles *le* et *les* se contractent en *au* et *aux* :

- *Ce n'est pas à mon chef qu'il faut dire ça, mais **au tien**.*
- *Vous dites qu'il faut supprimer les primes. Est-ce **aux vôtres** que vous pensez ?*

Précédés de la préposition *de*, les articles *le* et *les* se contractent en *du* et *des* :

- *Je ne dis pas de mal de votre travail : ne dites pas de mal **du mien**.*
- *Il passe son temps à s'occuper des affaires des autres. Qu'il s'occupe plutôt **des siennes** !*

➡➡ Le pronom possessif s'emploie sans antécédent au masculin pluriel pour désigner la famille, les amis, les partisans :

- *Il a rompu avec tous **les siens**.*
- *Serez-vous **des nôtres** demain soir ?*

➡➡ On rencontre le pronom possessif sans antécédent dans certaines expressions ; il prend alors différents sens :

- *y mettre **du sien*** (= de la bonne volonté)
- *faire **des siennes*** (= des bêtises)

ⓘ Le pronom possessif peut être employé comme adjectif, sans l'article défini :

✓ en fonction d'attribut :
- *Elle a fait **sienne** cette devise.*

✓ dans un registre soutenu :
- *un **mien** collègue*

✓ dans certaines formules épistolaires :
- *amicalement **vôtre***

••• Pronoms relatifs

Un pronom relatif permet d'introduire une proposition subordonnée :
- *Quand me rendras-tu le livre **que** je t'ai prêté ?*
- *C'était l'année **où** j'ai acheté ma première voiture.*
- ***Qui** ne risque rien n'a rien.*

La proposition subordonnée ainsi introduite est appelée « proposition subordonnée relative ».

➡ On distingue deux catégories de pronoms relatifs :

✓ les pronoms relatifs définis, qui ont un antécédent (*qui, que, quoi, dont, où, lequel, auquel, duquel*) ;

✓ les pronoms relatifs indéfinis, qui n'ont pas d'antécédent (*qui, quiconque, quoi que, où que*).

•• Pronoms relatifs définis

Un pronom relatif défini établit un lien entre un mot ou un groupe de mots qu'il représente, appelé « antécédent », et

Pronoms

une proposition subordonnée.
Les pronoms relatifs définis sont *qui, que, quoi, dont, où, lequel* et ses formes contractées *auquel* et *duquel*.

➥ L'antécédent du pronom relatif défini est généralement un groupe nominal :
- ***Le roman que*** *tu as écrit est passionnant.*

➥ Cependant, le pronom relatif peut également remplacer :
  ✓ un pronom :
  - ***Vous qui*** *êtes si intelligents, connaissez-vous la réponse ?*
  - *C'est **ce** à **quoi** je pensais.*

  ✓ un adverbe de lieu :
  - *Pose ça **là où** il y a de la place.*

  ✓ une proposition :
  - ***Je fais du sport régulièrement****, sans **quoi** je prends du poids.*

⚠ Il est préférable de faire suivre immédiatement l'antécédent du pronom relatif, sous peine de créer des ambiguïtés :
- *C'est la voiture de ma grand-mère **qui** est en piteux état.*
(Est-ce la voiture ou ma grand-mère qui est en piteux état ?)

qui

➥ Le pronom relatif *qui* s'emploie en fonction sujet de la subordonnée et peut alors désigner une personne, un animal, une chose ou un concept ; il ne varie ni en genre ni en nombre :
- *l'agent **qui** nous a interpellés*
- *le chien **qui** traverse la rue*
- *la chaise **qui** est bancale*
- *les papiers **qui** sont sur le bureau*

Pronoms

⚠ Le verbe de la subordonnée introduite par *qui* s'accorde généralement avec l'antécédent, y compris lorsque l'antécédent est un pronom personnel :
- *toi **qui as** de l'expérience* et non **toi qui a*
- *C'est nous **qui** l'**avons** fait.* et non **C'est nous qui l'ont fait*

Les quelques cas particuliers sont décrits dans le chapitre sur l'accord du verbe dans une subordonnée introduite par *qui*.

ℹ *Qui* ne s'élide pas dans la langue soignée. On écrira :
- *C'est lui **qui** a tout mangé* et non **C'est lui qu'a tout mangé.*

➡ *Qui* s'emploie aussi après une préposition ; il ne peut alors désigner que des êtres animés :
- *la fille **à qui** il parle*
- *l'adversaire **contre qui** j'ai perdu*

➡ *Lequel* peut s'employer à la place de *qui* après n'importe quelle préposition :
- *la chanteuse **à qui** il a écrit = la chanteuse **à laquelle** il a écrit*
- *l'adversaire **contre qui** il se bat = l'adversaire **contre lequel** il se bat*

À la place de *de qui*, on peut aussi employer *dont* :
- *l'homme **de qui** je suis amoureuse = l'homme **dont** je suis amoureuse*

⚠ Après la préposition *parmi*, l'emploi de *qui* est fautif. On emploie obligatoirement *lesquels* ou *lesquelles* :
- *les gens **parmi lesquels** j'ai grandi* et non **parmi qui j'ai grandi*

ℹ Dans certains cas, *qui* peut s'employer sans antécédent ;

c'est alors un pronom relatif indéfini :
- ***Qui*** *vivra verra.*
- *Invite **qui** tu veux.*

Qui est aussi un pronom interrogatif :
- ***Qui*** *a fait ça ?*
- *Dis-moi **qui** a fait ça.*

que

➡ *Que* s'emploie surtout dans des fonctions de complément d'objet direct ou de complément circonstanciel de la proposition subordonnée ; il ne varie ni en genre ni en nombre :
- *le garagiste **que** j'ai contacté*
- *la confidence **que** tu m'as faite*
- *les affaires **que** je t'ai prêtées*
- *Cela fait cinq ans **que** je ne l'ai pas vu.*

➡ On trouve aussi *que* en fonction d'attribut :
- *Impressionné **que** j'étais, je n'ai pas osé lui parler.*

➡ *Que* s'élide en *qu'* devant une voyelle ou un *h* muet :
- *les affaires **qu'**il m'a données*
- *les appartements **qu'**habitent mes cousins*

⚠ Le participe passé des verbes transitifs directs employés avec l'auxiliaire *avoir* s'accorde avec le complément d'objet direct lorsque celui-ci est placé avant lui. Le pronom relatif COD *que* étant toujours placé avant le participe passé de la proposition subordonnée, le participe s'accorde donc en genre et en nombre avec *que*, qui est de même genre et de même nombre que son antécédent :
- ***les amis que** tu as invités*
- ***la décision qu'**il a prise*

Pronoms

ⓘ *Que* est aussi un pronom interrogatif :
- **Que** veux-tu ?
- J'ignore ce **que** tu veux.

quoi

➥ Le pronom *quoi* apparaît uniquement après une préposition. Il peut désigner une chose ou un concept, et son antécédent est généralement un pronom neutre *(ce, quelque chose…)* :
- Voilà ce **pour quoi** je me bats.
- As-tu quelque chose **avec quoi** bloquer la porte ?

➥ *Quoi* peut aussi reprendre l'idée exprimée dans la proposition principale :
- Il a payé, **après quoi** il est sorti.

➥ Lorsque l'antécédent n'est ni un pronom neutre, ni une proposition, l'emploi de *lequel* est beaucoup plus fréquent :
- Voilà la cause **pour laquelle** je me bats.
- As-tu un objet **avec lequel** bloquer la porte ?

L'emploi de *quoi* reste toutefois possible :
- Voilà la cause **pour quoi** je me bats.
- As-tu un objet **avec quoi** bloquer la porte ?

ⓘ À la place de *de quoi*, on emploie plus souvent *dont* :
- C'est ce **de quoi** il retourne. ➡ C'est **ce dont** il retourne.

Quoi est aussi un pronom interrogatif :
- À **quoi** penses-tu ?
- Je me demande de **quoi** ils parlent.

dont

➥ Le pronom *dont* peut désigner une personne, un animal, une chose, un concept. Il s'emploie en fonction de complément :

- ✓ du nom :
    - *le sujet **dont** nous débattons*
- ✓ du pronom :
    - *ce **dont** je voulais te parler*
- ✓ de l'adjectif :
    - *cette œuvre, **dont** je suis assez fier*
- ✓ du verbe :
    - *elle **dont** tout le monde dit du bien*
- ✓ d'agent :
    - *la femme **dont** il est aimé*

➡ *Dont* remplace un groupe nominal précédé de la préposition *de* ; c'est l'équivalent de *de qui*, *de quoi*, *duquel* ou *d'où* :

- *l'homme **dont** je suis amoureuse = l'homme **de qui** je suis amoureuse* ou *l'homme **duquel** je suis amoureuse*
- *ce **dont** il retourne = ce **de quoi** il retourne*
- *le pays **dont** je suis originaire = le pays **d'où** je suis originaire* ou *le pays **duquel** je suis originaire*

ⓘ On emploie obligatoirement *de qui* ou *duquel* lorsque *dont* est complément d'un groupe nominal déjà précédé d'une préposition :

- *l'ami **dans la villa duquel** je passe mes vacances* ou *l'ami **dans la villa de qui** je passe mes vacances*

et non :

- **l'ami dans la villa dont je passe mes vacances*

➡ *Dont* ne varie ni en genre ni en nombre :

- *le chat **dont** on m'a confié la garde*

Pronoms

- *la gentillesse **dont** elle fait preuve*
- *les gadgets **dont** je suis l'inventeur*
- *les personnes **dont** tu m'as parlé*

➥ *Dont* a de multiples valeurs. Il peut indiquer :

✓ la possession :
  - *les personnes **dont** les maisons ont été sinistrées*

✓ la relation :
  - *les enfants **dont** je suis la nourrice*

✓ l'origine, la provenance :
  - *les mines **dont** on extrait les diamants*
  - *le milieu **dont** il est issu*

✓ la cause :
  - *la maladie **dont** il est mort*

✓ la manière :
  - *la façon **dont** elle gère son département*

✓ le moyen :
  - *le papier **dont** il enveloppe le vase*

✓ la partie d'un tout :
  - *tous mes collègues, **dont** Jean*

où

➥ Le pronom *où* s'emploie en fonction de complément circonstanciel de lieu ; il peut désigner :

✓ un lieu :
  - *les étagères **où** sont rangés les livres*
  - *le pays d'**où** il vient*

✓ un état :
  - *dans l'état **où** je suis*

✓ un moment :
- *l'hiver **où** il a fait si froid*
- *dès l'instant **où** je l'ai vu*

🛈 Avec un nom de lieu introduit par *de*, on peut employer *dont* plutôt que *d'où* :
- *la ville d'**où** je viens = la ville **dont** je viens*

Quel que soit l'antécédent, on peut presque toujours remplacer *où* par une préposition suivie de *lequel* :
- *le pays **où** je vis* ➡ *le pays **dans lequel** je vis*
- *l'hiver **où** il a fait si froid* ➡ *l'hiver **pendant lequel** il a fait si froid*

➡ *Où* est invariable en genre et en nombre :
- *la région **où** il s'est installé*
- *les différents pays **où** nous sommes allés*

⚠ *Où* ne peut être précédé à la fois de l'adverbe *là* et d'une autre préposition *(de, par…)*. On écrit donc :
- ***par où** nous sommes passés* et non **par là où nous sommes passés*
- ***d'où** nous venons* et non **de là où nous venons*

Avec *c'est là* et *c'est à*, il faut employer *que* et non *où* :
- *C'est là **que** je vis.*
- *C'est à Barcelone **qu'**ils se sont rencontrés.*

🛈 *Où* peut être aussi un pronom interrogatif :
- ***Où** sont mes lunettes ?*
- *Je ne sais pas **où** sont mes lunettes.*

⚠ Il ne faut pas confondre le pronom relatif *où*, qui s'écrit avec un accent, avec la conjonction de coordination *ou*, qui s'écrit sans accent :

✓ sans accent, *ou* indique un choix ; on peut le remplacer par *ou bien* :
- *Je poserai la question à Tom **ou** (bien) à Adrien.*
- *A-t-il sorti le chien **ou** (bien) a-t-il oublié ?*

✓ avec un accent, *où* fait référence à un lieu, un état, un moment ; on ne peut pas le remplacer par *ou bien* :
- ***Où** vas-tu ? (*Où bien vas-tu ?)*
- *Dans l'état **où** il est, il ne viendra pas. (*Dans l'état où bien il est…)*

lequel, auquel, duquel

➡ Le pronom *lequel* s'emploie presque toujours après une préposition. Il peut désigner une personne, un animal ou une chose :
- *le client **contre lequel** il s'est mis en colère*
- *le cheval **avec lequel** il a gagné la course*
- *le groupe **dans lequel** il travaille*

➡ Dans la langue littéraire ou juridique, *lequel* s'emploie parfois en fonction sujet à la place de *qui* :
- *Il se rendit chez le sorcier, **lequel** lui fournit la potion magique.*
- *La somme sera empruntée pour une certaine durée, **laquelle** ne peut excéder vingt ans.*

➡ Contrairement aux autres pronoms relatifs définis, *lequel* varie en genre et en nombre :
- *le **groupe** pour **lequel** je travaille*
- *la **personne** à **laquelle** je pense*
- *les **pays** dans **lesquels** elle s'est rendue*
- *les **années** durant **lesquelles** j'ai voyagé*

Pronoms

➥ Précédés de la préposition *à*, *lequel*, *lesquels*, *lesquelles* se contractent en *auquel*, *auxquels*, *auxquelles* :
- le film **auquel** je me réfère
- les animaux **auxquels** on a administré le vaccin
- les chanteuses **auxquelles** je pense

➥ Précédés de la préposition *de*, ils se contractent en *duquel*, *desquels*, *desquelles* :
- le cadre au sein **duquel** nous travaillons
- des éléments à propos **desquels** nous souhaiterions plus d'informations
- des manifestations au cours **desquelles** il y a eu des blessés

➥ *Laquelle* ne se contracte pas :
- l'entreprise **à laquelle** je téléphone
- la cousine **de laquelle** je suis la plus proche

ⓘ Après la préposition *de*, on emploie plus souvent *dont* :
- les enfants **desquels** j'ai la garde = les enfants **dont** j'ai la garde

Lorsque l'antécédent est une personne, on peut remplacer *lequel* par *qui*, sauf avec la préposition *parmi* :
- la Canadienne **avec laquelle** je corresponds = la Canadienne **avec qui** je corresponds
- les gens **parmi lesquels** j'ai grandi et non *les gens parmi qui j'ai grandi

Lorsque l'antécédent est un complément de lieu, on peut remplacer *lequel* et la préposition qui le précède par *où* :
- l'appartement **dans lequel** je vis ➡ l'appartement **où** je vis

Pronoms

ⓘ *Lequel, auquel, duquel* peuvent être aussi :

✓ des pronoms interrogatifs :
- **Auquels** de ses collègues fait-elle vraiment confiance ?

✓ des adjectifs relatifs :
- *Il a écrit un roman historique,* **lequel** *roman s'est bien vendu.*

•• Pronoms relatifs indéfinis

Contrairement aux pronoms relatifs définis, les pronoms relatifs indéfinis n'ont pas d'antécédent. Les êtres ou choses auxquels ils réfèrent ne sont pas précisés.

Les pronoms relatifs indéfinis sont *qui, quiconque, quoi que* et *où que*.

qui

➥ Le pronom relatif indéfini *qui* est synonyme de *celui qui, celle qui, ceux qui, celles qui*. Il peut être sujet ou complément d'objet :
- ***Qui*** *vivra verra.*
- *Invite* ***qui*** *tu veux.*

➥ Avec *qui*, l'accord se fait à la 3ᵉ personne du masculin singulier :
- ***Qui vole*** *un œuf* ***vole*** *un bœuf.*
- ***Qui est éméché*** *ne* ***devrait*** *pas conduire.*

Les adjectifs et participes passés s'accordent au féminin uniquement lorsque *qui* fait clairement référence à une femme :
- ***Qui*** *a allaité son enfant est bien* ***placée*** *pour me comprendre.*

Pronoms

➼ En corrélation avec *que* et suivi du subjonctif, *qui* marque la concession :
- ***Qui que*** *vous soyez, vous devez fournir une autorisation.*

➼ *Qui* s'emploie également de façon neutre dans les expressions *qui plus est, qui mieux est, qui pis est, voilà qui* :
- *C'est une très jolie plante.* ***Qui plus est****, elle demande peu d'entretien.*
- ***Voilà qui*** *devrait vous plaire.*

ⓘ *Qui* peut s'employer avec un antécédent ; c'est alors un pronom relatif défini :
- *C'est une montre **qui** n'a jamais fonctionné.*
- *Demande à **qui** tu veux.*

Qui est aussi un pronom interrogatif :
- ***Qui*** *a fait ça ?*
- *Dis-moi **qui** a fait ça.*

quiconque

➼ *Quiconque* signifie « toute personne qui ». Il peut être sujet ou complément d'objet :
- ***Quiconque*** *a un peu voyagé sait cela.*
- *Ils auraient éliminé **quiconque** les eût gênés.*

➼ Avec *quiconque*, l'accord se fait à la 3e personne du masculin singulier :
- ***Quiconque*** *aime la bonne chère sera **comblé** à sa table.*

Les adjectifs et participes passés s'accordent au féminin uniquement lorsque *quiconque* fait clairement référence à une femme :
- ***Quiconque*** *a été **élue** reine de beauté connaît bien cette gloire.*

Pronoms

ⓘ *Quiconque* est aussi un pronom indéfini qui signifie « n'importe qui » ou « personne », et n'introduit pas de relative :
- *Il est aussi malin que **quiconque**.*
- *J'ai agi sans en faire part à **quiconque**.*

quoi que

➡ La locution pronominale *quoi que* signifie « quel que soit ce que » et a une valeur concessive. Elle est toujours suivie du subjonctif :
- ***Quoi que** je **fasse**, il trouve toujours à redire.*
- ***Quoi qu**'il en **soit**, c'est un grand champion.*

➡ *Quoi que ce soit* signifie « n'importe quoi », « tout » :
- *Si tu as besoin de **quoi que ce soit**, dis-le.*

⚠ Attention à ne pas confondre *quoi que* et la conjonction *quoique*, qui introduit :

✓ soit une proposition circonstancielle d'opposition ou de concession :
- *Il avait froid **quoiqu**'il fît grand soleil.*

✓ soit une objection :
- *C'est beau, **quoique** très cher.*

Contrairement à *quoi que*, *quoique* peut être remplacé par *bien que* :

- ***Quoi que** je dise, elle ne m'écoute pas* ➡ **bien que je dise, elle ne m'écoute pas*.

- ***Quoiqu**'il soit un bon écrivain, il fait beaucoup de fautes d'orthographe* ➡ ***Bien qu**'il soit un bon écrivain, il fait beaucoup de fautes d'orthographe.*

où que

◆◆ La locution pronominale *où que* signifie « en quelque lieu que ». Elle est toujours suivie du subjonctif :

- ***Où que** tu **sois**, tu sèmes toujours la pagaille.*
- *Nous l'accueillerons, d'**où qu**'il **vienne**.*

Adverbes

Les adverbes sont des mots invariables qui se joignent à des verbes, des adjectifs, des prépositions, des phrases ou d'autres adverbes pour en modifier ou en préciser le sens :

- *Il court **vite**.*
- *Elle est **extrêmement** intelligente.*
- *Il m'a répondu **très** gentiment.*
- *Nous arriverons **peu** avant 9 heures.*
- ***Malheureusement**, il ne reste plus de gâteau.*

◆◆ Les adverbes peuvent être constitués d'un seul mot (*assez, hier, ici, là, plutôt, sûrement…*), ou bien d'un groupe de mots appelé « locution adverbiale » (*à peu près, a posteriori, d'arrache-pied, tout à coup, à toute vitesse…*).

◆◆ Il existe différentes catégories d'adverbes :

✓ les adverbes de lieu : *ici, là, ailleurs, dessous…*

✓ les adverbes de temps et d'aspect : *aujourd'hui, demain, ensuite, souvent…*

✓ les adverbes de manière : *adroitement, gentiment, parfaitement, vite…*

✓ les adverbes de quantité ou d'intensité : *assez, encore, tellement, très…*

Adverbes

✓ les adverbes d'affirmation : *d'accord, certes, oui, si…*

✓ les adverbes de négation : *jamais, ne, non, pas du tout…*

✓ les adverbes modaux : *hélas, heureusement, peut-être, sans doute…*

✓ les adverbes de liaison : *cependant, de plus, donc, c'est-à-dire…*

✓ les adverbes exclamatifs : *combien, comme, que*

✓ les adverbes interrogatifs : *combien, comment, où, pourquoi…*

✓ les adverbes explétifs : *ne, bien, là, encore…*

Certains adverbes appartiennent à plusieurs de ces catégories.

➥ L'adverbe est le noyau du groupe adverbial, dont il est souvent l'unique élément :
- *Elle fait du sport **régulièrement**.*
- ***Aujourd'hui**, il fait beau.*

Mais le groupe adverbial peut aussi comporter :

✓ un ou plusieurs autres adverbes :
- *Il conduit **vraiment très prudemment**.*

✓ un groupe prépositionnel :
- *J'ai agi **conformément à ses instructions**.*

✓ une proposition subordonnée, à l'intérieur de certaines constructions :
- *Il a **tellement** ri **qu'il a mal au ventre**.*

ⓘ Certains adverbes peuvent être employés comme :

✓ adjectifs qualificatifs ; ils restent alors invariables :
- *des types **bien** ; les personnes **debout***

✓ noms communs ; ils varient parfois en nombre :

Adverbes

• peser **le pour** et **le contre** ; **les oui** d'un référendum ; assurer **ses arrières**

... Formation de l'adverbe

➡ Les adverbes sont d'origines assez diverses.

✓ Certains viennent du latin :
• *bien, hier, mordicus, non, plus, tant, stricto sensu*…

✓ D'autres sont des adjectifs employés adverbialement :
• *chanter* **faux**, *coûter* **cher**, *placer la barre* **haut**, *rire* **jaune**…

✓ La plupart sont formés à partir des adjectifs correspondants, auxquels on ajoute les suffixes *-ment*, *-amment* ou *-emment* :
• *tendre**ment**, cour**amment**, prud**emment*…

Adverbes en *-amment* et *-emment*

➡ On utilise la forme masculine des adjectifs en *-ant* et *-ent* pour former les adverbes correspondants :

✓ à partir des adjectifs qui se terminent par *-ant*, on forme des adverbes en *-amment* :
• *courant* ➡ *couramment*
• *élégant* ➡ *élégamment*
• *suffisant* ➡ *suffisamment*

✓ à partir des adjectifs qui se terminent par *-ent*, on forme des adverbes en *-emment* :
• *apparent* ➡ *apparemment*
• *évident* ➡ *évidemment*
• *innocent* ➡ *innocemment*

exceptions Lentement, présentement et véhémentement sont formés au moyen de la forme féminine des adjectifs

Adverbes

correspondants et du suffixe *-ment*.

Adverbes en *-ment*

❧ Les adverbes correspondant aux adjectifs qui ne se terminent pas par *-ant* ni par *-ent* sont généralement formés sur la forme féminine ou épicène de l'adjectif correspondant, à laquelle on ajoute le suffixe *-ment* :

- *complète* ➡ *complètement*
- *secrète* ➡ *secrètement*
- *féroce* ➡ *férocement*

⚠ Dans certains adverbes, le *e* final de l'adjectif féminin ou épicène prend un accent aigu :

- *confuse* ➡ *confusément*
- *énorme* ➡ *énormément*
- *uniforme* ➡ *uniformément*

❧ Cependant, les adverbes dérivés d'adjectifs en *-ai, -é, -i, -u* sont formés sur la forme masculine de l'adjectif :

- *vrai* ➡ *vraiment*
- *sacré* ➡ *sacrément*
- *étourdi* ➡ *étourdiment*
- *éperdu* ➡ *éperdument*

⚠ Les adverbes suivants prennent un accent circonflexe sur le *u* :

- *assidûment, congrûment, continûment, crûment, dûment, goulûment, incongrûment, indûment, nûment* (ou *nuement*).

📗 Les *Rectifications de l'orthographe de 1990* préconisent de supprimer l'accent circonflexe sur le *u*, sauf dans les mots *dû, jeûne, mûr* et *sûr*, où il a une valeur distinctive (par opposition avec les formes non accentuées *du, jeune, mur* et *sur*).

Ainsi les graphies *assidument, congrument, continument, crument, dument, goulument, incongrument, indument* et *nument* ne sont-elles plus considérées comme fautives.

➾ Quelques adverbes sont formés à partir d'un radical d'adjectif modifié, qui n'est ni celui du féminin, ni celui du masculin :
- *gentil, gentille* ➜ *gentiment*
- *impuni, impunie* ➜ *impunément*
- *bref, brève* ➜ *brièvement*

❶ Attention, tous les mots terminés par *-ment* ne sont pas des adverbes :
- *accouchement, recensement, clément…*

... Place de l'adverbe

➾ La place de l'adverbe est assez fluctuante et ne répond à aucune règle rigoureuse. Cependant, il y a quelques grandes tendances.

➾ Quand l'adverbe modifie le sens d'un adjectif qualificatif, il se place généralement devant cet adjectif :
- *C'est un **très grand** bonheur.*
- *Il a un équipement **particulièrement performant**.*

❶ Les adverbes qui modifient le sens d'un adjectif qualificatif sont surtout des adverbes d'intensité ou de quantité (*beaucoup, moins, peu, si, très…*).

➾ Quand l'adverbe modifie le sens d'un autre adverbe, il se place toujours devant cet adverbe :
- *Il travaille **beaucoup trop**.*

Adverbes

- *Nous avons **bien assez** mangé.*
- ***Très poliment**, il m'a répondu que je m'étais trompée d'adresse.*

→ Quand l'adverbe modifie le sens d'une phrase, il se place en début ou en fin de phrase :

- ***Heureusement**, un passant m'a indiqué le chemin.*
- *Nous sommes allés au restaurant **hier**.*

→ Quand l'adverbe modifie un verbe conjugué à un temps simple, il se place généralement après ce verbe :

- *Il **parle vite**.*
- *Elle m'**aidera de temps en temps**.*
- *Je l'**aimais énormément**.*

→ Quand l'adverbe modifie un verbe conjugué à un temps composé, il n'y a pas de règle absolue.

✓ Certains adverbes se placent après le participe passé, notamment les adverbes de temps et de lieu :

- *J'ai **habité ici**.*
- *Nous nous sommes **rencontrés hier**.*
- *Il a **conduit lentement**.*

✓ Certains adverbes se placent entre l'auxiliaire et le participe passé :

- *J'ai **tellement aimé** ce livre que je l'ai relu trois fois.*

✓ Mais beaucoup d'adverbes se placent indifféremment après le participe passé ou entre l'auxiliaire et le participe passé :

- *J'ai **longuement réfléchi**. J'ai **réfléchi longuement**.*
- *Nous nous sommes **souvent revus**. Nous nous sommes **revus souvent**.*

Adverbes

➼ Quand l'adverbe modifie un participe présent, il se place après lui :
- *Ignorant totalement les consignes de sécurité, il a escaladé la balustrade.*

Mais si ce participe présent est employé comme adjectif verbal, il se place avant lui :
- *Il est **totalement ignorant**.*

➼ L'adverbe *ne* précède toujours immédiatement le verbe :
- *Je **ne fais** jamais de fautes d'orthographe.*

... Accord de l'adverbe

➼ Les adverbes sont des mots invariables.

exceptions Quatre adjectifs employés comme adverbes font exception :

✓ *Grand* et *seul* s'accordent avec le nom auquel ils se rapportent :
- *La porte est **grande** ouverte.*
- ***Seuls** comptent les faits.*

✓ *Frais* et *large* s'accordent ou non avec le nom auquel ils se rapportent :
- *une étudiante **frais** émoulue ou **fraîche** émoulue*
- *des portes **large** ouvertes ou **larges** ouvertes*

exception L'adverbe *tout* s'accorde selon des règles complexes. Reportez-vous au chapitre correspondant.

... Types d'adverbes

.. Adverbes de lieu

Les adverbes de lieu répondent à la question « où ? »
- *Je travaille **ici**.*

Adverbes

- *Tu habites **loin**.*
- *Veuillez trouver **ci-contre** l'article que vous m'avez demandé.*

➡ Les principaux adverbes et locutions adverbiales de lieu sont : *ailleurs, alentour, après, arrière, au-dedans, au-dehors, autour, autre part, avant, céans, ci, ci-contre, contre, dedans, dehors, derrière, dessous, devant, en arrière, en avant, ici, infra, là, là-bas, là-dedans, loin, nulle part, où, partout, près, quelque part, sus, supra, y…*

➡ Certains adverbes de lieu peuvent s'employer au comparatif et au superlatif :

- *plus loin, aussi loin, moins loin*
- *le plus loin, le moins loin, très loin*

ⓘ Certains de ces adverbes sont également des prépositions ; ils sont alors suivis d'un complément :

- *Le jardin est **derrière**.* (adverbe)
- *Le jardin est **derrière la maison**.* (préposition)

ⓘ L'adverbe de lieu *où* est employé pour marquer l'interrogation. C'est pourquoi on le classe aussi dans la catégorie des adverbes interrogatifs :

- ***Où** es-tu ?*

Adverbes de temps et d'aspect

Les adverbes de temps répondent à la question « quand ? »

- *Je me reposerai **demain**.*
- *Il a neigé **tout à l'heure**.*

Les adverbes d'aspect indiquent la manière dont l'action exprimée par le verbe est envisagée dans sa durée, son

développement ou son achèvement :
- J'ai **longtemps** détesté cette maison.
- Nous allons **souvent** au restaurant.
- Nous avons dîné, **puis** nous sommes allés au cinéma.

↠ Les principaux adverbes et locutions adverbiales de temps et d'aspect sont : *alors, antérieurement, après, à présent, aujourd'hui, auparavant, aussitôt, autrefois, avant, bientôt, cependant, déjà, demain, depuis, derechef, désormais, enfin, ensuite, hier, jadis, jamais, longtemps, lors, maintenant, naguère, parfois, postérieurement, puis, quand, quelquefois, sitôt, soudain, souvent, sur ces entrefaites, sur-le-champ, tantôt, tard, tôt, toujours, tout à coup, tout à l'heure, tout de suite, ultérieurement…*

↠ Certains de ces adverbes peuvent s'employer au comparatif et au superlatif :
- *plus souvent, aussi souvent, moins souvent*
- *le plus souvent, le moins souvent, très souvent*

🛈 L'adverbe de temps *quand* est employé pour marquer l'interrogation. C'est pourquoi on le classe aussi dans la catégorie des adverbes interrogatifs :
- **Quand** viendras-tu ?

•• Adverbes de manière

Les adverbes de manière répondent aux questions « comment ? », « dans quel ordre ? » La plupart des adverbes en *-ment* appartiennent à cette catégorie :
- *Elle danse **bien**.*
- ***Premièrement**, tu n'as pas fait tes devoirs. **Deuxièmement**, tu m'as menti.*

Adverbes

➺ Les adverbes de manière sont les plus nombreux. En voici quelques-uns : *bien, brillamment, cahin-caha, complètement, dixièmement, élégamment, fidèlement, gentiment, gratis, innocemment, mal, mécaniquement, modérément, passionnément, premièrement, profondément, prudemment, visiblement, vite*…

➺ Les adverbes de manière modifient presque toujours un verbe :
- *Il **conduit vite**.*
- *Je lui **ai répondu poliment**.*

➺ Ils sont parfois suivis d'un complément introduit par *à* ou *de* :
- *Mes impôts augmentent **proportionnellement à** mes revenus.*
- *Vous feriez **bien de** partir.*

➺ Certains adverbes de manière peuvent s'employer au comparatif et au superlatif :
- *plus gentiment, moins gentiment, aussi gentiment*
- *le plus gentiment, le moins gentiment, très gentiment*

ⓘ L'adverbe de manière *comment* est employé pour marquer l'interrogation. C'est pourquoi on le classe aussi dans la catégorie des adverbes interrogatifs :
- ***Comment** as-tu fait ça ?*

Adverbes de quantité ou d'intensité

Les adverbes de quantité ou d'intensité, parfois appelés « adverbes de degré », répondent à la question « combien ? »
- *Il est **très** grand.*
- *J'ai **assez** mangé.*

Adverbes

❥ Les principaux adverbes et locutions adverbiales de quantité ou d'intensité sont : *à demi, à moitié, à peine, à peu près, assez, aussi, autant, beaucoup, bien, combien, comme, davantage, encore, énormément, entièrement, environ, force, guère, même, moins, moult, peu, plus, presque, quasi, que, quelque, si, tant, tellement, tout, très, trop…*

❥ Certains de ces adverbes peuvent se construire avec la préposition *de* suivie d'un nom. Ce nom porte la marque du pluriel s'il est dénombrable :

- *J'ai lu **beaucoup de livres**.*
- *Elle a **peu d'amis**.*

S'il est indénombrable, il reste au singulier :

- *Il y a **trop de beurre** dans ce plat.*
- *J'ai eu **moins de chance** que toi.*

❥ Les adverbes d'intensité *si*, *tant* et *tellement* peuvent se construire avec la conjonction *que* pour introduire un rapport causal :

- *Je suis **si** fatiguée **que** mes yeux se ferment tout seuls.*
- *Il est **tellement** heureux **qu'**il ne peut pas s'empêcher de sourire.*

❥ Certains adverbes de quantité servent à former les comparatifs et les superlatifs :

- *Il est **aussi** fort **que** son grand frère.*
- *C'est **la plus** maligne.*

Ils peuvent à eux seuls exprimer un degré de comparaison :

- *Elle sort **moins** depuis qu'elle travaille.*

ⓘ *Combien*, *comme* et *que* sont employés pour marquer

Adverbes

l'exclamation. C'est pourquoi on les classe aussi dans la catégorie des adverbes exclamatifs :
- *Si tu savais **combien** tu m'as manqué !*
- ***Comme** elle a changé !*
- ***Que** tu es bête !*

Combien est de plus un adverbe interrogatif :
- ***Combien** de sushis as-tu mangé ?*

tout

➡ *Tout* est le seul véritable adverbe qui ne soit pas toujours invariable.

➡ L'adverbe *tout*, qui signifie « tout à fait, entièrement », est invariable au masculin et devant les adjectifs féminins commençant par une voyelle ou par un *h* muet :
- *Ils sont **tout** nus.*
- *Elle a mangé la tarte **tout** entière.*
- *Elles sont **tout** hésitantes.*

➡ Il varie en genre et en nombre devant les adjectifs féminins commençant par une consonne ou un *h* aspiré :
- *La page est **toute** déchirée.*
- *Ce sont de **toutes** jeunes filles.*
- *Sa peau est **toute** hâlée.*

➡ Employé pour renforcer un nom, l'adverbe *tout* peut s'accorder avec ce nom selon les règles précédentes, ou bien rester invariable :
- *Il est **tout** douceur* ou *Il est **toute** douceur.*

tout autre

➡ Lorsque *tout autre* signifie « entièrement autre », *tout* reste invariable car c'est bien un adverbe qui modifie l'adjectif *autre* :

- *C'est **tout autre chose**.* (= c'est entièrement autre chose)

➡ Mais lorsque *tout autre* signifie « n'importe quel autre », *tout* s'accorde avec le nom ou le groupe nominal qu'il détermine, car c'est alors un adjectif :
- *Nous étudierons **toute autre proposition**.* (= n'importe quelle autre proposition, toute proposition autre)

tout à, tout de

➡ Devant les prépositions *à* et *de*, on accorde généralement *tout* avec le nom ou le pronom féminin singulier :
- ***Elle** est **toute à** son affaire.*
- ***une cérémonie toute de** sobriété et d'émotion*

➡ En revanche, *tout* est invariable lorsque le pronom ou le nom (masculin ou féminin) est au pluriel :
- ***Elles** sont **tout à** leur affaire.*
- ***des discours tout de** sobriété et d'émotion*

➡ Avec un nom de couleur, *tout de* est invariable :
- *Elles étaient **tout de noir** vêtues.*

tout en, tout contre

➡ Devant les prépositions *en* et *contre*, *tout* est invariable :
- *Je porte une chemise **tout en coton**.*
- *Elle dort **tout contre sa mère**.*

tout…que

➡ La locution concessive *tout…que* est normalement suivie de l'indicatif :
- ***Tout** puissant **qu**'il **est**, il ne la fera pas fléchir.*

Cependant, l'emploi du subjonctif est aujourd'hui courant :
- ***Tout** puissant **qu**'il **soit**, il ne la fera pas fléchir.*

Adverbes

❶ *Tout* peut aussi être :

- ✓ un adjectif indéfini :
  - ***Tout travail*** *mérite salaire.*
- ✓ un pronom indéfini :
  - ***Tout*** *est bon à prendre.*
- ✓ plus rarement, un nom :
  - *Le **tout**, c'est de commencer.*

•• Adverbes d'affirmation

Comme leur nom l'indique, les adverbes d'affirmation expriment l'affirmation, l'acquiescement :
- *As-tu ton permis de conduire ? – **Oui**.*
- *Ai-je bien fait de lui dire ? – **Absolument**.*
- *S'il te plaît, viens à cette soirée. – **Soit**, mais c'est seulement pour te faire plaisir.*

➦ Les principaux adverbes et locutions adverbiales d'affirmation sont : *d'accord, assurément, bien, bien sûr, certainement, certes, exactement, oui, parfaitement, précisément, si, sûrement, tout à fait, volontiers, vraiment…*

❶ On emploie *oui* pour répondre de façon positive à une interrogation non négative :
- *Aimes-tu le chocolat ? – **Oui**, j'aime le chocolat.*

On emploie *si* pour répondre de façon positive à une interrogation négative ou pour affirmer le contraire de la proposition négative qui précède :
- *N'aimes-tu pas le chocolat ? – **Si**, j'aime le chocolat.*
- *Elle n'a pas d'humour. **Si**, au contraire. Elle est très drôle quand on la connaît.*

Adverbes

•• Adverbes de négation

Comme leur nom l'indique, les adverbes de négation expriment la négation :
- *As-tu déjà vu une aurore boréale ? –* **Non**.
- *Je **n**'aime **pas** les endives.*
- *Je **ne** m'étais **nullement** trompé.*

➦ Les principaux adverbes et locutions adverbiales de négation sont : *aucunement, jamais, ne, nenni, non, nullement, pas, pas du tout, point.*

➦ Des adverbes dits « de restriction » (*uniquement, seulement, spécialement,* etc.) appartiennent à ce groupe.

🛈 La portée de la négation est parfois ambiguë à l'écrit.
- Ainsi, *je **ne** l'achète **pas** parce qu'il est rouge* peut signifier *je l'achète, mais pas parce qu'il est rouge* (mais parce que je le trouve joli par exemple) ou bien *je ne l'achète pas pour la raison qu'il est rouge et que je n'aime pas le rouge.*

À l'oral, une pause entre *pas* et *parce* sélectionnerait le second sens.

• non

➦ *Non* s'emploie pour répondre de manière négative à une phrase déclarative ou à une phrase interrogative :
- *Elle a deux frères. –* **Non**, *elle en a trois.*
- *Fais-tu du sport ? –* **Non**.
- *Ne vas-tu jamais au théâtre ? –* **Non**, *je n'y vais jamais.*

➦ On peut renforcer *non* :
  ✓ par répétition de la négation :
  - ***Non, non*** *et **non** ! Non **pas** !*

Adverbes

✓ par l'ajout d'un adverbe :
- ***Certes** non.*

✓ par l'ajout d'une conjonction :
- ***Mais** non ! **Que** non !*

✓ par l'ajout d'une interjection :
- ***Ah** non !*

➥ Employé devant un adjectif qualificatif, un nom, un participe ou un adverbe, et même devant certaines prépositions, *non* sert à exprimer le contraire de ces mots :
- *des données **non exploitables** ; une compétence **non acquise** ; **non loin** de chez moi ; **non sans mal***

⚠ On met un trait d'union entre *non* et le nom qui le suit, car on considère alors *non* comme un préfixe :
- *un **non-fumeur** ; un pacte de **non-agression** ; le **non-cumul** des mandats*

On ne met pas de trait d'union entre *non* et les autres types de mots (adjectifs, participes, adverbes, prépositions) :
- *un objet **non conforme** ; une maison **non vendue** ; se comporter **non innocemment***

Cependant, lorsqu'une forme « *non* + adjectif » est très employée et se lexicalise (c'est-à-dire qu'elle devient un mot à part entière, généralement attesté par les dictionnaires), on trouve parfois le trait d'union :
- *des militants **non-violents** ; les députés **non-inscrits***

• ne

➥ *Ne* est l'adverbe le plus courant pour marquer la négation. Il se combine la plupart du temps avec d'autres adverbes (*guère, jamais, pas, plus, point, rien…*) et avec des pronoms indéfinis (*aucun, nul, personne, rien*) :

Adverbes

- *Tu **ne** comprends **pas**.*
- *Je **n'**y crois **guère**.*
- *Il **n'**a **aucun** argument.*
- *Ils **ne** voyaient **rien**.*

➻ L'omission du *ne*, très courante à l'oral dans la langue familière, reste une faute dans la langue standard et à l'écrit :

- ***Je vois pas** de quoi tu parles.* (langue orale familière)
- ***Je ne vois pas** de quoi tu parles.* (langue standard, langue écrite)

⚠ La liaison entre le pronom *on* et une voyelle le suivant immédiatement fait souvent oublier le *ne* après ce pronom à l'écrit :

- ***On n'a pas** le temps* est souvent écrit **On a pas le temps.*

➻ *Ne* peut s'employer seul pour exprimer la négation :

✓ avant certains verbes tels que *cesser, pouvoir, oser,* surtout aux temps simples et suivis d'un infinitif :
- *Je **n'**ose le dire.*
- *Je **ne** cesse de vous le répéter.*
- *Si je **ne** m'abuse…*

✓ dans une subordonnée au subjonctif, après une proposition principale négative :
- ***Pas un** collègue **qui ne** fût au courant de sa mésaventure.*
- *Il **ne** peut sortir **sans que** sa mère **ne** s'inquiète.*

✓ après *il y a… que, voilà… que* :
- ***Il y a** plusieurs jours qu'il **ne** m'a téléphoné.*
- ***Voilà** bien longtemps **que** nous **ne** nous sommes vus.*

Adverbes

✓ devant *autre... que* ou *autre... sinon* encadrant un nom :
- *Il **n**'avait d'**autre** choix **que** celui-là.*
- *Elle **n**'a d'**autre** passion **sinon** le tango.*

✓ dans certaines tournures :
- ***N**'ayez crainte.*
- *Je **n**'en ai cure.*
- *C'est on **ne** peut mieux.*

•• Adverbes modaux

Les adverbes modaux, aussi appelés « adverbes de modalité » ou « adverbes de phrase », nous renseignent sur l'attitude de la personne qui s'exprime par rapport à son propre discours :
- ***Heureusement**, il ne s'est aperçu de rien.*
- *Je n'aurai **sans doute** pas le temps de t'aider.*
- ***Apparemment**, il n'a pas compris ma question.*
- *Cela prendra des mois, **voire** des années.*

➡ Les principaux adverbes et locutions adverbiales de modalité sont : hélas, heureusement, malheureusement, par bonheur, apparemment, par hasard, peut-être, possiblement, probablement, sans doute, voire, vraisemblablement...

➡ Les adverbes modaux ne se rapportent pas à un élément spécifique, mais à l'ensemble de la phrase. Ils peuvent donc se placer à différents endroits :
- ***Heureusement**, il n'y a eu aucun blessé !*
- *Il n'y a eu aucun blessé, **heureusement** !*
- *Il n'y a **heureusement** eu aucun blessé.*

Adverbes

•• Adverbes de liaison

Les adverbes de liaison établissent une relation logique entre deux phrases ou propositions : ils fonctionnent comme des conjonctions de coordination. On les appelle parfois « connecteurs ».

➥ Les adverbes de liaison peuvent exprimer :

✓ l'opposition, la concession ou la restriction (*cependant, en revanche, néanmoins, toutefois, par contre, seulement, nonobstant, n'en… pas moins, pour autant, pourtant, quand même, tout de même, toutefois, encore que*) :
- *Il joue beaucoup, **cependant** il ne gagne jamais.*
- *J'ai **seulement** deux enfants.*

✓ la cause ou la conséquence (*ainsi, aussi, de ce fait, donc, en conséquence, en effet, par conséquent, conséquemment, par suite, partant*) :
- *Il pleut, **donc** le pique-nique est annulé.*
- *On m'a proposé une grosse prime pour ce travail. **Aussi** l'ai-je accepté immédiatement.*

✓ l'addition (*de plus, en outre, par ailleurs, qui plus est*) :
- *Elle est très belle. **En outre**, elle est intelligente.*
- *Mon fils ne travaille pas assez en classe. **De plus**, il est insolent.*

✓ la reformulation (*autrement dit, c'est-à-dire, en d'autres termes*) :
- *Il a gagné trois millions d'euros à la loterie. **Autrement dit**, une fortune.*
- *J'ai rencontré un rajah, **c'est-à-dire** un prince indien.*

Adverbes

•• Adverbes exclamatifs

Les adverbes *combien*, *comme* et *que* s'emploient dans des phrases exclamatives :
- **Comme** il est beau !
- **Que** de temps perdu !
- Si vous saviez **combien** je l'aime !

➡ La langue orale utilise aussi les locutions familières *ce que* et *qu'est-ce que* :
- **Ce qu'**il fait froid !
- **Qu'est-ce que** tu as grandi !

ⓘ Les adverbes exclamatifs sont tous également des adverbes de quantité ou d'intensité.

Que et *combien* sont également des adverbes interrogatifs :
- **Que** fais-tu ?
- **Combien** a-t-il d'enfants ?

•• Adverbes interrogatifs

Les adverbes *combien*, *comment*, *où*, *pourquoi*, *quand* et *que* s'emploient dans des phrases interrogatives directes ou indirectes :
- **Comment** vas-tu ?
- **Que** faites-vous ici ?
- Je me demande **comment** il a fait.

ⓘ Les adverbes interrogatifs interrogent sur le temps, le lieu, la manière, la quantité, la cause. Certains d'entre eux appartiennent aussi à une autre catégorie d'adverbes :
- **Où** vas-tu ? (*Où* est un adverbe interrogatif et un adverbe de lieu.)

- ***Quand** viendras-tu ?* (Quand est un adverbe interrogatif et un adverbe de temps.)
- ***Combien** de sushis as-tu mangé ?* (Combien est un adverbe interrogatif et un adverbe de quantité.)
- ***Comment** as-tu fait ça ?* (Comment est un adverbe interrogatif et un adverbe de manière.)

Certains sont également des adverbes exclamatifs :
- ***Que** tu as changé !*
- ***Combien** cela m'ennuie !*

•• Adverbes explétifs

> On appelle « explétifs » les mots qui ne sont utilisés que pour renforcer ou atténuer l'expression.

➡ Les principaux adverbes explétifs sont les suivants : *ne, bien, donc, là, un peu, une fois* (belgicisme), *seulement, voir, déjà, encore*.

➡ Les adverbes explétifs peuvent être supprimés sans véritablement changer le sens de la phrase :
- *Je crains qu'elle **ne** m'en veuille.* ➡ *Je crains qu'elle m'en veuille.*
- *Devine **un peu** qui j'ai rencontré ?* ➡ *Devine qui j'ai rencontré ?*

ⓘ La plupart des explétifs sont d'un emploi un peu familier. Attention à ne pas en abuser !
- *Je vais t'attraper. – Essaie **seulement** !*
- *Répète **voir** ce que tu m'as dit !*
- *Comment s'appelle son prof, **déjà** ?*

• ne explétif

➡ L'adverbe *ne* est régulièrement utilisé sans avoir sa pleine

Adverbes

valeur négative et sans être rendu nécessaire par la syntaxe :

✓ après un comparatif d'infériorité ou de supériorité (*autrement, davantage, plus que, moins que, meilleur que, mieux que, pire que*, etc.) :
- *C'est **moins cher que** je **ne** le croyais.*
- *Il est **plus performant qu**'il **ne** le fut jamais.*

✓ dans des complétives introduites par :

➥ un verbe ou une expression exprimant la crainte, le doute ou la négation (*avoir peur, craindre, douter, désespérer, nier, disconvenir, nier*) :
- *J'ai bien **peur que** tout cela **ne** soit vrai.*
- *Parlez plus bas **de crainte qu**'on **ne** vous entende.*
- ***Nierez-vous qu**'il **ne** soit un grand compositeur ?*

Mais si le verbe est nié, le *ne* ne doit pas apparaître dans la proposition conjonctive :
- ***Je ne crains pas qu**'il parle* et non ****Je ne crains pas qu**'il **ne** parle*.

➥ un verbe exprimant l'empêchement, l'évitement (*empêcher, éviter, prendre garde à/de*) :
- *Il faut **empêcher qu**'il **ne** la découvre.*
- *Elle **évitait qu**'il **ne** la rencontrât.*

➥ les locutions *à moins que, sans que, peu s'en faut que, il ne tient à… que, il dépend de… que* :
- *Je le ferai, **à moins que** tu **ne** t'y opposes.*
- ***Peu s'en fallut qu**'il **ne** perdît sa place.*

✓ dans des circonstancielles de temps introduites par *avant que* :
- *Partez **avant que** l'orage **n**'éclate.*

⚠ Cet usage crée régulièrement des confusions, voire des contresens :

- *Je crains qu'il **ne** revienne* signifie la même chose que *Je crains qu'il revienne*.

Pour exprimer la négation, il faut donc utiliser *pas* dans la proposition conjonctive :

- *Je crains qu'il **ne** revienne **pas***.

Le *ne* explétif peut être supprimé pour éviter toute ambiguïté.

Prépositions

... Définition

Une préposition est un mot ou une locution invariable introduisant un complément.

➜ Les prépositions peuvent se présenter sous la forme d'un mot simple ou d'une locution. Les principales prépositions sont : *à, à cause de, après, au lieu de, avant, avec, chez, contre, dans, de, depuis, derrière, dès, devant, en, entre, envers, en vue de, étant donné, hors, jusque, malgré, outre, par, parmi, passé, pour, près de, quant à, sans, sauf, selon, sous, sur, vers, vis-à-vis de…*

➜ La préposition permet de marquer le rapport qui unit le complément au mot complété. Les compléments peuvent être de natures très diverses :

✓ complément du nom :
- *Les enfants **de** Sébastien sont très sages.*

✓ complément de l'adjectif :
- *Il est capable **de** tout.*

✓ complément de l'adverbe :
- *Nous avons agi conformément **à** ses instructions.*

Prépositions

✓ complément d'objet indirect :
- *Tu n'as pas pensé **à** elle.*

✓ complément d'agent :
- *J'ai été invité **par** la reine d'Angleterre.*

✓ complément circonstanciel de lieu :
- ***Par** quel chemin est-il passé ?*

✓ complément circonstanciel de manière :
- *J'ai coupé le pain **avec** un grand couteau.*

✓ complément circonstanciel de but :
- *Nous sommes allés à cette soirée **en vue de** nous faire de nouveaux amis.*

➥ La préposition est le noyau du groupe prépositionnel. Le groupe prépositionnel est constitué de la préposition et du complément qu'elle introduit :
- *Je dédie ce poème **à mon frère**.*
- *Il a fait ça **pour l'argent**.*
- *Regarde **devant toi** !*

❶ Selon qu'on utilise un verbe avec telle ou telle préposition, son sens peut être très différent :
- *Je **manque de** temps. Je **manque à** ma mère.*
- *Cela **correspond à** mes attentes. Je **corresponds avec** plusieurs personnes.*

Le dictionnaire renseigne sur ces différences de construction.

❶ Certaines prépositions sont également des adverbes lorsqu'elles sont employées sans complément :
- *Le jardin est **derrière la maison**.* (préposition)
- *Le jardin est **derrière**.* (adverbe)

... Emploi de quelques prépositions

.. à ou *de* ?

➡ Pour marquer la possession ou la relation, on hésite parfois entre l'emploi de la préposition *de* et celui de la préposition *à*.

➡ On emploie *de* lorsque le possesseur est désigné par un nom :

- *Je suis un ami **de Jean**.*
- *As-tu vu le vélo **de Léa** ?*
- *Ce sont les jouets **de mes enfants**.*

➡ On emploie *à* :

✓ lorsque la chose possédée est séparée de son possesseur par le verbe *être* :

- *Ces jouets sont **à mes enfants**.*
- *Ce vélo est **à Léa**.*

✓ lorsque le possesseur est désigné par un pronom :

- *Je suis un ami **à lui**.*
- *Est-ce que ce crayon est **à toi** ?*

ⓘ L'emploi de la préposition *à* est admis avec un nom dans les expressions toutes faites ou employées par plaisanterie :

- *un fils **à papa***
- *le toutou **à sa mémère***

.. parmi

➡ La préposition *parmi* signifie « dans, au milieu de ».

➡ De nos jours, *parmi* ne peut s'employer qu'avec un nom ou un pronom pluriel, ou bien avec un nom collectif :

- *Des maisons sont disséminées **parmi les arbres**.*

Prépositions

- *Nous souhaitons vous avoir bientôt **parmi nous**.*
- *C'est une solution **parmi d'autres**.*
- *Il s'est frayé un passage **parmi la foule**.*

➥ L'emploi de *parmi* avec un nom non collectif au singulier est vieilli :

- *Mais **parmi** ce plaisir quel chagrin me dévore !*
  (Britannicus, Racine)
- *Les yeux noirs, les cheveux noirs et le velours noir
  Vont contrastant, **parmi** l'or somptueux d'un soir*
  (César Borgia, Verlaine)

⚠ L'emploi du pronom *qui* avec *parmi* est fautif. Il faut employer *lesquels* ou *lesquelles* :

- *les gens **parmi lesquels** j'ai grandi* et non **les gens parmi qui j'ai grandi*

Préposition + activité commerciale ou raison sociale

➥ Pour introduire un complément de lieu désignant une activité commerciale, on hésite parfois entre l'emploi de la préposition *à* et celui de la préposition *chez*.

➥ Lorsque le complément de lieu est un inanimé, on emploie la préposition *à* :

- *Je vais **à la** boulangerie.*
- *Je vais **au** supermarché.*

➥ Lorsque le complément de lieu est un nom de personne, on emploie *chez* :

- *Je vais **chez** le boulanger.*
- *Je vais **chez** le coiffeur.*

➥ Selon cette règle, lorsque le complément est une raison sociale, on emploie *chez* devant un nom de famille et *à* dans

les autres cas :
- *aller **chez** Leclerc* ; ***chez** Armand Colin*
- *aller **à** Carrefour* ; ***aux** Presses de la Cité*

•• Préposition + nom de moyen de transport

◆ Pour introduire un nom de moyen de transport, on hésite parfois entre l'emploi de la préposition *à* et celui de la préposition *en*.

◆ Lorsque le moyen de transport est un véhicule dans lequel on peut entrer, on emploie toujours *en* :
- *Je me déplace **en voiture**.*
- *Traverseront-ils la Manche **en bateau** ?*
- *Elle préfère voyager **en train** plutôt qu'**en avion**.*

◆ Pour les moyens de transport sur lesquels on monte ou que l'on enfourche, la règle voudrait que l'on emploie la préposition *à* :
- *Je me déplace **à vélo**.*
- *Il va au travail **à moto**.*
- *Nous aimons les balades **à cheval**.*

◆ Cependant, cette règle est peu respectée. Bien que critiqué, l'emploi de *en* avec certains de ces noms de moyens de transport est aujourd'hui d'usage courant :
- *se promener **à vélo** ou **en vélo**,*
- *venir **à moto** ou **en moto**,*
- *descendre **à skis** ou **en skis**…*

Un certain nombre de noms de moyens de transport dans lesquels on ne peut pourtant pas entrer s'emploient même uniquement avec la préposition *en* :
- *se déplacer **en tandem** ; **en luge** ; **en traîneau**…*

Prépositions

•• Préposition + nom géographique

Pays, régions, provinces

➥ *En* précède immédiatement les noms de pays, régions et provinces féminins singuliers et masculins singuliers commençant par une voyelle ou un *h* muet :
- *Il a habité **en** Colombie-Britannique, puis **en** Alberta.*

➥ Devant les noms masculins singuliers commençant par une consonne ou un *h* aspiré, on emploie *au* :
- *Il travaille **au** Canada.*
- *Elle est née **au** Honduras.*

Départements

➥ Devant les noms de départements composés de deux termes coordonnés par *et*, la règle veut qu'on emploie la préposition *en* :
- ***en** Meurthe-et-Moselle*
- ***en** Loir-et-Cher*

➥ Devant les autres noms de départements, on emploie *en* ou *dans* selon l'usage :
- *habiter **dans** l'Aube, **dans** la Marne, **dans** le Morbihan, **dans** les Pyrénées-Atlantiques…*
- *vivre **en** Vendée, **en** Haute-Corse, **en** Seine-Saint-Denis…*

Îles

➥ *En* est utilisé avec les noms d'îles lorsque ceux-ci prennent l'article défini :
- *la Sicile* ➡ *Je pars **en** Sicile.*
- *la Martinique* ➡ *Ils vivent **en** Martinique.*

➥ Lorsqu'il n'y a pas d'article, on emploie *à* :
- *Majorque* ➡ *Nous irons **à** Majorque.*

- *Cuba* ➡ *Ils se rendaient **à** Cuba.*

exceptions On dit toutefois :
- *Il vit **à** la Réunion.*
- *Il vit **à** Haïti* ou *en Haïti.*

•• sans

➦ Le nom qui suit la préposition *sans* se met au singulier ou au pluriel selon le nombre de choses ou d'êtres habituellement présents :
- *une lettre **sans date*** (Il n'y a habituellement qu'une seule date dans une lettre.)
- *un jardin **sans fleurs*** (Il y a habituellement plusieurs fleurs dans un jardin.)

Dans de nombreux cas, on peut employer indifféremment le singulier ou le pluriel :
- *un couple **sans enfant(s)*** (On peut avoir un ou plusieurs enfants.)
- *un voyageur **sans bagage(s)*** (On peut avoir un ou plusieurs bagages.)

➦ Dans une coordination, *sans* peut être repris soit par *ni*, soit par *et sans* :
- *Il est sans famille **ni** amis* ou *Il est sans famille **et sans** amis.*

L'emploi de *ni sans* est archaïque.

Conjonctions

Les conjonctions sont des mots invariables qui servent à joindre deux mots, deux groupes de mots, deux propositions ou deux phrases.

Conjonctions

➡ Les conjonctions de **coordination** relient des éléments de même fonction :
- *Ton père **et** ta mère sont là.*
- ***Ni** lui **ni** moi n'étions au courant.*

➡ Les conjonctions de **subordination** relient des éléments de fonctions différentes, dont l'un au moins est une proposition :
- *J'espère **que** ton père est là.*
- *Vous feriez moins de fautes **si** vous révisiez votre grammaire.*

ⓘ Lorsqu'une conjonction est composée de plusieurs mots, on parle de « locution conjonctive ».

... Conjonctions de coordination

Les conjonctions de coordination, dites aussi « copulatives », relient des éléments de même fonction.

➡ Les conjonctions de coordination proprement dites sont *et, car, donc, mais, ni, or* et *ou*.

💡 La phrase *Mais où est donc Ornicar ?* contient, à l'oral, toutes ces conjonctions *(mais, ou, et, donc, or, ni, car)*. Attention toutefois à l'orthographe qui diffère !

➡ De nombreux adverbes (dits « adverbes de liaison ») et locutions peuvent jouer le rôle de coordonnants et certaines grammaires les classent parmi les conjonctions de coordination. Par exemple : *à savoir, au contraire, ainsi, alors, aussi, bref, c'est-à-dire, c'est pourquoi, cependant, d'ailleurs, de plus, du moins, du reste, en effet, en outre, en somme, en revanche, enfin, ensuite, id est, même, néanmoins, non seulement… mais encore, par conséquent, par suite, partant, pourtant, puis, seulement, sinon, soit… soit, tantôt, toutefois…*

Conjonctions

•• Emplois

•◆ Une conjonction de coordination peut relier :

  ✓ deux mots ou deux groupes de mots de même fonction :
   • **Mon mari et moi** allons souvent au restaurant. (fonction sujet)
   • J'ai invité **Julia et sa sœur**. (fonction complément d'objet direct)
   • Il est **petit mais très costaud**. (fonction attribut)

  ✓ deux phrases ou deux propositions de même fonction :
   • **Il n'a pas aimé** son discours **mais elle ne lui en a pas** voulu. (propositions indépendantes)
   • J'espère **qu**'il fera chaud **et qu**'il ne pleuvra pas. (propositions subordonnées complétives)

•◆ Deux termes coordonnés peuvent avoir un complément commun :
 • Je **vends ou donne** mes vieux livres.

•◆ On peut employer certaines conjonctions de coordination dans des constructions symétriques :
 • Il ne mange **ni** viande **ni** poisson.
 • **Ou** c'est lui **ou** c'est moi.

⚠ Il est incorrect de coordonner des éléments de fonctions différentes :
 • *Il a fait beau et pendant tout l'été. (proposition indépendante et complément circonstanciel de temps).
 • *J'irai en Chine **quand** j'aurai assez d'argent **et afin de** voir la Grande Muraille. (complément circonstanciel de temps et complément circonstanciel de but)

Bien maîtrisé, ce type de coordination peut toutefois être utilisé pour provoquer un effet de style.

Conjonctions

•• Sens

•• Les conjonctions de coordination peuvent marquer :

✓ l'union : *et*
- *Louise **et** Stéphane sont venus.*
- *J'ai acheté du pain **et** du fromage.*
- *Elle est sortie **et** elle a marché plusieurs heures.*

✓ l'alternative : *ou, ou bien, ou… ou, soit… soit, tantôt… tantôt*
- *C'est fromage **ou** dessert.*
- *Il m'a dit qu'il m'écrirait **ou** qu'il me téléphonerait.*

✓ la négation : *ni*
- ***Ni** lui **ni** elle n'étaient présents.*
- *Il ne fume **ni** ne boit.*

✓ l'opposition : *mais, or*
- *Elle est sévère **mais** juste.*
- *Vous croyez avoir raison, **or** vous n'avez rien prouvé.*

✓ la causalité : *car*
- *Nous irons très vite, **car** nous avons peu de temps.*

✓ la conséquence : *donc*
- *Je l'ai promis, **donc** je le ferai.*

❶ Une même conjonction de coordination peut exprimer des nuances de sens différentes. Par exemple, *mais* peut introduire :

✓ une opposition :
- *Ce n'est pas ma faute, **mais** la tienne !*

✓ une précision :
- *Il n'est pas beau, **mais** il a du charme.*

Conjonctions

✓ une objection :
- *D'accord, **mais** à une condition.*

•• ni

➻ *Ni* est presque toujours accompagné de *ne* :
- *Je **ne** connais **ni** Antoine, **ni** Simon.*

exceptions Il s'emploie sans *ne* :

✓ dans les propositions sans verbe :
- *Quand viendrez-vous ? – **Ni ce soir ni demain**.*

✓ après *sans* ou *sans que* :
- *Je bois mon thé **sans** sucre **ni** lait.*
- *Il n'y a pas un jour **sans qu**'il pleurniche **ni** se plaigne.*

✓ avec un comparatif d'égalité :
- *Patience et longueur de temps
Font **plus que** force **ni que** rage.* (La Fontaine)

➻ Contrairement à *ou* et *et*, *ni* est généralement repris devant chacun des termes :
- *Il n'est **ni** beau, **ni** drôle, **ni** intelligent.*

exceptions *Ni* n'est pas répété :

✓ lorsqu'il est précédé d'un autre élément de négation (*sans, jamais, pas, rien…*) :
- *Ils sont arrivés **sans** tambour **ni** trompette.*
- *Elle n'a **jamais** vu la mer **ni** l'océan.*
- *Je ne crois **pas** qu'on le reverra **ni** qu'on en entendra parler.*
- *Nous n'avons **rien** vu **ni** entendu.*

✓ lorsqu'il coordonne deux propositions négatives :
- *Je **ne** ris **ni ne** pleure.*

Conjonctions

L'emploi de *ni* seul dans les autres cas appartient au registre littéraire :
- *Les critiques **ni** les obstacles ne l'arrêteront.*

ⓘ On ne met de virgule entre les éléments séparés par *ni* que s'ils sont au moins trois :
- *Il n'est **ni** beau, **ni** drôle, **ni** intelligent.*

On ne met pas de virgule s'il n'y a que deux *ni*, à moins qu'ils n'introduisent des termes d'une certaine longueur :
- *Il n'est **ni** beau **ni** intelligent.*
- Mais : *Je constate que **ni** les remontrances de ton père, **ni** l'intervention de ton professeur ne t'ont fait changer de comportement.*

Lorsqu'il n'y a qu'un seul *ni* dans la phrase, on peut mettre une virgule si l'on veut insister sur ce qu'il introduit :
- *Il n'est pas très entreprenant, **ni** courageux !*

... Conjonctions de subordination

Les conjonctions de subordination relient une proposition subordonnée à une proposition principale ou à une autre proposition subordonnée. Elles établissent un rapport de dépendance (subordination) entre deux propositions :
- *Je pense **que** vous serez bientôt riches.*
- *Préviens-moi **lorsque** tu auras des nouvelles.*
- ***Puisque** nous sommes au complet, nous pouvons commencer.*
- *Il faut **que** tu manges davantage **si** tu veux prendre du poids.*

➡ Les conjonctions de subordination simples sont *comme, lorsque, puisque, quand, que, quoique, si* et *sinon*.

Conjonctions

⚠ *Lorsque*, *puisque* et *quoique* s'élident uniquement devant *à*, *il(s)*, *elle(s)*, *en*, *on*, *un(e)* :
- *On se sent bien **lorsqu'on** mange du chocolat.*
- *J'irai au Québec en septembre, **puisqu'en** juillet les billets sont trop chers.*
- ***Quoiqu'elle** soit gentille, elle m'est antipathique.*
- ***Lorsqu'une** femme lui adresse la parole, il rougit jusqu'aux oreilles.*

Ils ne s'élident pas devant les autres mots :
- *Je n'irai pas voir ce film, **puisque Édouard** me l'a déconseillé.*
- ***Quoique intelligent**, il n'aime pas l'école.*

➡ Il existe aussi de nombreuses locutions conjonctives, presque toutes formées avec la conjonction *que* : *au cas où, au moment où, à chaque fois que, à condition que, afin que, ainsi que, à la différence que, à mesure que, alors que, à présent que, après que, attendu que, aussitôt que, avant que, bien que, d'aussi loin que, d'autant (plus) que, de crainte que, de même que, de peur que, depuis que, depuis le temps que, dès lors que, de (telle) sorte que, dès que, du moment que, encore que, en attendant que, étant donné que, excepté que, jusqu'à ce que, lors que, maintenant que, malgré que, ne… pas plus tôt… que, outre que, parce que, pendant que, pour peu que, pour que, pourvu que, sans que, selon que, si bien que, sitôt que, suivant que, tandis que, vu que…*

●● Emplois

➡ Les propositions introduites par des conjonctions de subordination sont appelées « propositions subordonnées conjonctives ».

Conjonctions

➡ Les conjonctions introduisent des propositions subordonnées circonstancielles :

✓ de temps *(comme, lorsque, quand, après que, avant que, aussitôt que…)*
- *Nous sommes arrivés **comme** il partait.*
- *Préviens-moi **lorsque** tu seras prêt.*
- *Viens **quand** tu veux.*
- *J'étais **à peine** arrivé **qu'**il m'a fallu partir.*

✓ de but *(afin que, pour que, de peur que, de (telle) sorte que…)*
- *Parle plus fort **afin qu'**on puisse t'entendre.*
- *Je l'ai enfermé à clé, **de peur qu'**il ne se sauve.*
- *Venez me rendre visite **pour que** nous en discutions.*

✓ de condition *(si, à condition que, dans la mesure où…)*
- *Entraîne-toi **si** tu veux le battre.*
- *Je te prête ma voiture **à condition que** tu fasses très attention.*

✓ de concession ou d'opposition *(quoique, bien que, encore que, alors que…)*
- *J'accepte, **quoique** rien ne m'y contraigne.*
- *Il a mis un pull **alors qu'**il fait beau.*

✓ de cause *(comme, étant donné que, parce que, du fait que…)*
- ***Comme** elle arrive demain, il faut préparer une chambre.*
- *Je l'ai fait **parce que** tu me l'avais demandé.*

✓ de manière *(comme, ainsi que…)*
- *Je les ai prévenus par téléphone, **comme** tu me l'avais demandé.*

✓ de conséquence *(au point que, tellement... que...)*

• *Elle a **tellement** souffert **qu**'elle ne veut plus recommencer.*

✓ de comparaison *(autant... que, plus... que, suivant que...)*

• *Il a **autant** d'énergie **qu**'il y a vingt ans.*

• *Ce travail lui a demandé **plus** de temps **que** je ne le pensais.*

⚠ L'emploi de la locution conjonctive *malgré que* comme synonyme de *bien que* est courant mais reste critiqué. Il est donc préférable d'écrire :

• ***Bien qu**'il ait déjà mangé, il a encore faim* plutôt que ***Malgré qu**'il ait déjà mangé, il a encore faim.*

En revanche, l'emploi de *malgré que* est tout à fait admis dans la locution littéraire *malgré que j'en aie*, qui signifie « malgré mes réticences ».

➦ *Que, à ce que, de ce que* introduisent des propositions subordonnées complétives :

• *Je crois **que** tu en es capable.*

• *Jean veille **à ce que** tout soit parfait.*

• *Je suis content **de ce que** j'ai fait.*

➦ Certaines conjonctions de subordination régissent l'emploi du subjonctif. C'est le cas :

✓ des conjonctions exprimant le but

• *J'ai déplacé la réunion **pour que** tout le monde **puisse** y assister.*

• *Approche **que** je t'**entende** mieux.*

✓ des conjonctions exprimant la cause négative *(ce n'est pas que, non (pas) que...)*

Conjonctions

- *Ce n'est pas qu'il soit beau, mais il a du charme.*

✓ des conjonctions exprimant la condition composées avec *que* (*à condition que, pourvu que, pour peu que…*)
- *Je te le prête, **à condition que** tu me le **rendes**.*
- *Je ne dirai rien, **pourvu qu'**on ne me **fasse** pas de mal.*

✓ des conjonctions de conséquence (*assez pour que, trop (peu) pour que, suffisamment pour que, sans que*)
- *Il est **trop** tard **pour que** nous **puissions** agir.*
- *Il est entré **sans que** je le **voie**.*

✓ des conjonctions de concession ou d'opposition (*bien que, malgré que, quoique*)
- *J'accepte, **bien que** rien ne m'y **contraigne**.*
- *Nous attendrons, **quoique** nous **soyons** impatients.*

➠ Dans les propositions subordonnées conjonctives de temps, le verbe de la subordonnée est à l'indicatif si l'action de la principale se passe en même temps ou après celle de la subordonnée :
- ***Pendant que** je lui **parlais**, il continuait de jouer.*
- ***Une fois que** tu **auras compris**, ce sera facile.*

Il est au subjonctif si l'action de la principale se passe avant celle de la subordonnée :
- *Elle va me harceler **jusqu'à ce que** je lui **dise** oui.*

⚠ La règle veut que *après que* soit suivi de l'indicatif, comme toutes les autres conjonctions et locutions conjonctives indiquant la postériorité de l'action de la principale par rapport à l'action de la subordonnée :
- ***Après qu'**il **est** parti, j'ai pu commencer à travailler.*

Cependant, l'emploi du subjonctif, par analogie avec la construction *avant que*, est de loin le plus courant dans

Conjonctions

l'usage. Bien que toujours critiqué par les puristes, il est de mieux en mieux accepté :
- *Après qu'il soit parti, j'ai pu commencer à travailler.*

➥ Les locutions conjonctives *alors même que, quand, quand bien même* et *au cas où* sont suivies du conditionnel :
- *Je le ferai, quand (bien même) on tenterait de m'en empêcher.*
- *Emportez des gâteaux, au cas où vous auriez faim.*

ⓘ Certaines conjonctions comme *encore que, de (telle) sorte que, d'aussi loin que, du plus loin que*, peuvent être suivies de l'indicatif ou du subjonctif :

✓ indicatif si ce qu'exprime la subordonnée ne fait pas de doute :
- *Nous sommes venus, encore que notre présence n'était pas utile.*
- *Il n'est pas aimable, de sorte que personne ne veut avoir affaire à lui.*
- *D'aussi loin qu'il l'a aperçu, il a pris ses jambes à son cou.*

✓ subjonctif si ce qui est énoncé n'est pas tout à fait certain :
- *Nous l'aiderons, encore que cela puisse nous être reproché.*
- *Articulez, de sorte que l'on vous comprenne bien.*
- *D'aussi loin que je m'en souvienne, j'ai toujours eu peur des araignées.*

que

➥ *Que* est la conjonction de subordination la plus fréquente :
- *J'aimerais que vous me souteniez.*

Conjonctions

- *Crois-tu **qu**'il va neiger ?*

➡ Elle a la particularité de pouvoir remplacer une autre conjonction dont on veut éviter la répétition :

- ***Quand** la nuit tomba et **que** l'orage gronda…*
(= Quand la nuit tomba et quand l'orage gronda…)

- ***Si** nous cassons quelque chose et **qu**'elle s'en aperçoit…*
(= Si nous cassons quelque chose et si elle s'en aperçoit…)

➡ Dans une comparaison, *que* ne peut être employé qu'une seule fois bien que la logique syntaxique exigerait la répétition :

- *Je ne demande pas mieux **qu**'il réussisse* et non *Je ne demande pas mieux que qu'il réussisse.

Quand les termes d'une comparaison sont des verbes à l'infinitif, l'emploi de la préposition *de* après *que* est facultatif :

- *Il vaut mieux partir **que** d'attendre encore* ou *Il vaut mieux partir **qu**'attendre encore.*

❶ Outre une conjonction de subordination, *que* peut être aussi :

✓ un pronom relatif :
- *La table **que** tu as achetée est pratique.*

✓ un pronom interrogatif :
- ***Que** voulez-vous ? Il ne sait **que** dire.*

✓ un adverbe interrogatif :
- ***Que** m'importe son opinion ?*

✓ un adverbe exclamatif :
- ***Que** vous êtes bavards !*

Interjections

Une interjection est un mot pouvant être employé isolément pour traduire, sous la forme d'une exclamation ou d'une interrogation, un sentiment vif et soudain :
- *Aïe !*
- *Ah ! c'était donc ça !*
- *Voyons, reprends-toi !*
- *Ciel ! mon mari !*
- *Hein ? qu'est-ce que tu dis ?*

➡ Les interjections sont nombreuses. En voici quelques exemples : *ah ! aïe ! allô ! bah ! basta ! bigre ! bis ! bof ! bravo ! enfin ! eh ! euh ! fi ! ha ! hein ? hep ! heu ! hi ! ho ! hop ! hourra ! hum ! miam-miam ! ô ! oh ! ohé ! pouah ! ras-le-bol ! stop ! youpi ! zut !*

➡ Les interjections sont parfois des noms, des adjectifs, des adverbes ou des verbes à l'impératif ayant changé de catégorie grammaticale :

✓ noms :
- *attention ! ciel ! félicitations ! malheur ! minute ! silence !*

✓ adjectifs :
- *bon ! chouette ! mince !*

✓ adverbes :
- *arrière ! assez ! bien ! debout ! encore !*

✓ verbes :
- *allons ! soit ! suffit ! vive ! voyons !*

➡ L'interjection peut être composée de plusieurs mots. On parle alors de « locution interjective » : *à la bonne heure ! bon sang ! chapeau bas ! la barbe ! nom d'une pipe ! par exemple !*

Interjections

❶ Les jurons appartiennent à la catégorie des interjections : *bigre ! fichtre ! morbleu ! nom d'une pipe ! parbleu ! saperlipopette !*

Les onomatopées, mots qui imitent des bruits, sont parfois elles aussi considérées comme des interjections : *atchoum ! boum ! cric-crac ! cui-cui ! ding ! meuh ! pan ! patatras ! plouf ! tic-tac !*

➡ Les interjections sont des mots invariables.

exception L'interjection *vive*, dérivée du verbe *vivre*, peut s'accorder avec un nom au pluriel :
- *Vive la mariée !* ➡ **Vivent** *les mariés !*

Cependant, on emploie généralement la forme *vive* au singulier comme au pluriel :
- *Vive la mariée !* ➡ *Vive les mariés !*

Sens

➡ Les interjections servent à exprimer des sentiments très variés, par exemple :

- ✓ l'admiration : *oh ! chapeau ! waouh !*
- ✓ la déception : *mince ! zut !*
- ✓ le dégoût : *berk ! pouah !*
- ✓ la défiance : *taratata ! ta, ta, ta ! tss-tss !*
- ✓ la douleur : *aïe ! hélas ! malheur !*
- ✓ le doute : *hum ! mouais !*
- ✓ l'enthousiasme : *youpi ! chouette !*
- ✓ l'encouragement : *courage ! allez !*
- ✓ l'indifférence : *bah ! bof !*
- ✓ l'injonction : *chut ! silence ! assez !*

✓ l'interrogation : *hein ? quoi ?*

✓ la surprise : *ça alors ! juste ciel !*

ⓘ Une même interjection peut prendre différents sens, selon l'intonation avec laquelle on la prononce.

Emploi

➦ Les interjections n'ont aucune fonction grammaticale. Elles donnent simplement du relief à la phrase. Elles s'emploient principalement à l'oral ou, à l'écrit, dans les transcriptions de phrases orales.

➦ Une interjection peut s'employer :

✓ seule ; c'est alors un mot-phrase :
- ***Silence ! Aïe ! La barbe !***

✓ au début, à la fin ou à l'intérieur d'une phrase ; elle est alors détachée du reste de la phrase par des signes de ponctuation :
- ***Hélas !*** *ce n'est que trop vrai !*
- *Ce n'est,* ***hélas****, que trop vrai !*
- *Ce n'est que trop vrai,* ***hélas*** *!*

➦ Certaines interjections peuvent se construire avec un complément :
- *Vive* ***les vacances*** *!*
- *Bravo* ***à toi*** *!*

⚠ Une interjection est généralement suivie d'un point d'exclamation ou d'un point d'interrogation :
- *Youpi !*
- *Ça alors !*
- *Hein ?*

Interjections

Le point d'exclamation ou d'interrogation peut se trouver en fin de phrase seulement ; l'interjection est alors suivie d'une virgule :
- **Oh là là**, quel désordre !
- **Hein**, qu'est-ce qui se passe ?

Si la phrase continue après l'interjection suivie d'un point d'exclamation ou d'interrogation, le mot qui suit s'écrit avec une minuscule :
- **Ah !** ah !
- **Ah !** quelle belle journée !
- **Quoi ?** il ne t'a rien dit ?

FONCTIONS DES MOTS

Fonctions des mots

Introduction

La fonction d'un mot ou d'un groupe de mots correspond au rôle qu'il joue dans la phrase par rapport à un autre mot ou groupe de mots. Cette fonction varie selon le sens de la phrase et la place du mot dans la phrase. Ainsi :

- ✓ *le facteur* est sujet dans *Le facteur est passé.*
- ✓ *le facteur* est complément d'objet direct dans *J'ai vu le facteur.*
- ✓ *facteur* est attribut dans *Il veut devenir facteur.*

➡ Il existe huit fonctions :
- ✓ sujet,
- ✓ complément d'objet (direct, indirect, second),
- ✓ complément circonstanciel,
- ✓ complément d'agent,
- ✓ complément du nom,
- ✓ attribut (du sujet ou du complément d'objet direct),
- ✓ épithète,
- ✓ apposition.

Selon sa nature grammaticale, un mot pourra ou non occuper telle ou telle fonction.

ⓘ Il est important de savoir reconnaître la fonction d'un mot ou d'un groupe de mots pour lui appliquer correctement les règles d'accord qui le concernent.

- Par exemple, dans la phrase *Les amis de Jean **arrivent** lundi*, le verbe doit être accordé avec le sujet *les amis de Jean* et non pas avec *Jean*, qui est complément du nom.

Sujet

Le « sujet » est une fonction qui se définit par rapport au verbe de la phrase. Il représente l'être ou la chose dont on parle.

➥ Le sujet est le plus souvent :

✓ un nom ou un groupe nominal :
- ***Aurélie*** *est arrivée.*
- ***Son nouveau roman*** *est passionnant.*

✓ un pronom :
- ***Nous*** *partons en vacances.*
- ***Celui-ci*** *est superbe.*

Plus rarement, le sujet peut être :

✓ un verbe à l'infinitif :
- ***Rire*** *fait du bien.*

✓ une proposition subordonnée relative (notamment dans les proverbes et les dictons) :
- ***Qui veut voyager loin*** *ménage sa monture.*

✓ un adverbe de quantité :
- ***Beaucoup*** *le lui ont reproché.*

📍 Pour identifier le sujet, il suffit de poser la question *Qui est-ce qui…?* ou *Qu'est-ce qui…?*
- *Alexis arrive.*
- ➡ *Qui est-ce qui arrive ?* ***Alexis****.*
- *Ces fraises sont insipides.*
- ➡ *Qu'est-ce qui est insipide ?* ***Ces fraises****.*

➥ Le sujet peut toujours être remplacé par un pronom personnel — le plus souvent *il(s)* ou *elle(s)* — ou par le pronom démonstratif *cela*.

... Fonction du sujet

Le sujet commande l'accord du verbe en personne (1re, 2e ou 3e personne), en genre (masculin ou féminin) et en nombre (singulier ou pluriel).

➡ On dit traditionnellement que le sujet est celui qui « fait l'action ». Cela est généralement vrai lorsque le verbe est à la voix active ou à la forme pronominale réfléchie ou réciproque :
- **J'**ai acheté une maison.
- **Elle** se brosse les dents.
- **Ils** se sont battus.

➡ Cependant, lorsque le verbe est à la voix passive ou à la forme pronominale passive, le sujet « subit l'action » :
- **L'incendie** a été circonscrit par les pompiers.
- **La maison** s'est construite en trois mois.

➡ De même, certains verbes à la forme active ont de fait un sens passif ou abstrait :
- **Il** semblait anéanti.
- **Elle** a reçu une claque.
- **J'**ai peur qu'**il** ne soit trop tard.

... Place du sujet

➡ Le sujet est généralement placé avant le verbe :
- **Je** vais à la piscine.

➡ Lorsqu'il est placé après le verbe, on dit qu'il est « inversé ». Cela se produit dans plusieurs cas :

✓ dans les phrases interrogatives :
- Sortez-**vous** ce soir ?
- A-t-**il** aimé le spectacle ?

> **ℹ** Le nom sujet peut être repris après le verbe par un pronom :
> - *Où les chiens sont-**ils** attachés ?*

✓ dans certaines phrases exclamatives :
- *Est-**il** sot !*

✓ dans une proposition qui suit le discours direct, où il indique la personne qui parle :
- *« Jamais de la vie ! » dit-**il**.*
- *« Attendez-moi ! » cria-t-**elle**.*

✓ dans des phrases commençant par des compléments circonstanciels ou des adverbes, l'inversion du sujet est un tour littéraire qui permet sa mise en relief :
- *Au bord du lac vivait **un pauvre pêcheur**.*

✓ dans une phrase qui commence par un adverbe d'opinion :
- ***Peut-être** a-t-**il** eu raison de ne pas venir.*
- ***Sans doute** est-**il** trop fier pour le faire.*

⚠ On notera que le pronom inversé est relié au verbe par un trait d'union :
- *Aimes-**tu** les romans policiers ?*

Lorsque le verbe se termine par une voyelle et qu'il est suivi d'un pronom commençant par une voyelle, un *t* dit « euphonique » est placé entre deux traits d'union pour éviter le hiatus :
- *Prendra-t-**il** le bus ?*

... Sujet réel, sujet apparent

➡ Certains verbes employés à la forme impersonnelle ont deux sujets :

✓ un sujet dit « apparent » ou « grammatical » : c'est celui qui régit le verbe et il s'agit généralement du pronom neutre *il*.

✓ un sujet dit « réel » ou « logique » : c'est le mot ou le groupe de mots qui suit le verbe.
- *Il est arrivé **un malheur***. (= un malheur est arrivé)
- *Il reste **trois candidats***. (= trois candidats restent)
- *Il sera facile de **le convaincre***. (= le convaincre sera facile)

... Redoublement et omission du sujet

➻ Dans certains cas, le sujet peut être redoublé par un pronom personnel ou démonstratif (avant ou après le sujet).

✓ Dans les interrogations avec inversion du sujet et du verbe, ce redoublement est obligatoire et n'a pas de valeur particulière :
- *Pourquoi **ton frère** ne vient-**il** pas ?*
- *Comment **son chien** s'est-**il** échappé ?*

✓ Dans les autres constructions, cela permet de mettre en valeur le sujet :
- ***Elle** est insupportable, **sa fille** !*
- ***Ne rien faire**, **ce** serait honteux.*
- ***C'**est étonnant, **ce laisser-aller**.*

➻ À l'inverse, le sujet n'est pas nécessairement exprimé.

✓ Il est rare à l'impératif :
- *Lève-toi immédiatement !*
- *Ne courez pas !*

✓ Il est régulièrement omis pour éviter une répétition :
- *Elle vous remercie et vous embrasse.*

- *Paul et Maud achètent et vendent beaucoup sur Internet.*

Complément d'objet direct (COD)

Le complément d'objet direct (COD) est un mot ou un groupe de mots qui complète un verbe transitif direct. À la différence du complément d'objet indirect, il n'est pas introduit par une préposition.

➡ Le COD peut être :

✓ un nom ou un groupe nominal :
- *J'adore **Wagner**.*
- *Il a rencontré **sa femme** à l'université.*
- *Nous avons perdu **le match qu'il ne fallait pas perdre**.*

✓ un pronom :
- *Appelle-**la**.*
- *Ils **se** sont contactés.*
- ***Qui** cherches-tu ?*
- *Le melon **que** j'ai acheté est pourri.*

✓ un infinitif ou un groupe infinitif :
- *Ils veulent **chanter**.*
- *Je déteste **être en retard**.*

✓ une proposition :
- *Je veux **qu'ils partent**.*
- *Prends **ce que tu veux**.*

💡 Pour identifier un COD, on peut poser les questions *Qui (est-ce que) ?*, *Que ?* ou *Qu'est-ce que ?* :
- *Il emmène **son fils** à l'école.*

Complément d'objet direct (COD)

➡ *Qui est-ce qu'il emmène à l'école ?* ou *Qui emmène-t-il à l'école ? Son fils.*

• *La clientèle apprécie **la qualité du service***
➡ *Qu'est-ce que la clientèle apprécie ?* ou *Qu'apprécie la clientèle ? La qualité du service.*

❖ On peut remplacer le COD par un pronom personnel :
• *Ils ont ouvert **leur restaurant** hier.* ➡ *Ils **l**'ont ouvert hier.*
• *Je veux **qu'ils partent**.* ➡ *Je **le** veux.*

❖ On peut remplacer le COD par le pronom *en* lorsqu'il débute par un article partitif ou indéfini :
• *J'ai déjà mangé **du requin**.* ➡ *J'**en** ai déjà mangé.*
• *Je prendrai **une glace**.* ➡ *J'**en** prendrai une.*

••• Fonction du COD

Le COD représente l'être ou la chose qui « subit » l'action exprimée par le verbe.

❖ La suppression du COD peut altérer fortement le sens de la phrase, voire la rendre incompréhensible ou agrammaticale :
• *J'ai mangé **des escargots** pour la première fois.* ➡ *J'ai mangé pour la première fois.*
• *Elle a acheté **les œuvres complètes de Voltaire**.* ➡ *Elle a acheté.*

Cependant, il est parfois possible d'omettre le complément. On parle alors d'« emploi absolu » du verbe :
• *As-tu choisi **un candidat** ?* ➡ *As-tu choisi ?*

❖ Lors de la transformation d'une phrase de la voix active à la voix passive, le COD de la phrase active devient le sujet de la phrase passive :
• *Tous connaissent **Mozart**.* ➡ ***Mozart** est connu de tous.*

Complément d'objet direct (COD)

• *Nadine a cueilli **les cerises**.* ➡ ***Les cerises** ont été cueillies par Nadine.*

••• Place du COD

➡ Le COD est généralement placé après le verbe, que celui-ci soit à un temps simple ou composé :
- *Il croque **une pomme**.*
- *Nous avons pris **l'avion**.*
- *Elle souhaiterait **déménager**.*
- *J'aurais aimé **qu'il m'aide**.*

➡ Le COD précède le verbe uniquement :

✓ quand il est pronom personnel ou relatif :
- *Il **nous** entend.*
- *Le film **que** j'ai vu est nul.*

✓ dans les phrases interrogatives avec inversion du sujet et du verbe :
- ***Quel livre** as-tu acheté ?*
- ***Quels documents** a-t-elle égarés ?*

✓ dans les phrases exclamatives :
- ***Quelle chance** tu as !*
- ***Quels efforts** elle a dû faire !*

exceptions Les pronoms COD *rien* et *tout* se placent entre l'auxiliaire et le participe passé :
- *Je n'ai **rien** dit.*
- *J'ai **tout** entendu.*

⚠ Attention à ne pas confondre :

✓ un COD et un sujet inversé :
- *J'ai rencontré **un vieux fermier**.* (COD)

Complément d'objet indirect (COI)

- *Dans le village habitait **un vieux fermier**.* (sujet inversé)

✓ un COD précédé de l'article partitif et un complément d'objet indirect (COI) précédé de la préposition de :
- *Il boit **du thé**.* (COD)
- *Il change **de poste**.* (COI)

Complément d'objet indirect (COI)

Le complément d'objet indirect (COI) est un mot ou un groupe de mots qui complète un verbe transitif indirect. Il est introduit par la préposition imposée par le verbe, le plus souvent *à* ou *de* :
- *Elle s'intéresse **à l'anthropologie**.*
- *Il joue **du violon**.*

➡ Le COI peut être :

✓ un nom ou un groupe nominal :
- *J'ai demandé à **Laure**.*
- *Le gouvernement lutte contre **la fraude fiscale**.*

✓ un pronom :
- *Elle a parlé de ses projets, j'ai parlé des **miens**.*
- ***À quoi** penses-tu ?*

  ℹ Avec certains pronoms personnels, la préposition n'est pas exprimée ; le pronom personnel n'en est pas moins COI :
  - *Je **lui** dirai.*

✓ un verbe à l'infinitif :
- *Elle songe à **démissionner**.*
- *Ils évitent de **se parler**.*

Complément d'objet indirect (COI)

✓ une proposition :
- *Je réfléchissais à **ce que j'allais dire**.*

⚠ Attention à ne pas confondre le complément d'objet indirect avec le complément circonstanciel.

✓ La préposition qui introduit un complément d'objet indirect est imposée par le verbe transitif indirect :
- *J'enseigne le piano **à ma fille**.* (On enseigne quelque chose à quelqu'un.)

✓ La préposition qui introduit un complément circonstanciel dépend du sens donné à la phrase :
- *J'ai mangé du chocolat **à la cantine** / **dans la voiture** / **pour me remonter le moral**.*

••• Fonction du COI

Le COI représente l'être ou la chose qui est le « destinataire » de l'action exprimée par le verbe :
- *J'ai rêvé de **toi**.*
- *Elle hésite à **déménager**.*

➡ La suppression du COI peut altérer fortement le sens de la phrase, voire la rendre incompréhensible ou agrammaticale :
- *Je raffole de **ces friandises**.* ➡ **Je raffole.*

Cependant, il est parfois possible d'omettre le complément. On parle alors d'« emploi absolu » :
- *Il obéit à **sa mère**.* ➡ *Il obéit.*

••• Place du COI

➡ Le COI se place généralement après le verbe :
- *As-tu écrit à **Pierre** ?*
- *Il a demandé à **ses parents** s'il pouvait rester.*

- *Je n'ai pas pensé à **résilier l'abonnement**.*
- *Elle a besoin de **se reposer**.*

➡ Le COI se place avant le verbe :

✓ lorsque c'est un pronom personnel ou adverbial ; la préposition disparaît alors souvent :
- ***Lui** as-tu écrit ?*
- *Il **leur** a demandé s'il pouvait rester.*
- *Je n'**y** ai pas pensé.*
- *Elle **en** a besoin.*

✓ dans les phrases interrogatives avec inversion du sujet et du verbe :
- *À **quoi** fais-tu allusion ?*
- *De **qui** étais-tu en train de parler ?*

✓ lorsqu'on veut le mettre en relief :
- *À **Matthieu**, je ne cache jamais rien.*
- *De **cette histoire**, ma grand-mère n'a jamais reparlé.*

••• Complément d'objet second (COS)

On appelle « complément d'objet second » (COS) un complément d'objet indirect qui complète un verbe qui a déjà un complément d'objet direct (COD) ou un complément d'objet indirect (COI) :

- *Il a demandé une augmentation* (COD) ***à son patron*** (COS).
- *La sorcière a transformé le prince* (COD) ***en crapaud*** (COS).
- *Elle parlera de toi* (COI) ***à son entourage*** (COS).

➡ Le COS se trouve principalement après des verbes signifiant « donner », « retirer » ou « dire » :

- *Clémence **a cédé** sa collection **à Simon**.*
- *J'**ai privé** Amélie **d'ordinateur**.*
- *J'**ai remercié** mes amis **de/pour leur aide**.*

❧ Il se place après, ou plus rarement avant, le premier complément d'objet :
- *Il demande une discrétion absolue à **ses collaborateurs**.*
- *Il demande à **ses collaborateurs** une discrétion absolue.*

❧ Lorsque les compléments sont des pronoms, ils sont placés avant le verbe :
- *Il **le leur** demande.*

Complément circonstanciel

Les compléments circonstanciels (CC) sont des compléments de la phrase. Comme leur nom l'indique, ils précisent les circonstances dans lesquelles se déroule l'action exprimée par le verbe.

❧ Une même phrase peut comporter plusieurs compléments circonstanciels :
- *Il est arrivé **à Paris** (CC de lieu) **ce matin** (CC de temps) **par le train** (CC de moyen) **pour affaires** (CC de cause).*

❧ Contrairement aux compléments d'objet, la plupart des compléments circonstanciels peuvent être déplacés voire supprimés sans altérer le sens principal de la phrase ; il y a simplement une perte de précision :
- *J'ai rencontré mon cousin **à la médiathèque**.* ➡ *J'ai rencontré mon cousin.*

❧ Les compléments circonstanciels sont souvent introduits par une préposition ou une locution prépositive :

Complément circonstanciel

- *Ils débarquent **du** Pérou.*
- *Elle s'est levée **à huit heures**.*
- *J'ai forcé la porte **à l'aide** d'une barre de fer.*

Mais ils peuvent aussi se construire directement sans préposition. Ce sont généralement des noms accompagnés d'un déterminant exprimant une nuance de lieu, de temps et de quantité (prix, poids, mesure) :

- *Il habite **rue Jean-Jaurès**.*
- *Elle dort **le jour** et travaille **la nuit**.*
- *Ce livre coûte **15 €**.*
- *Elle pesait **quatre kilos** à la naissance.*
- *Elles ont parcouru **vingt kilomètres**.*

➥ Les compléments circonstanciels peuvent être de plusieurs natures grammaticales :

✓ un adverbe ou un groupe adverbial :
- *Ne marche pas **là** !*

✓ un nom ou un groupe nominal :
- *Je repars **chez mes cousins**.*

✓ un pronom :
- *Tu parles de Rome ? J'**en** reviens.*

✓ un gérondif :
- *Elle est arrivée **en hurlant**.*

✓ un infinitif :
- ***À t'écouter**, tout est possible.*

❶ Les compléments circonstanciels se classent traditionnellement selon leur sens : lieu, temps, cause, manière, moyen, but, cause…

Complément circonstanciel

... Complément circonstanciel de lieu

Les compléments circonstanciels de lieu répondent aux questions : *où ?, vers où ?, d'où ?, par où ?*

❖ Ils peuvent donc préciser :
- ✓ la localisation, le lieu où l'on est :
  - *Il réside **en Espagne**.*
  - *Je suis **à la gare**.*
- ✓ la destination, le lieu où l'on va :
  - *Je pars **en Italie**.*
  - *Elle se dirige **vers l'hôtel**.*
- ✓ la provenance, le lieu d'où l'on vient :
  - *Nous venons **d'Allemagne**.*
  - *Le train est **en provenance de Berlin**.*
- ✓ l'itinéraire, le lieu par où on passe :
  - *Je suis passé **par la forêt**.*
  - *Il va de Paris à Alger **via Marseille**.*

... Complément circonstanciel de temps

Les compléments circonstanciels de temps répondent aux questions : *quand ?, combien de temps ?*

❖ Ils peuvent donc préciser :
- ✓ une date, un moment précis ou une période précise :
  - *Je dois tout régler **avant le 12 avril / son arrivée**.*
  - *Nous rentrerons **une fois l'orage passé**.*
  - *Ses vacances se terminent **mardi**.*
- ✓ une durée :
  - *Elle restera chez nous **(pendant) une quinzaine de***

jours.
- *Il n'a pas plu **depuis trois mois**.*
- *Il est parti là-bas **pour plusieurs années**.*

... Complément circonstanciel de cause

Les compléments circonstanciels de cause répondent aux questions : *pourquoi ?, à cause de quoi ?*

➜ Ils indiquent donc la raison pour laquelle se déroule l'action :
- ***À cause de toi**, j'ai tout perdu !*
- *Il a agi **par dépit**.*
- *Tu t'énerves **pour rien**.*
- *Elle hurlait **de douleur**.*
- ***Faute d'argent**, ils ne sont pas partis en vacances.*
- ***Un gros chien étant à ses trousses**, le voleur s'enfuit de la maison.*
- *L'équipe a perdu **parce qu'elle n'était pas assez préparée**.*

... Complément circonstanciel de manière

Les compléments circonstanciels de manière répondent aux questions : *comment ?, de quelle manière ?*

➜ Ils indiquent donc la manière dont se déroule l'action :
- *Tu parles **trop vite**.*
- *Il marche **à quatre pattes**.*
- *Jean est parti **sans m'avertir**.*
- *Elle a répondu **avec une grande assurance**.*

Complément circonstanciel

- *Il m'a accueilli **en souriant**.*
- *Il est parti **rapidement**.*

... Complément circonstanciel de moyen

Les compléments circonstanciels de moyen répondent aux questions : *comment ?, par quel moyen ?, avec quoi ?*

➡ Ils indiquent donc le moyen utilisé pour réaliser l'action :
- *J'irai **en tramway**.*
- *Je ne sais pas manger **avec des baguettes**.*
- *Ils ont dû rentrer **en forçant la porte de derrière**.*
- *Elle a réussi l'examen **grâce à tes conseils**.*
- *Il a réalisé ça **de ses propres mains**.*
- *Ils ont acheté leur maison **sans crédit**.*

... Complément circonstanciel de but

Les compléments circonstanciels de but répondent aux questions : *pourquoi ?, dans quel but ?*

➡ Ils indiquent donc l'intention, l'objectif visé par l'action :
- *Ils jouent **pour la qualification**.*
- *Ils ont aménagé le jardin **en vue du mariage de leur fille**.*
- *Laisse la porte entrouverte **de façon à ce que le chat puisse sortir**.*
- *Il travaille dur **pour gagner la prochaine compétition**.*
- *Il a dit cela **dans le seul but de lui plaire**.*

Complément d'agent

... Autres nuances de sens du complément circonstanciel

➻ D'autres nuances de sens peuvent également être exprimées par les compléments circonstanciels :

- ✓ la conséquence :
  - *À **la satisfaction générale**, il a accepté.*
- ✓ la concession :
  - *Il dort **malgré le bruit**.*
- ✓ l'opposition :
  - ***Au lieu d'aller au cinéma avec nous**, il est resté chez lui.*
- ✓ la condition :
  - ***Avec de la chance**, on réussira.*
- ✓ la comparaison :
  - *Il se tient **comme un vieillard**.*
- ✓ l'accompagnement :
  - *Je suis allé voir le spectacle **avec des amis**.*
- ✓ la quantité (prix, poids, mesure) :
  - *La tablette coûte **300 €**.*
  - *La moto pèse **250 kg**.*
  - *Le salon mesure **35 m²**.*

Complément d'agent

Le complément d'agent désigne l'être ou la chose qui fait l'action exprimée par le verbe employé à la voix passive.

Complément d'agent

▸▸ Le complément d'agent peut être :

✓ un nom ou un groupe nominal :
- *J'ai été formé par **Guy** / **un artiste reconnu**.*

✓ un pronom :
- *Cette collègue est estimée de **tous**.*

✓ une proposition subordonnée :
- *Je suis très étonné par **ce que je viens d'apprendre**.*

▸▸ Il est introduit le plus souvent par la préposition *par*, plus rarement par la préposition *de* :

✓ *par* s'utilise généralement avec des verbes employés au sens propre ou exprimant une action concrète :
- *Il a été **renversé par** un bus.*
- *Elle a été **aidée par** un complice.*

✓ *de* s'utilise plutôt avec des verbes employés au sens figuré ou exprimant un sentiment :
- *Nous avons été **harcelés de** questions.*
- *Elle est **appréciée de** ses voisins.*

Cependant, les deux constructions sont souvent en concurrence sans différence de sens notable :
- *Le jardin est **envahi par** les mauvaises herbes/**de** mauvaises herbes.*
- *Il est **apprécié de/par** tous.*

ⓘ Attention à ne pas confondre le complément d'agent avec le complément circonstanciel introduit par la préposition *par* :
- *Elle a été contactée **par l'agence**.* (complément d'agent)
- *Elle a été contactée **par hasard**.* (complément circonstanciel de cause)

Complément de l'adjectif

Le complément de l'adjectif est un mot ou groupe de mots qui précise ou modifie le sens de l'adjectif qualificatif.

➡➡ Le complément est lié à l'adjectif qualificatif par une préposition ou par la conjonction *que* :

- *C'est agréable **au** toucher. Nous sommes prêts **à** partir.*
- *Je suis heureux **de** cette décision / **de** l'apprendre.*
- *Sois plus aimable **avec** les clients.*
- *Je suis assuré **contre** le vol.*
- *Elle est confiante **en** l'avenir. Il est nul **en** histoire.*
- *Il s'est montré très agressif **envers** moi.*
- *C'est très utile **pour** le lecteur / **pour** réviser.*
- *Il est intarissable **sur** le sujet.*
- *Je suis certain **que** Marie viendra.*

➡➡ Certains adjectifs peuvent être suivis de prépositions différentes sans que leur sens ne soit modifié :

- *C'est désagréable **à** entendre ou **d'**entendre cela.*
- *Il a été indulgent **avec** moi ou **envers** moi.*
- *Elle est toujours prête **à** agir ou **pour** l'action.*

D'autres sont suivis de prépositions différentes selon leur sens :

- *riche **de** son expérience* (= fort de, enrichi de) ; *riche **en** potassium* (= plein de)
- *Il est dur **au** mal.* (= résistant) *Il est dur **en** affaires.* (= intraitable)
- *Il est bon **en** musique.* (= compétent) *C'est bon **à** savoir.* (= utile)

Complément de nom

D'autres enfin n'admettent qu'une seule construction :
- *Il est **apte à** conduire.*
- *Je suis **incapable de** te le dire.*
- *Tu es **censé** le savoir.*

➡➡ Quelques adjectifs ne peuvent s'utiliser seuls ; ils sont obligatoirement suivis d'une préposition et d'un complément :
- *Elle est **originaire de** la Sarthe.*
- *Je suis **sujet aux** migraines.*

➡➡ Les adjectifs dérivés de verbes, terminés le plus souvent par *-able* ou *-ible*, se construisent avec les mêmes prépositions et les mêmes compléments que les verbes dont ils sont dérivés :
- *attribuer à* ➡ *Cette erreur est **attribuable à** la fatigue.*
- *traduire de… en…* ➡ *C'est difficilement **traduisible du** japonais **en** français.*

➡➡ Certains de ces adjectifs verbaux acceptent des compléments d'agent, introduits par *de* ou *par* :
- *Ce n'est lisible / compréhensible que **par des spécialistes**.*
- *Le livre est consultable **par tous** à la bibliothèque.*

Complément du nom

Le complément du nom est un mot ou groupe de mots qui précise ou modifie le sens du nom.

Constructions

➡➡ Le complément du nom est généralement lié au nom par une préposition, le plus souvent *de* :
- *un jour **d'**automne ; les jouets **des** enfants ; l'aîné **du** groupe*

Complément de nom

Les prépositions possibles sont toutefois nombreuses :
- *une cuillère **à** soupe*
- *un abri **contre** le vent*
- *une assiette **en** porcelaine*
- *des romans **pour** adolescents*
- *une vue **sur** la mer*

➥ Le complément peut être en apposition au nom, après une virgule. Il s'apparente alors à une incise :
- *Je te présente Lara, **ma cousine**.*
- *Marc, **mon ami d'enfance**, vit au Pérou.*

➥ Le complément en apposition peut également suivre directement le nom, sans préposition ni virgule. Il s'apparente alors à un adjectif :
- *une tarte **maison***
- *des bombes **aérosols***

ⓘ Attention à ne pas confondre le complément du nom et le complément circonstanciel :
- *Il lui a acheté un sachet **de bonbons**.* (complément du nom)
- *Il lui a rempli son sachet **de bonbons**.* (complément circonstanciel)

Certaines phrases sont ambiguës :
- *Il a rempli les pots de fleurs* peut signifier « Il a rempli les pots avec des fleurs » (complément circonstanciel) ou bien « Il a rempli les pots où poussent les fleurs » (complément du nom).

Fonctions et sens

➥ La fonction de complément du nom peut être occupée par :

Complément de nom

- ✓ un nom ou un groupe nominal :
  - *Il a reçu la visite **de ses parents**.*
- ✓ un pronom :
  - *Ce projet requiert la participation **de tous**.*
- ✓ un adverbe :
  - *La journée **d'hier** a été mouvementée.*
- ✓ un infinitif :
  - *une machine **à affranchir***
- ✓ une proposition infinitive :
  - *La simple idée **de prendre l'avion** me terrifie.*
- ✓ une proposition subordonnée complétive :
  - *La probabilité **qu'il soit promu** paraît faible.*
- ✓ une proposition subordonnée relative :
  - *As-tu vu le film **dont je t'ai parlé** ?*

➥ Les rapports de sens entre le nom déterminé et son complément sont variés :

- ✓ l'appartenance :
  - *la guitare **de mon frère***

  ⚠ L'utilisation de la préposition à entre un nom et son complément pour exprimer l'appartenance est fautive :
  - **C'est le chien à Paul.* ➥ *C'est le chien de Paul.*

- ✓ la matière :
  - *une robe **en soie***
- ✓ le lieu :
  - *des produits **du terroir** ; les asperges **de Touraine***
- ✓ le temps :
  - *la mode **des années 70***

✓ la qualité :
- *un restaurant **de bonne réputation***

✓ la cause :
- *des larmes **de joie***

✓ le moyen :
- *moteur **à propulsion nucléaire***

➥ Le sens du complément du nom varie selon la préposition utilisée :
- *un verre **à vin*** (= un verre pour boire du vin)
- *un verre **de vin*** (= un verre contenant du vin)

Accord

➥ Lorsque le complément du nom n'est pas précédé d'un article indiquant s'il est singulier ou pluriel, il s'accorde selon le sens.

✓ Il est au singulier lorsqu'il désigne une matière, une abstraction, une classe d'objets ou une espèce :
- *des bagues en **or** ; de beaux exemples de **courage** ; des livres de **cuisine** ; des œufs de **cane***

✓ Il est au pluriel lorsque l'on veut insister sur la quantité :
- *de la lessive en **paillettes** ; des bruits de **bottes***

✓ Il se met indifféremment au singulier ou au pluriel dans les autres cas :
- *de la gelée de **groseille(s)** ; une salle de **bain(s)***

Attribut

La fonction d'attribut est occupée par un terme qui, par l'intermédiaire d'un verbe dit « attributif », sert à préciser l'une des caractéristiques :

Attribut

✓ du sujet :
- *Cet exercice est **difficile**.*

✓ du complément d'objet direct :
- *Je trouve cet exercice **difficile**.*

➥ La fonction d'attribut du complément d'objet indirect existe également, mais elle n'est plus guère occupée que dans les phrases construites avec la locution verbale *faire de* :
- *Elle a fait de sa maison **un palace**.*

... Attribut du sujet

L'attribut du sujet sert à identifier le sujet ou à préciser l'une de ses caractéristiques :
- *Pierre est **mon frère**.*
- *Il est **jeune**.*

➥ L'attribut du sujet entretient un rapport avec le sujet par l'intermédiaire du verbe *être* ou d'un verbe attributif, c'est-à-dire des verbes d'état ou équivalant à des verbes d'état ainsi que des verbes à la voix passive : *avoir l'air, devenir, se montrer, passer pour, naître, sortir, tomber...*
- *Il est **amoureux**.*
- *J'ai l'air **d'un clown** dans cette tenue.*
- *Elle a été nommée **directrice**.*

➥ La fonction d'attribut du sujet peut être occupée par :
✓ un adjectif qualificatif ou un participe passé :
- *Il s'est montré **entreprenant**.*
- *Cette pelouse est mal **tondue**.*

✓ un nom ou un groupe nominal :
- *On m'a dit qu'il était **médecin**.*

- *Il passe pour **un écrivain décadent**.*

✓ un pronom ou un groupe pronominal :
- *Il est talentueux, mais tu **l'**es aussi.*
- *Ce portable est **celui de ma mère**.*

✓ un infinitif qui peut être introduit par *de* ou *à* :
- *Partir, c'est **mourir** un peu.*
- *L'important, c'est **de participer**.*
- *Cet appartement est **à vendre**.*

✓ une proposition subordonnée :
- *Le fait est **que je connaissais déjà l'histoire**.*
- *Le problème, c'est **que nous n'avons plus d'essence**.*

➦ L'attribut du sujet s'accorde en genre et en nombre avec le sujet :
- ***Il** m'a paru **ému**.*
- ***Elles** m'ont paru **émues**.*

❶ L'adjectif attribut se distingue de l'adjectif épithète qui est directement joint au groupe nominal sans l'intermédiaire d'un verbe :
- *le **jeune** Pierre ; une personne **courageuse***

... Attribut du COD

L'attribut du complément d'objet direct (COD) sert à préciser l'une des caractéristiques du COD :
- *Je trouve Luc **énervant**.*
- *Il m'estime **compétent** à ce poste.*

➦ L'attribut du COD est introduit par des verbes transitifs :

✓ indiquant un jugement : *considérer, croire, estimer, juger, trouver…*

... Attribut ...

- *Je **juge** sa réaction **excessive**.*

✓ marquant la transformation : *faire, laisser, rendre…*
- *Elle le **rendra heureux**.*

✓ marquant une désignation : *appeler, choisir, déclarer, dire, élire, nommer, traiter de…*
- *Les élèves l'**ont élu délégué**.*

➡ La fonction attribut du complément d'objet direct peut être occupée par :

✓ un adjectif qualificatif ou un participe passé :
- *Elle me trouve **idiot**.*
- *Je croyais cette montre **cassée**.*

✓ un nom ou un groupe nominal :
- *Ils ont appelé leur chat **Chaussette**.*
- *Je l'imagine bien **professeur de français**.*

✓ un infinitif :
- *Je n'appelle pas cela **travailler correctement**.*

✓ une proposition subordonnée relative :
- *Il a les mains **qui tremblent**.*

➡ L'attribut du COD s'accorde en genre et en nombre avec le COD :
- *Je considère **mes fils** comme **responsables**.*

ⓘ Il arrive que le COD ne soit pas exprimé ; dans ce cas, l'adjectif se met au masculin singulier :
- *Les carottes rendent **aimable**.*
- *Un tel spectacle laisse **pantois**.*

Apposition

Épithète

Une épithète est un mot qui qualifie un nom auquel il est directement accolé, sans l'intermédiaire d'un verbe.

➡ La fonction d'épithète est généralement occupée par un adjectif qualificatif ou relationnel :
- *Il a connu de **périlleuses** aventures.*
- *Je fréquente la piscine **municipale**.*

Cependant, les noms en apposition peuvent également occuper la fonction d'épithète :
- *Je ne mange que des plats **maison**.*

❶ L'épithète se distingue de l'attribut, qui qualifie le nom par l'intermédiaire d'un verbe attributif :
- *Cette aventure **est périlleuse**.*
- *Je **crois** cette tarte **maison**.*

Apposition

Un mot ou groupe de mots mis en apposition qualifie ou complète un groupe nominal tout entier. Il est séparé de ce groupe nominal et du reste de la phrase par une ou deux virgules :
- *Arthur, **mon fils**, est un vrai farceur.*
- ***Courtoise**, la personne qui a embouti ma voiture m'a laissé son numéro.*

➡ La fonction d'apposition est le plus souvent occupée par :
✓ un nom ou un groupe nominal :
- *Ma mère, **Isabelle**, n'a pas une ride.*

Apposition

- *Isabelle, **ma mère**, n'a pas une ride.*

✓ un adjectif ou un groupe adjectival :
- *Il contempla, **découragé**, l'étendue des dégâts.*
- ***Heureux de le rencontrer enfin**, je lui réservai un très bon accueil.*

→ Cependant, l'apposition peut aussi concerner :

✓ un groupe pronominal :
- *Les nouveaux modèles, **ceux que tu attendais**, sont arrivés hier.*

✓ un infinitif ou une proposition infinitive :
- *Elle n'a peur que d'une chose, **se tromper**.*
- *Il n'a qu'un rêve, **gagner un titre olympique**.*

✓ une subordonnée complétive :
- *Je n'ai qu'une crainte, **qu'il arrive quelque chose à ma famille**.*

✓ une subordonnée relative :
- *Ce chercheur, **que j'ai connu à l'université**, vient de recevoir le prix Nobel.*

→ L'apposition joue un rôle descriptif ou explicatif, mais elle n'est pas un élément essentiel de la phrase. Si l'on supprime l'apposition, la phrase est moins précise mais reste grammaticale :
- *Pierre, **mon cousin**, a réussi le concours de médecine.*
  ➡ *Pierre a réussi le concours de médecine.*
- ***Fatiguée par le voyage**, elle est allée au lit sans dîner.*
  ➡ *Elle est allée au lit sans dîner.*

⚠ Un nom en apposition peut aussi suivre directement le nom auquel il se rapporte :
- *Il est chef **mécanicien**.*

- *Voici mon amie **Marion**.*

Ce type d'apposition pose des problèmes d'accord en genre et en nombre. Reportez-vous au chapitre « Noms en apposition ».

PHRASE

Introduction

Une phrase est constituée d'un ou plusieurs mots, de différentes natures et fonctions, reliés entre eux. Elle commence par une majuscule et se termine par une ponctuation forte (point final, point d'exclamation, point d'interrogation, points de suspension).

•◦ La phrase est organisée selon les règles de la grammaire. Elle a un sens, est porteuse d'un message. C'est l'unité minimale de communication.

•◦ Les phrases sont classées selon leur modalité, c'est-à-dire selon l'attitude de l'énonciateur à l'égard de ce qu'il énonce. On distingue quatre types de phrases, toutes pouvant être à la forme affirmative ou négative :
- ✓ la phrase déclarative,
- ✓ la phrase interrogative,
- ✓ la phrase exclamative,
- ✓ la phrase impérative.

•◦ On divise également les phrases en deux types en fonction du nombre de propositions qu'elles comportent :
- ✓ la phrase simple, qui comprend une seule proposition,
- ✓ la phrase complexe, qui comprend au moins deux propositions.

❶ Une proposition est un groupe de mots, plus rarement un mot, qui forme une unité sémantique et syntaxique. On distingue quatre types de propositions selon leur degré d'autonomie et d'insertion dans la phrase :
- ✓ la proposition indépendante,
- ✓ la proposition principale,

Phrase simple

✓ la proposition subordonnée,
✓ la proposition incise.

Phrase simple

La phrase simple est une proposition indépendante, c'est-à-dire une proposition qui ne dépend d'aucune autre proposition, et dont aucune autre proposition ne dépend. Elle se suffit à elle-même tant sur le plan du sens que de la structure :

- *L'enfant lit un livre.*
- *Est-elle satisfaite ?*
- *Endors-toi vite !*
- *On ne sait jamais…*

➼ La phrase simple est le plus souvent une phrase verbale, c'est-à-dire une phrase construite autour d'un verbe conjugué :

- ***Viens !*** (verbe à l'impératif)
- *Il **dormait**.* (sujet + verbe)
- *Je **bois** du thé tous les matins.* (sujet + verbe + complément d'objet + complément circonstanciel)

Cependant, elle peut aussi être non verbale, c'est-à-dire ne pas contenir de verbe conjugué ; elle est alors organisée autour d'un autre type de mot ou groupe de mots. Elle peut même se réduire à un seul mot :

- *Oui !* (adverbe)
- *Bizarre !* (adjectif)
- *Aïe !* (interjection)
- *Ne pas fumer.* (infinitif)
- *Quelle horreur !* (groupe nominal)

- *Appartement libre de suite.* (groupe nominal)
- *À bon chat, bon rat.* (groupe nominal)
- *Chacun ses goûts.* (groupe nominal)

❶ Les titres d'œuvres ou d'articles de journaux, les questions et les réponses brèves, les libellés de petites annonces sont souvent des phrases averbales.

Ces phrases sans verbe sont souvent appelées abusivement « phrases nominales ». On voit en effet dans les exemples ci-dessus qu'elles ne sont pas exclusivement constituées de noms.

⚠ Une phrase averbale peut comporter un verbe conjugué, mais celui-ci n'est alors pas le noyau de la phrase, seulement une expansion du nom :
- *Et crac la **corde qui casse** !*

➡ Plusieurs propositions indépendantes peuvent se combiner pour former une phrase complexe.

Phrase complexe

La phrase complexe est constituée de plusieurs propositions qui peuvent se combiner de différentes façons.

Juxtaposition

➡ Les propositions sont séparées par un signe de ponctuation dit « faible », c'est-à-dire une virgule, un point-virgule ou deux-points :
- *Viens m'aider, j'ai besoin de toi.*
- *Je ne me souviens pas d'elle ; je ne pense pas l'avoir rencontrée.*
- *Les bateaux ne sortent pas : la mer est mauvaise.*

Phrase complexe

➡➡ Les phrases juxtaposées demeurent indépendantes l'une par rapport à l'autre : chacune peut constituer une phrase simple à elle seule.

exception Un cas particulier de juxtaposition est l'incise : une phrase est enchâssée dans une autre, entre deux virgules :
- *Je n'ai, **dit Sophie**, jamais rien vu de tel.*
- *C'est, **personne ne s'y trompera**, une vaste fumisterie.*

Coordination

➡➡ Les propositions sont reliées par un mot de liaison, comme une conjonction de coordination ou un adverbe :
- *Je le sermonne **et** il rit !*
- *Il était là tout à l'heure, **donc** il ne doit pas être bien loin.*
- *Ce n'est pas difficile, **pourtant** il n'arrive pas à le faire.*

➡➡ Les phrases coordonnées demeurent indépendantes l'une par rapport à l'autre : chacune peut constituer une phrase simple à elle seule.

Subordination

➡➡ Une proposition appelée « principale » est complétée par une ou plusieurs propositions dites « subordonnées ». Ces propositions sont généralement (mais pas toujours) introduites par un mot subordonnant qui peut être un pronom relatif, un pronom interrogatif, une conjonction de subordination ou une locution conjonctive :
- *Je cherche une tente* (principale) ***qui** soit très légère* (relative).
- *Voici les livres* (principale) ***dont** je t'ai parlé* (relative).
- *Il espère* (principale) ***qu'**elle acceptera* (conjonctive).
- *Je te préviendrai* (principale) ***dès que** j'aurai terminé* (conjonctive).

Phrase complexe

- *J'aimerais savoir* (principale) **comment** *il va* (interrogative indirecte).
- *As-tu entendu* (principale) *sonner à la porte* (interrogative directe) ?
- *Le train parti* (participiale), *nous sommes rentrés directement chez nous* (principale).

➥ Les propositions subordonnées ne sont pas autonomes : les séparer de la proposition principale rendrait le message incompréhensible.

... Proposition principale

Une proposition principale a sous sa dépendance une ou plusieurs autres propositions qui viennent la compléter. Ces subordonnées lui sont liées par le sens et généralement par un mot subordonnant.

➥ La proposition principale se trouve généralement avant la subordonnée :

- **Je vous recontacterai** (principale) *dès que la décision sera prise* (subordonnée).

Mais elle peut se placer après la subordonnée :

- *Dès que la décision sera prise* (subordonnée), **je vous recontacterai** (principale).

La proposition principale peut également encadrer la subordonnée :

- **Je recontacterai**, *dès que la décision sera prise* (subordonnée), **tous les intéressés**.

➥ Une proposition principale peut être très courte :

- **Viens** (principale) *si cela te tente* (subordonnée).

309

Phrase complexe

Elle peut même être elliptique :

- ***Quel soulagement*** (principale) *lorsqu'on l'a retrouvé* (subordonnée) ! (= Quel soulagement ce fut lorsqu'on l'a retrouvé)

••• Proposition subordonnée

Une proposition subordonnée est une proposition qui dépend syntaxiquement d'une proposition principale et qui ne pourrait former une phrase complète du point de vue grammatical et sémantique sans cette principale.

Sa dépendance syntaxique est marquée explicitement par un mot subordonnant ou par le mode du verbe.

➡ La proposition subordonnée peut occuper différentes places dans la phrase selon sa nature.

✓ Elle suit généralement la principale :

- *Je n'ai pas encore lu le rapport* (principale) *que vous m'avez transmis* (subordonnée).

✓ Elle peut toutefois précéder la principale, notamment lorsqu'elle a une valeur circonstancielle :

- *Au moment où j'ai aperçu la voiture* (subordonnée), *il était déjà trop tard* (principale).

✓ Elle peut être enchâssée dans la principale :

- *Cette personne, que je ne nommerai pas* (subordonnée), *est partie sans s'excuser.*

🛈 Une subordonnée peut dépendre d'une autre subordonnée dans laquelle elle est enchâssée ; la première subordonnée joue alors le rôle de principale par rapport à la seconde :

- *Je pense* (principale) *que tous les projets* (1re subordonnée) *qu'ils ont présentés* (2e subordonnée, enchâssée) *sont irréalistes.*

Phrase complexe

➡ Les subordonnées sont classées selon le mot qui les introduit, selon leur fonction et selon le mode du verbe qu'elles contiennent.

Fonctions

➡ La proposition subordonnée peut occuper pratiquement toutes les fonctions d'un nom dans la phrase :

✓ sujet :
- ***Qui vole un œuf*** *vole un bœuf.*

✓ attribut :
- *Le plus étrange est **que personne ne s'en est aperçu**.*

✓ apposition :
- *Ils n'ont qu'une idée en tête, **partir**.*

✓ complément d'objet direct :
- *Je n'ai pas bien compris **ce qu'il a dit**.*

✓ complément d'objet indirect :
- *Ce roman a contribué à **le faire connaître à l'étranger**.*

✓ complément circonstanciel :
- *Elle a écrit cela **pour qu'on réagisse**.*

✓ complément du nom :
- *Ils ont enfin obtenu les résultats **qu'ils souhaitaient**.*

✓ complément de l'adjectif :
- *Je suis honteux d'**avoir eu cette réaction**.*

✓ complément d'agent :
- *Son film est encensé par **tous ceux qui l'ont vu**.*

Phrase complexe

•• Subordonnée relative

> La proposition subordonnée relative est introduite par un pronom ou un adverbe relatif.

➜ Sa fonction est le plus souvent de compléter un nom ou un pronom qui est son antécédent, présent dans la principale. Elle a alors la valeur d'un adjectif ou d'un complément du nom :

- *J'apprécie les gens* (antécédent) ***qui ont de l'humour.***
- *Tous les chatons* (antécédent) ***qu'elle a eus*** *sont tigrés.*
- *Les mines* (antécédent) ***dont on extrayait la houille*** *ont fermé.*
- *C'est à vous* (antécédent) ***que je m'adresse.***
- *C'est la ville* (antécédent) ***où je suis né.***

ⓘ Il est préférable de faire suivre immédiatement l'antécédent du pronom relatif pour éviter les ambiguïtés de ce genre :
- *J'ai réparé le vélo de Jean qui était cassé.*
- *Va chercher la valise de mamie qu'on a oubliée dans le coffre.*

➜ La relative peut apporter une nuance circonstancielle ; elle est alors souvent enchâssée :

- *Anna,* ***qui ne sait pas se taire****, lui a fait tout de suite la remarque.* (valeur causale)
- *Mon chef,* ***qui venait d'arriver****, a dû repartir sur-le-champ.* (valeur temporelle)
- *Xavier,* ***qui est pourtant très calme****, a laissé éclater sa colère.* (valeur d'opposition)
- *Toute personne* ***qui refuserait d'obtempérer*** *sera verbalisée.* (valeur conditionnelle)

➜ La relative peut être elliptique :
- *Il y a eu trois blessés,* ***dont un très grave****.*

Phrase complexe

- *La fleur **que voici** est endémique.*
- *Les enfants se sont rués, **qui sur les gâteaux, qui sur les jeux**.*

➡ Certaines relatives n'ont pas d'antécédent. Elles prennent alors la fonction qu'aurait eue leur antécédent s'il était exprimé :

- ***Qui ne risque rien** n'a rien.* (sujet)
- *Invite **qui tu veux**.* (complément d'objet direct)
- *Il écrasera **quiconque s'opposera à lui**.* (complément d'objet direct)
- *Il répète cela **à qui veut l'entendre**.* (complément d'objet indirect)
- *Déposez-moi **où vous pouvez**.* (complément circonstanciel de lieu)

➡ Le verbe de la proposition relative peut être à n'importe quel mode :

✓ indicatif :
- *Ne prends que les fruits qui **sont** mûrs.*

✓ conditionnel :
- *Est-ce le pull rouge que tu **aurais préféré** ?*

✓ subjonctif :
- *Je ne connais pas de plante qui **puisse** vivre sans eau.*

•• Subordonnée conjonctive

La proposition subordonnée conjonctive est introduite soit par une conjonction de subordination (*que, comme, lorsque, quand, si, quoique…*), soit par une locution conjonctive (*afin que, pourvu que, pour que, quoi que…*).

Phrase complexe

➡ On distingue deux sortes de conjonctives :

✓ les conjonctives **complétives**, qui sont introduites uniquement par la conjonction de subordination *que*, et qui sont des compléments essentiels de la phrase.

✓ les conjonctives **circonstancielles**, qui remplissent la fonction de complément circonstanciel du verbe de la principale, et qui sont des compléments non essentiels de la phrase.

🛈 La conjonction *que* peut remplacer presque n'importe quelle autre conjonction ou locution conjonctive dans une proposition coordonnée, ce qui permet d'alléger la phrase :

- ***Si*** *les enfants sont prêts **et que*** (= et si) *tu es d'accord, nous allons partir tout de suite.*
- ***Quand*** *tu auras fini ton travail **et que*** (= et quand) *tu seras disponible, je te parlerai de mon projet.*

Subordonnée conjonctive complétive

➡ La plupart des complétives remplissent les fonctions de complément d'objet direct ou indirect du verbe de la principale :

- *Je crois **que l'adresse est fausse**.* (COD du verbe *croire*)
- *Veille à ce **que toutes les portes soient bien fermées**.* (COI du verbe *veiller*)

➡ Certaines complétives peuvent compléter des adjectifs ou des noms :

- *Je suis ravi **qu'elle vienne avec nous**.*
- *La crainte **qu'il les dénonce** les a fait agir.*

Subordonnée conjonctive circonstancielle de but

➡ Le verbe de la subordonnée est toujours au subjonctif, le but n'étant jamais un résultat certain :

Phrase complexe

- *J'ai déplacé la réunion **pour que tout le monde puisse y assister**.*
- *Approche **que je te voie mieux**.*
- ***De crainte qu'on ne les entendît**, ils se réfugièrent au fond du jardin.*

Subordonnée conjonctive circonstancielle de cause

➡ Le verbe de la subordonnée est toujours à l'indicatif :
- *Je ne l'achèterai pas **parce que c'est trop cher**.*
- ***Puisque tu y tiens**, je chanterai aussi.*
- ***Du fait qu'il a pris un crédit**, il a de grosses mensualités à rembourser.*
- ***Comme ils ont été bien sages**, ils ont eu droit à une glace.*

Subordonnée conjonctive circonstancielle de comparaison

➡ Le verbe de la subordonnée est le plus souvent à l'indicatif :
- *Tout ne s'est pas déroulé aussi bien **que nous l'avions prévu**.*
- *C'est plus délicat **qu'on ne le croit**.*

On peut toutefois trouver le conditionnel :
- *Elle s'est comportée **comme l'aurait fait une enfant gâtée**.*

ⓘ Une subordonnée comparative est souvent elliptique :
- *Elle court plus vite **que son frère**.* (sous-entendu : *que son frère ne court*)

Subordonnée conjonctive circonstancielle de concession

➡ Le verbe de la subordonnée est au subjonctif :
- ***Quoi qu'il en dise**, la conjoncture n'est pas bonne.*
- ***Quelle que soit l'option retenue**, il faudra en accepter*

Phrase complexe

les conséquences.
- **Si ingrat que soit ce travail**, je l'apprécie.
- Nous irons marcher, **qu'il pleuve ou qu'il grêle**.

➡ Cependant, derrière les locutions *alors même que, quand* et *quand bien même*, il se met au conditionnel :
- **Quand (bien même) tu t'y opposerais**, j'accepterais son offre.

Subordonnée conjonctive circonstancielle de conséquence

➡ Le verbe de la subordonnée est à l'indicatif, au subjonctif ou au conditionnel :
- Ce paysage est si beau **que nous ne nous en lassons pas**.
- Il est trop tard **pour que nous fassions machine arrière**.
- Ils ont résilié l'abonnement **sans que je le sache**.
- Nous avons déjà tellement de soucis **que nous préférerions régler cette affaire à l'amiable**.

Subordonnée conjonctive circonstancielle de condition

➡ Le verbe de la subordonnée est à l'indicatif ou au subjonctif :
- **Si tu veux**, on fait la grasse matinée.
- **Si nous avions eu plus de temps**, le projet aurait été plus abouti.
- **Pourvu qu'on me permette d'agir à ma guise**, je finirai à temps.

Subordonnée conjonctive circonstancielle d'opposition

➡ Le verbe de la subordonnée est au subjonctif ou à l'indicatif :
- J'accepte, **bien que rien ne m'y contraigne**.
- Je ne vais pas jeter le yaourt **alors qu'il est encore bon** !

Phrase complexe

Subordonnée conjonctive circonstancielle de temps

❖ Lorsque l'action de la principale et l'action de la subordonnée sont simultanées, le verbe de la subordonnée se met à l'indicatif :

- *Préviens-moi **dès qu'il arrivera**.*
- ***Pendant que je lui parlais**, il continuait de jouer.*
- ***À mesure que le temps passe**, les perspectives de reprise s'éloignent.*

❖ Lorsque l'action de la principale se passe après celle de la subordonnée, le verbe de la subordonnée se met également à l'indicatif :

- ***Après qu'il a reçu la nouvelle**, il a vendu tous ses biens.*
- *Nous en reparlerons **quand tu seras calmé**.*
- ***Depuis qu'il est arrivé**, tout a changé.*
- ***Une fois que tu auras compris**, ce sera facile.*

❖ Lorsque l'action de la principale se passe avant celle de la subordonnée, le verbe de la subordonnée se met au subjonctif :

- *Arrêtons le processus **avant qu'il ne soit trop tard**.*
- *Je vais jardiner **en attendant que vous arriviez**.*
- *Elle va me harceler **jusqu'à ce que je lui dise oui**.*

⚠ La règle veut que *après que* soit suivi de l'indicatif, comme toutes les autres conjonctions et locutions conjonctives indiquant la postériorité de l'action de la principale par rapport à l'action de la subordonnée :

- ***Après qu**'il **est** parti, j'ai pu commencer à travailler.*

Cependant, l'emploi du subjonctif, par analogie avec la construction *avant que*, est de loin le plus courant dans

Phrase complexe

l'usage. Bien que toujours critiqué par les puristes, il est de mieux en mieux accepté :
- ***Après qu**'il **soit** parti, j'ai pu commencer à travailler.*

•• Subordonnée interrogative

La subordonnée complétive interrogative permet d'interroger indirectement.

➦ Elle remplit la fonction de complément d'objet direct du verbe de la principale et est introduite par un mot interrogatif (adjectif, pronom, adverbe interrogatif) :
- *Dis-moi **si je me trompe**.*
- *Sais-tu **comment il va** ?*
- *Je ne sais pas **quelle mouche l'a piqué**.*
- *Nous ignorons **qui a fait ça**.*

•• Subordonnée infinitive

La subordonnée infinitive est une proposition subordonnée dont le verbe à l'infinitif a son sujet propre, différent de celui du verbe de la principale. Elle n'est reliée à la principale par aucun mot subordonnant. Sa fonction est essentiellement celle de complément d'objet direct du verbe principal.

➦ La subordonnée infinitive se trouve :

✓ après des verbes de perception ou de sensation : *sentir, voir, apercevoir, entendre, regarder,* etc.
- *J'ai senti **l'animal me frôler**.*
- *As-tu entendu **le réveil sonner** ?*

✓ après les semi-auxiliaires *faire, laisser* :
- *Faites **rissoler les oignons dans la poêle**.*

- *Ne laisse pas **le chien aboyer**.*

➡ Le sujet de la subordonnée infinitive peut être inversé :
- *On entendit **crier les mouettes**.*
- *J'ai vu **s'élever la montgolfière**.*

➡ Lorsque le sujet est un pronom personnel, il se place entre le sujet principal et le verbe principal :
- *Elle **les** a vus s'enfuir.*
- *Je ne **l'**entends plus se plaindre.*

➡ Le sujet de la subordonnée infinitive peut être omis :
- *Il entendait carillonner dans le lointain.* (sous-entendu : *les cloches*)

⚠ Attention à ne pas confondre un infinitif complément d'objet direct avec un infinitif dans une subordonnée infinitive :
- *Je pense **gagner**.* (un seul sujet : *je* ➡ *gagner* est le COD du verbe *penser*)
- *Je les écoutais **se disputer**.* (deux sujets : *je*, sujet du verbe principal *écoutais*, et *les*, complément d'objet direct de *écoutais* et sujet de l'infinitif *se disputer* ➡ *se disputer* est une proposition infinitive)

•• Subordonnée participiale

Une proposition subordonnée participiale a un verbe au participe présent ou au participe passé avec un sujet propre, distinct du verbe de la principale. Le participe peut être à une forme simple ou composée. La subordonnée n'est introduite par aucun mot subordonnant mais est séparée de la principale par une virgule.

Phrase complexe

❖ La proposition subordonnée participiale remplit une fonction de complément circonstanciel :

✓ de temps :
- ***Les années passant***, *les blessures se sont refermées.*

✓ de cause :
- ***Le vent s'étant intensifié***, *le bateau a pris de la vitesse.*

✓ de condition :
- ***Alain exclu de la réunion***, *le calme devrait revenir.*

✓ de concession :
- ***La croissance revenue***, *ils ne trouvaient toujours pas de travail.*

⚠ Attention à ne pas confondre le participe qui a un sujet propre et qui est le noyau d'une proposition participiale, avec le participe qui n'a pas de sujet propre et qui a la valeur d'un adjectif épithète. La présence d'une virgule permet généralement de faire la distinction :

- ***La décision prise**, tous se sont félicités.* (proposition participiale)
- *La décision **prise** a contenté tout le monde.* (participe épithète)

⚠ Lorsque le sujet du participe n'est pas exprimé, il doit obligatoirement être le même que celui de la proposition principale :

- *****Restant** à votre disposition, **veuillez** agréer mes salutations distinguées.* (formulation incorrecte)
- ***Restant** à votre disposition, **je vous prie** d'agréer mes salutations distinguées.* (formulation correcte)

Phrase complexe

•• Concordance des temps et des modes

•◦ La subordonnée exprime un procès qui peut être antérieur, simultané ou postérieur à l'action principale. Le temps de la proposition subordonnée varie avec le temps et le mode de la proposition dont elle dépend. Cette concordance est imposée soit par le sens de la phrase, soit par des règles indépendantes du sens.

Concordance entre le verbe de la proposition principale et le verbe d'une subordonnée à l'indicatif ou au conditionnel

•◦ Lorsque la proposition principale est au présent ou au futur, le verbe de la subordonnée se met à l'indicatif, à un temps déterminé par le sens :
- *Je crois qu'il **pleut**.* (indicatif présent)
- *Je crois qu'il **a plu**.* (indicatif passé composé)
- *Je crois qu'il **pleuvait**.* (indicatif imparfait)
- *Je crois qu'il **pleuvra**.* (indicatif futur)
- *Tu verras que j'**ai** raison.* (indicatif présent)
- *Tu verras que j'**avais** raison.* (indicatif imparfait)
- *Tu seras prévenu quand l'accord **aura été donné**.* (futur antérieur)

•◦ Lorsque la proposition principale est au passé, le verbe de la subordonnée se met à l'indicatif ou au conditionnel, à un temps déterminé par le sens :
- *Je croyais qu'il **pleuvait**.* (indicatif imparfait)
- *Je croyais qu'il **avait plu**.* (indicatif plus-que-parfait)
- *J'espérais qu'il **accepterait**.* (conditionnel présent)
- *J'espérais qu'il **se serait abstenu**.* (conditionnel passé 1re forme)
- *Elle acheta le pull dès qu'il **fut** en solde.* (indicatif passé simple)

Phrase complexe

- *Il nous a quittés quand nous **sommes arrivés** à l'hôtel.* (indicatif passé composé)
- *Elle avait envoyé sa réponse dès qu'elle **avait reçu** la lettre.* (indicatif plus-que-parfait)

Concordance entre le verbe de la proposition principale et le verbe d'une subordonnée au subjonctif

➡ Lorsque la proposition principale est à l'indicatif présent ou futur, le verbe de la subordonnée se met :

✓ au subjonctif présent s'il y a simultanéité ou postériorité par rapport au procès de la principale :
- *Elle veut que je **vienne**.*
- *Elle voudra que je **vienne**.*
- *Il faut que tu **finisses** ce travail.*
- *Il faudra que tu **finisses** ce travail.*

✓ au subjonctif passé s'il y a antériorité par rapport au procès de la principale :
- *Je crains* (maintenant) *qu'elle n'**ait menti*** (dans le passé).

➡ Lorsque la proposition principale est au conditionnel présent, la règle exigerait que la subordonnée soit au subjonctif imparfait :
- *Elle voudrait que nous **vinssions**.*

➡ Lorsque la proposition principale est à un temps du passé de l'indicatif, la règle exigerait que la subordonnée soit :

✓ à l'imparfait du subjonctif s'il y a simultanéité ou postériorité par rapport au procès de la principale :
- *Elle souhaitait qu'il **lût** ce livre.*

✓ au plus-que-parfait du subjonctif s'il y a antériorité par rapport au procès de la principale :

- *Elle espérait que j'**eusse fini** le travail.*

●● Cependant, certaines formes du subjonctif imparfait et plus-que-parfait étant particulièrement compliquées, voire peu élégantes (*que vous lavassiez, qu'il eût cru*, etc.), elles ont disparu de l'usage courant et même de la langue littéraire contemporaine. Le subjonctif présent ou passé est donc admis :

- *Elle voudrait que nous **venions**.* (subjonctif présent)
- *Elle espérait que j'**aie fini** le travail.* (subjonctif passé)

Concordance entre le verbe de la proposition principale et le verbe d'une subordonnée de condition introduite par *si*

●● Lorsque la proposition principale est à l'indicatif présent ou futur, la subordonnée est au présent de l'indicatif :

- *Je lui dirai si je le **vois**.*
- *Elle me le cède si je lui **donne** 100 €.*

●● Lorsque la proposition principale est au conditionnel présent, la subordonnée est à l'imparfait de l'indicatif :

- *Nous gagnerions du temps si nous **étions** mieux organisés.*

●● Lorsque la proposition principale est au conditionnel passé, la subordonnée est au plus-que-parfait de l'indicatif :

- *Nous aurions gagné du temps si nous **avions été** mieux organisés.*

⚠ La subordonnée de condition n'est jamais au futur ni au conditionnel :

- *Si j'**avais su**, je ne serais pas venu.*

et non :

- **Si j'**aurais su**, je ne serais pas venu.*

Phrase complexe

••• Proposition incise

Une proposition incise est une proposition principale ou indépendante, généralement courte, qui est insérée dans le corps d'une phrase ou rejetée à la fin d'une phrase. Elle sert soit à rapporter les paroles de quelqu'un, soit à faire une sorte de parenthèse dans l'énoncé principal :

- « Adieu », **dit-il en s'éloignant**.
- C'était, **j'en suis absolument certain**, le 5 mai 1998.

➥ Lorsque l'incise indique qu'on rapporte les paroles de quelqu'un, elle précise souvent la manière dont ces paroles sont prononcées. Le sujet est pratiquement toujours placé après le verbe :

- « Je ne vous laisserai pas faire ! » **rugit-elle** en tapant du poing sur la table.
- « Qui en veut ? » **lança-t-il** à la cantonade.

ⓘ L'incise qui sépare le sujet du verbe ou le verbe du complément est toujours précédée et suivie d'une virgule :

- Des chimistes, des biologistes et des océanographes, **tous experts**, ont collaboré à ce projet.
- et non *Des chimistes, des biologistes et des océanographes **tous experts**, ont collaboré à ce projet.

La virgule n'est évidemment présente que si elle ne suit pas un point d'interrogation ou d'exclamation :

- Où es-tu ? **demanda-t-elle**, je ne te vois pas.
- Un soir, **t'en souvient-il ?** nous voguions en silence (Lamartine)

Phrase déclarative

La phrase déclarative se termine toujours par un point, ou plus rarement par des points de suspension. Ce peut être une phrase simple ou complexe, affirmative ou négative. Le verbe principal est à l'indicatif ou au conditionnel.

➡ La phrase déclarative permet :

✓ de communiquer une information certaine ou incertaine :
- *Il est midi.*
- *Les otages auraient été libérés ce matin.*

✓ de raconter un événement passé, présent ou futur :
- *Ils ne sont pas arrivés à temps.*
- *S'il reste, je pars.*
- *Nous irons le chercher à l'aéroport.*
- *Tu comprendrais si tu écoutais mieux.*

✓ d'exprimer une opinion :
- *Je m'interroge sur son sérieux.*
- *Elle ne trouve pas cela répugnant.*

✓ d'exprimer un souhait :
- *Je vous serais reconnaissant de me répondre rapidement.*
- *J'aimerais un peu de silence.*

Phrase exclamative

La phrase exclamative permet d'indiquer un sentiment ou une émotion par rapport à ce qui est énoncé : admiration, déception, joie, colère, douleur, mécontentement, surprise…

... Phrase exclamative

> À l'oral, l'intonation est forte, la voix descend en fin de phrase. À l'écrit, la phrase exclamative se termine toujours par un point d'exclamation :
> - *Incroyable !*
> - *Ils ont échoué !*
> - *C'est inadmissible !*

➻ La phrase exclamative contient souvent certains mots soulignant la valeur émotive de l'énoncé :
  ✓ les adverbes *comme* et *que* :
   - **Comme** *il skie bien !*
   - **Qu'**elle est intelligente !*
  ✓ des interjections :
   - **Aïe**, *tu m'as fait mal !*
   - **Hé !** *vous, là-bas !*
  ✓ des présentatifs :
   - **Ce fut** *un voyage de rêve !*
   - **En voilà** *un imbécile !*
  ✓ des adjectifs :
   - **Quelle** *douceur !*
   - *Il a un* **tel** *aplomb !*

➻ La phrase exclamative est souvent une phrase incomplète ou averbale :
 - *Crac !*
 - *Quel spectacle !*
 - *Jamais de la vie !*

➻ La phrase exclamative peut se construire comme une interrogative, avec inversion du sujet et du verbe :
 - **Es-tu** *drôle !*

Phrase impérative

- **Sont-ils** mignons !

🛈 Les formules de salutation sont exclamatives sans valeur émotive ; ce sont de simples apostrophes :
- *Bonsoir !*
- *Salut !*

Phrase impérative

La phrase impérative (dite aussi « injonctive ») se termine par un point ou un point d'exclamation. Elle sert à exprimer :

✓ un ordre :
- *Écoute-moi !*
- *Dépêchons-nous !*

✓ une défense :
- *Ne regarde pas en bas !*
- *Ne vous retournez pas.*

✓ un conseil :
- *Repose-toi un peu.*
- *Mange plus lentement.*

✓ une prière :
- *Ne me quitte pas !*
- *Veuillez m'excuser un moment.*

✓ une exhortation :
- *Ne vous disputez pas !*
- *Soyez compréhensif, ne le punissez pas.*

➽ Le mode du verbe est généralement l'impératif :
- **Claque** *la porte en partant.*

- ***Continuez** sans moi.*

Mais d'autres modes sont possibles :

✓ indicatif :
- *Tu **fermeras** la porte en partant.*

✓ subjonctif :
- *Qu'il s'en **aille** !*

✓ infinitif :
- *Ne pas **courir** près de la piscine.*

➡ La phrase impérative est souvent non verbale :
- *Silence !*
- *Vite !*
- *Encore un effort !*

Phrase interrogative

La phrase interrogative a essentiellement pour but de poser une question, de demander une information.

➡ On distingue traditionnellement interrogation directe et interrogation indirecte, selon la place de l'interrogation dans le discours.

➡ On distingue à un autre niveau interrogation totale et interrogation partielle, d'après la portée de l'interrogation dans l'énoncé.

Interrogation totale, interrogation partielle

➡ L'interrogation dite « totale » ou « globale » porte sur l'ensemble de l'énoncé. La réponse attendue est soit affirmative (*oui, assurément*, etc.), soit négative (*non, certainement pas*, etc.), soit dubitative (*peut-être, j'en doute*, etc.) :
- *Viendra-t-il ?*

Phrase interrogative

- *Vous ne m'entendez pas bien ?*
- *Est-ce qu'elle va démissionner ?*

↪ L'interrogation dite « partielle » porte sur une partie, un élément ou une circonstance de l'énoncé représentés par un mot interrogatif (adjectif, pronom ou adverbe interrogatif). On ne peut pas y répondre par oui ou par non. La réponse est totalement ouverte :

- ***Qui** est là ?*
- *Tu manges **quoi** ?*
- ***Où** allez-vous ?*
- ***Comment** t'y prendras-tu ?*

↪ Lorsque la question partielle porte sur l'action, on emploie un verbe substitut tel que *faire* ou certains de ses synonymes (*fabriquer, ficher*, etc.) :

- ***Que fait**-il dans le jardin ?*
- ***Qu'est-ce que** tu **fabriques** dehors à cette heure ?*

... Interrogation directe

↪ L'interrogation directe se fait dans une proposition indépendante et se termine obligatoirement par un point d'interrogation. Elle peut être marquée par l'intonation à l'oral, l'ordre des mots ou un mot interrogatif :

- *Tu es prêt à partir ?*
- *Les baleines **sont-elles** des mammifères ?*
- ***Est-ce que** vous savez nager ?*

.. Inversion du sujet et du verbe

↪ Dans une langue d'un registre standard ou soutenu, l'interrogation directe totale repose sur l'inversion du sujet et du verbe.

Phrase interrogative

➡ Dans l'inversion simple, le sujet est un pronom personnel (*je, tu, il, elle, on, nous, vous, ils, elles*) qui se place après le verbe aux temps simples ou entre l'auxiliaire et le participe passé aux temps composés :

- *Comprenez-**vous** ?*
- *N'êtes-**vous** pas assuré ?*
- *Pourquoi as-**tu** refusé ?*

➡ Dans l'inversion complexe, le sujet est un nom ou un pronom non personnel (démonstratif, possessif, etc.) placé devant le verbe qui est repris par un pronom personnel (*il, elle, ils, elles*). Ce pronom se place derrière le verbe aux temps simples et entre l'auxiliaire et le participe passé aux temps composés :

- ***Emma** voyagerait-**elle** avec toi ?*
- ***Le facteur** n'est-**il** pas passé ?*
- *Mes bagages sont enregistrés. **Les vôtres** le sont-**ils** aussi ?*

⚠ À la 3ᵉ personne du singulier et du pluriel, le *d* ou le *t* final, normalement muets, se prononcent [t] lorsque le pronom commence par une voyelle :

- *Connaissai**t**-elle la date ?*
- *Sauron**t**-ils se repérer ?*
- *L'appareil ren**d**-il la monnaie ?*

À la 3ᵉ personne du singulier, lorsque le verbe se finit par une voyelle et que le pronom commence également par une voyelle, l'inversion entraîne l'ajout d'un *t* dit « euphonique » pour éviter le hiatus. Ce *t* se place toujours entre deux traits d'union :

- *Prendr**a-t-il** le train ?*
- *Où ce chemin mèn**e-t-il** ?*

Phrase interrogative

À la 1ʳᵉ personne du singulier du présent de l'indicatif, le e final se transforme traditionnellement en é en cas d'inversion :
- *Parlé-je trop fort ?*

Cependant, le é étant généralement prononcé comme un è, les *Rectifications de l'orthographe de 1990* préconisent l'emploi de è au lieu de é. On peut donc aussi bien écrire *parlè-je, aimè-je, ouvrè-je*…

•• Intonation

➥ En français, un ton montant en fin de phrase suffit à transformer une phrase déclarative (affirmative ou négative) en phrase interrogative directe.

C'est la façon la plus simple de poser une question, très courante à l'oral.

L'ordre des mots est le même que dans une phrase déclarative et, à l'écrit, le point d'interrogation est la trace de l'intonation :
- *Vous me rappellerez ?*
- *Le courrier n'est pas arrivé ?*

➥ Dans le cas d'une interrogation partielle, le mot interrogatif se trouve généralement à la place qu'aurait la réponse dans la phrase affirmative :
- *Ton avion décolle à **quelle** heure ?*
- *Le médecin t'a dit **quoi** ?*

•• *est-ce que*… ?

➥ La formule *est-ce que* est souvent employée à l'oral. On l'utilise seule dans les interrogations totales :
- ***Est-ce que** tu te sens bien ?*
- ***Est-ce que** les fraises sont bonnes ?*

Phrase interrogative

➡ Elle est parfois associée à un mot interrogatif (*combien, où, pourquoi, comment*, etc.) dans les interrogations partielles :
- ***Qui est-ce qui*** *vous l'a dit ?*
- ***Où est-ce que*** *tu es garé ?*
- ***Pourquoi est-ce qu****'il aurait fait ça ?*

➡ Cette formule est utile pour contourner les inversions ambiguës ou malheureuses à l'oral :
- ***Qui*** *aime Axel ?* ➡ ***Qui est-ce qui*** *aime Axel ?* ou ***Qui** Axel **aime-t-il** ?*
- ***Sers-je*** *le vin ?* ➡ ***Est-ce que** je sers le vin ?*

⚠ En dehors de cet usage, la redondance de *est-ce que/qui* avec un autre mot interrogatif doit être évitée, notamment dans la langue soignée :
- On ne dira pas ****Pourquoi est-ce que*** *vous vous levez si tôt ?* mais ***Pourquoi*** *vous levez-vous si tôt ?*
- On ne dira pas ****Où est-ce que*** *tu habites ?* mais ***Où** habites-tu ?*

Son emploi avec l'inversion sujet-verbe est à bannir absolument :
- On ne dit pas ****Est-ce que*** *ton ami **était-il** présent ?* mais *Ton ami **était-il** présent ?* ou ***Est-ce que** ton ami **était** présent ?*

•• Quelques tours interrogatifs particuliers

➡ Dans l'interrogation dite « elliptique », la phrase ne contient pas de verbe principal et peut même se réduire à un mot interrogatif :
- ***Pourquoi*** *tarder ?*
- ***Et si*** *elle mentait ?*
- *Quelqu'un a appelé.* – ***Qui** ?*

... Phrase interrogative ...

●● L'interrogation dite « disjonctive » présente une alternative :
- *Le sais-tu **ou** ne le sais-tu **pas** ?*
- *C'est violet **ou** c'est mauve ?*

Le deuxième membre de la proposition peut être remplacé par *oui ou non*, ou beaucoup plus familièrement, par *ou quoi* :
- *Tu participes, **oui ou non** ?*
- *Elle se moque de moi **ou quoi** ?*

●● Une interrogation « apparente » ou « fictive » n'appelle aucune réponse. Elle peut s'apparenter à un ordre, à une proposition, ou bien exprimer un regret :
- *Voulez-vous vous taire ?* (= Taisez-vous !)
- *Et si nous partions ?* (= Je suggère que nous partions.)
- *Que ne l'ai-je fait plus tôt ?* (= Je regrette de ne pas l'avoir fait plus tôt.)

Une interrogation de ce type peut annoncer ce qu'on va dire :
- *Veux-tu que je te dise ? C'est un idiot !*
- *Tu sais ce que je ferais à ta place ? Je porterais plainte !*

●● Une interrogation dite « oratoire » ou « rhétorique » n'attend aucune réponse puisqu'elle est évidente pour l'interlocuteur. Généralement, la réponse est négative :
- ***Est-ce là une façon** de se comporter ?* (réponse évidente : non)
- ***Qui refuserait** une telle promotion ?* (réponse évidente : personne)

... Interrogation indirecte

●● L'interrogation indirecte est toujours une proposition subordonnée. Elle est introduite par un verbe tel que *dire, demander, s'informer*, ou par un verbe exprimant l'ignorance,

... Phrase présentative ....

suivi d'un mot interrogatif. Elle ne se termine jamais par un point d'interrogation.

∞ Lorsque l'interrogation est « globale » ou « totale », c'est-à-dire qu'elle porte sur l'ensemble de l'énoncé, elle est introduite par la conjonction *si* :

- *Je me demande **si** je n'ai pas eu tort.*
- *Elle ignore **s'**il a transmis le message.*

∞ Lorsque l'interrogation est partielle, c'est-à-dire qu'elle ne porte que sur une partie de l'énoncé, les mots interrogatifs employés sont généralement les mêmes que dans les interrogations directes :

- *Dis-moi **qui** tu as vu.*
- *Il m'a demandé **quand** je reviendrais.*
- *Je ne sais pas **quel** est le but de l'opération.*
- *Je ne comprenais pas **pourquoi** je devais me taire.*
- *Elle ignorait **ce qu'**il allait faire.*

⚠ Le tour *est-ce que* est très familier dans les interrogations indirectes et doit en être banni :

- **Je me demande **qui est-ce qui** l'a prévenu.* ➡ *Je me demande **qui** l'a prévenu.*
- **Il aimerait savoir **qu'est-ce que** tu veux.* ➡ *Il aimerait savoir **ce que** tu veux.*

Phrase présentative

Les présentatifs sont des mots ou des locutions servant à présenter, à annoncer quelque chose ou quelqu'un.

Phrase présentative

➦ Les principaux présentatifs sont :

✓ c'est, c'est… qui/que :
- **C'est** lui le coupable.
- **C'est** moi **qui** l'ai fait.
- **C'est** pour elle **que** j'ai fait ça.

✓ voici, voilà :
- **Voici** ma femme.
- **Voilà** mon mari.

✓ il y a, il est :
- **Il y a** des fourmis dans la cuisine.
- **Il est** cinq heures.

➦ Le ou les mots introduits par un présentatif sont appelés « complément du présentatif ».

ⓘ Les présentatifs sont tous formés autour d'un verbe, *voici* et *voilà* étant formés à partir de l'impératif de *voir* à la deuxième personne du singulier et des particules adverbiales *ci* et *là*.

c'est… qui, c'est… que

Emploi

➦ *C'est* est le plus employé des présentatifs. Il peut introduire des mots de différentes natures :

✓ un nom propre :
- C'est **Agathe**.

✓ un groupe nominal :
- C'est **un bon journaliste**.

✓ un pronom :
- C'est **lui** !

Phrase présentative

✓ un adverbe :
- *C'est **non***.

✓ un adjectif :
- *C'est **facile***.

➡ *C'est… qui* permet de mettre en relief le sujet :
- ***C'est Anthony qui** me l'a dit.*
- ***C'est toi qui** as cassé la machine à café.*

➡ *C'est… que* permet de mettre en relief n'importe quel autre terme de la phrase, quelle que soit sa fonction :
- ***C'est Alice que** j'attends.* (complément d'objet direct)
- ***C'est à toi que** je parle.* (complément d'objet indirect)
- ***C'est en tramway que** je vais au travail.* (complément circonstanciel de manière)

Accord

➡ *C'est* varie en nombre :
- ***C'est** son affaire.* ➡ ***Ce sont** ses affaires.*
- ***C'est** moi qui vous le dis.* ➡ ***Ce sont** eux qui vous le disent.*

⚠ *C'est* reste au singulier devant les pronoms *nous* et *vous* :
- ***C'est nous** qui l'avons fait.*
- ***C'est vous** qui voyez.*

Dans la langue relâchée, on trouve souvent d'autres pluriels introduits par *c'est* :
- ***C'est** ses affaires.*
- ***C'est** eux qui vous le disent.*

➡ *C'est* peut également varier en temps et en mode :
- ***C'est** une erreur d'y aller.* ➡ ***C'était** une erreur d'y aller.*
➡ ***Ce serait** une erreur d'y aller.*

Phrase présentative

⚠ Avec *c'est… qui*, le verbe s'accorde avec l'antécédent et non avec *qui* :
- *C'est **toi** qui **conduis**.*
- *C'est **nous** qui **conduisons**.*
- *C'est **moi** qui **m'**en **occuperai**.*

… *voici, voilà*

➡ *Voici* et *voilà* sont invariables et peuvent introduire des mots de différentes natures :

✓ un nom ou un groupe nominal :
- *Voilà **Antoine**.*
- *Voici **mon fils**.*

✓ un pronom :
- ***Le** voilà.*

✓ une proposition subordonnée :
- *Voici **que la nuit tombe**. Voici **que tombe la nuit**.*
- *Voilà **pourquoi j'ai décidé de partir**.*

✓ une proposition infinitive :
- *Voici **venir l'orage**.*

ⓘ Quand *voici* et *voilà* introduisent un complément circonstanciel de temps, ils ont la valeur d'une préposition :
- *Voilà **trois mois** que je ne l'ai pas vu.*

➡ Comme tous les présentatifs, *voici* et *voilà* se placent généralement en tête de phrase ; cependant, ils peuvent être précédés :

✓ d'un pronom personnel :
- ***Te** voilà enfin !*

Phrase présentative

✓ d'un pronom relatif et de son antécédent :
- *L'homme que voici* saura vous renseigner.

voici ou *voilà* ?

➡ Le choix entre *voici* et *voilà* obéit à la même règle que le choix entre *celui-ci* et *celui-là* ou entre *ceci* et *cela* :

✓ *voici* s'emploie pour présenter ce qui est proche, ce qui va être dit, ou bien ce qui arrive, va se produire :
- ***Voici*** *mon fils.* ***Voici*** *la nuit qui tombe.* ***Voici*** *ce que j'ai à vous dire.*

✓ *voilà* s'emploie pour présenter ce qui est éloigné, ou bien ce qui vient d'être dit :
- ***Voilà*** *Simon, rejoignons-le.* ***Voilà****, tout est dit.*

❶ Cette distinction est de moins en moins respectée. Dans l'usage courant, *voilà* est employé dans tous les cas.

il y a

➡ *Il y a* peut introduire des mots de différentes natures :

✓ un nom ou un groupe nominal :
- *Il y a* ***Pierre*** *qui t'attend.*
- *Il y a* ***du soleil****.*

✓ un pronom :
- *Il y a* ***quelqu'un*** *à ta place.*

✓ une proposition, dans une langue un peu relâchée :
- *Il y a* ***que je m'ennuie****.*
- *Il y a* ***qu'il n'y a plus de café****.*

❶ Lorsque *il y a* introduit un complément circonstanciel de temps ou un adverbe de temps, il a la valeur d'une préposition :

Phrase présentative

- Je l'ai rencontré **il y a un an**.
- **Il y a longtemps** qu'il n'est pas venu.

➡ *Il y a* est invariable en nombre :
- **Il y a une limace** dans la salade.
- **Il y a des limaces** dans la salade.

➡ En revanche, *il y a* peut varier en temps et en mode :
- **Il y a** des limaces dans la salade.
- **Il y avait** des limaces dans la salade.
- **Il y aurait** des limaces dans la salade.

INDEX

Dans cet index, les **entrées** sont reprises par le symbole ~ dans leurs **subdivisions.**

Tous les numéros correspondent à des numéros de pages. Si l'information s'étend sur plusieurs pages consécutives, seul le numéro de la première page est indiqué.

A

à
  à ou *chez* ? → 252
  à ou *de* ? → 251
  à ou *en* ? → 253

absolu (emploi ~) → 104

abstrait (nom ~) → 27

accent circonflexe (dans la conjugaison) → 116

accord
  ~ de l'adjectif → 82
  ~ de l'adverbe → 233
  ~ du participe passé → 163
  ~ du verbe → 154

action en cours → 154

active (voix ~) → 118

adjectif → 31
  ~ apposé → 66
  ~ attribut → 64
  ~ composé → 79 ; 81
  ~ de couleur → 88
  ~ démonstratif → 31
  ~ employé adverbialement → 70
  ~ épicène → 75
  ~ épithète → 62
  ~ exclamatif → 34
  ~ indéfini → 35
  ~ interrogatif → 50
  ~ numéral → 51

index

~ ou déterminant ? → 3
~ possessif → 57
~ qualificatif → 60
~ relatif → 92
~ relationnel → 61
~ verbal → 68
accord de l'~ → 82
complément de l'~ → 291

adjectival (groupe ~) → 60

adverbe → 227
~ d'affirmation → 240
~ de liaison → 245
~ de lieu → 233
~ de manière → 235
~ de négation → 241
~ de quantité, d'intensité, de degré → 236 ; 159 ; 174
~ de restriction → 241
~ de temps et d'aspect → 234
~ en -ment, -amment et -emment → 229
~ exclamatif → 246
~ explétif → 247
~ interrogatif → 246
~ modal → 244

adverbial
groupe ~ → 228
pronom ~ *(en, y)* → 208 ; 209

affirmation (adverbe d'~) → 240

agent (complément d'~) → 289

ainsi que → 156

index

aller → 115 ; 152

animé (nom ~) → 25

antécédent → 177

apparent (sujet ~) → 276

apparente (interrogation ~) → 333

apposition → 299
 ~ **de l'adjectif** → 66
 ~ **du nom** → 27

après que → 264

article → 93
 ~ **défini** → 93
 ~ **indéfini** → 96
 ~ **partitif** → 97
 absence d'~ → 98

aspect
 adverbe d'~ → 234
 auxiliaire d'~ → 103

asseoir → 116

attendu (accord) → 163

attribut → 295
 ~ **du COD** → 297 ; 170
 ~ **du sujet** → 296
 adjectif ~ → 64

attributif (verbe ~) → 296

au → 95

aucun
 adjectif indéfini → 36
 pronom indéfini → 183

index

auquel
  adjectif relatif → 92
  pronom interrogatif → 199
  pronom relatif → 214

autre
  adjectif indéfini → 37
  pronom indéfini → 183

auxiliaire → 101 ; 102

avant que → 264

averbale (phrase ~) → 306

avoir → 101

avoir l'air → 84

B

beaucoup (accord du verbe) → 159

but
  complément circonstanciel de ~ → 288
  subordonnée circonstancielle de ~ → 314

C

ça → 179

cardinal (adjectif numéral ~) → 51

catégorie grammaticale → 3

causatif (auxiliaire ~) → 103

cause
  complément circonstanciel de ~ → 287
  subordonnée circonstancielle de ~ → 315

index

ce
  accord de l'adjectif attribut du pronom ~ → 85
  accord du verbe avec ~ → 161
  adjectif démonstratif → 31
  pronom démonstratif → 177

ceci, cela → 177

celui, celui-ci → 177

cent → 53

certain(s)
  adjectif indéfini → 39
  pronom indéfini → 184

c'est → 335

chacun → 185

chaque → 40

chez → 252

ci
  ce ...-ci → 33
  celui-ci → 178

ci-annexé, ci-inclus, ci-joint → 163

circonstancielle (proposition~) → 314

classe grammaticale → 3

collectif (nom ~) → 12 ; 157 ; 174

combien
  accord avec ~ → 159 ; 174
  adverbe de degré → 236
  adverbe exclamatif → 246
  adverbe interrogatif → 246

347

index

comme
accord du verbe avec des sujets liés par ~ → 156
adverbe de degré → 236
adverbe exclamatif → 246

comment
adverbe de manière → 235
adverbe interrogatif → 246

comparaison → 71
complément circonstanciel de ~ → 289
subordonnée circonstancielle de ~ → 315

comparatif → 71
accord du verbe avec des sujets liés par un ~ → 156

complément
~ d'agent → 289
~ de l'adjectif → 291
~ de mesure → 170
~ d'objet direct → 278 ; 297
~ d'objet indirect → 281
~ d'objet second → 283
~ du comparatif → 72
~ du nom → 292
~ du présentatif → 335

complément circonstanciel → 284
~ de but → 288
~ de cause → 287
~ de lieu → 286
~ de manière → 287
~ de moyen → 288

index

~ de temps → 286
autres compléments circonstanciels → 289

complétive (subordonnée conjonctive ~) → 314

complexe (phrase ~) → 307

composé
passé ~ → 128
temps ~ → 122

composé (mot ~)
féminin des adjectifs composés → 79
féminin des noms composés → 12
pluriel des adjectifs composés → 81
pluriel des noms composés → 16

compris (accord) → 163

concession
complément circonstanciel de ~ → 289
subordonnée circonstancielle de ~ → 315

concordance des temps → 321

concret (nom ~) → 26

condition
complément circonstanciel de ~ → 289
subordonnée circonstancielle de ~ → 316

conditionnel → 139
~ passé 1re forme → 141
~ passé 2e forme → 141
~ présent → 140
emplois du ~ → 141
mode ou temps ? → 140

conjoint (pronom personnel ~) → 200

index

conjonction → 255
   ~ de coordination → 256
   ~ de subordination → 260

conjonctive (proposition subordonnée ~) → 314

conjugaison → 121

conséquence
   complément circonstanciel de ~ → 289
   subordonnée circonstancielle de ~ → 316

coordination
   accord de l'adjectif avec plusieurs noms coordonnés → 83
   accord des adjectifs coordonnés → 87
   ~ des propositions → 308
   conjonction de ~ → 256

copulative (conjonction ~) → 256

couleur (adjectif de ~) → 88

D

de
   ~ explétif → 63
   à ou *de* ? → 251
   article partitif → 97
   introduisant un complément d'agent → 290
   préposition → 249

déclarative (phrase ~) → 325

défectif (verbe ~) → 108

défini
   article (ou déterminant) ~ → 93
   pronom relatif ~ → 214

degré (adverbe de ~) → 236

demi → 89

démonstratif
   adjectif (ou déterminant) ~ → 31
   pronom ~ → 177

dénombrable (nom ~) → 24

des
   article indéfini → 96
   article partitif → 97
   contraction de *de les* → 95

désinence du verbe → 101

déterminant → 3
   ~ **défini** → 93
   ~ **démonstratif** → 31
   ~ **devant un nom commun** → 5
   ~ **devant un nom propre** → 21
   ~ **exclamatif** → 34
   ~ **indéfini** → 35 ; 96
   ~ **numéral** → 51
   ~ **possessif** → 57
   ~ **relatif** → 92

deuxième → 55

direct (complément d'objet ~) → 278

directe (interrogation ~) → 329

disjoint (pronom personnel ~) → 200

disjonctive (interrogation ~) → 333

dont → 218

index

du
  article partitif → 97
  contraction de *de le* → 95

duquel
  adjectif relatif → 92
  pronom interrogatif → 199
  pronom relatif → 223

E

élision
  ~ **de** *ce* → 177
  ~ **de** *je* **et** *me* → 202
  ~ **de** *la* **et** *le* → 94
  ~ **de** *le* **et** *se* → 203 ; 206
  ~ **de** *lorsque, puisque* **et** *quoique* → 261
  ~ **de** *que* → 217
  ~ **de** *quelque* → 46
  ~ **de** *qui* → 216
  ~ **de** *te* **et** *tu* → 203

elle → 203 ; 206

elliptique (interrogation ~) → 332

emprunts (pluriel des ~) → 18

en → 208
  à ou *en* **?** → 253
  accord du participe passé avec ~ → 173

entendu (accord) → 163

épicène
  adjectif ~ → 8
  nom ~ → 75

épithète → 299
  adjectif ~ → 62

est-ce que ? → 331

et → 256
  accord de l'adjectif avec plusieurs noms liés par ~ → 83
  accord des adjectifs liés par ~ → 87
  accord du verbe avec des sujets liés par ~ → 155

étant donné (accord) → 164

état (verbe d'~) → 64

être → 101

être en train de → 154

eux → 206

excepté (accord) → 163

exclamatif
  adjectif (ou déterminant) ~ → 34
  adverbe ~ → 246

exclamation (point d'~) → 326 ; 269

exclamative (phrase ~) → 325

explétif
  adverbe ~ → 247
  de ~ → 63
  ne ~ → 247

F

factitif (auxiliaire ~) → 103

faire (accord du participe passé) → 169

index

féminin
- ~ **des adjectifs** → 74
- ~ **des noms communs** → 7
- ~ **des noms propres** → 22

feu (accord) → 90

fictive (interrogation ~) → 333

fini (accord) → 163

fonction → 271

fraction (accord du verbe) → 158

futur
- ~ **antérieur** → 132
- ~ **proche** → 152
- ~ **simple** → 131

G

genre
- ~ **des noms communs** → 6
- ~ **des noms propres** → 22

gens → 85

gentilé → 20

gérondif → 149

globale (interrogation ~) → 328

grammatical (sujet ~) → 277

groupe
- ~ **adjectival** → 60
- ~ **adverbial** → 228
- ~ **nominal** → 4
- ~ **prépositionnel** → 250

index

- ~ **pronominal** → 175
- ~ **verbal** → 99

groupe du verbe → 109
- **1er groupe** → 109
- **2e groupe** → 113
- **3e groupe** → 115

H

habitant (nom d'~) → 20
homographe → 6

I

il
- **pronom neutre** → 204
- **pronom personnel** → 203 ; 206

il y a → 338

imparfait
- ~ **de l'indicatif** → 125
- ~ **du subjonctif** → 134

impératif → 142
- ~ **et trait d'union** → 143
- ~ **passé** → 145
- ~ **présent** → 144
- **emplois de l'~** → 145

impérative (phrase ~) → 327

impersonnel
- **mode ~** → 121
- **verbe ~** → 107

index

inanimé (nom ~) → 25

incise (proposition ~) → 324

indéfini
   adjectif (ou déterminant) ~ → 35
   article (ou déterminant) ~ → 96
   pronom relatif ~ → 224

indénombrable (nom ~) → 24

indépendante (proposition ~) → 306

indicatif → 122
   futur antérieur → 132
   futur simple → 131
   imparfait → 125
   passé antérieur → 130
   passé composé → 128
   passé simple → 127
   passé surcomposé → 130
   plus-que-parfait → 129
   présent → 123
   ~ et concordance des temps → 321

indirect (complément d'objet ~) → 281

indirecte (interrogation ~) → 333

infinitif → 146
   ~ et accord du participe passé → 168

infinitive (subordonnée ~) → 318

injonctive (phrase ~) → 327

intensité (adverbe d'~) → 236

interjection → 267

interrogatif
  adjectif (ou déterminant) ~ → 50
  adverbe ~ → 246
  pronom ~ → 195

interrogation → 328
  ~ apparente ou fictive → 333
  ~ directe → 329
  ~ disjonctive → 333
  ~ elliptique → 332
  ~ globale, partielle → 328
  ~ indirecte → 333
  ~ rhétorique ou oratoire → 333
  point d'~ → 329 ; 269

interrogative
  phrase ~ → 328
  subordonnée ~ → 318

intransitif (verbe ~) → 105

inversion du sujet et du verbe → 329

irréel
  ~ du passé → 129
  ~ du présent → 126

J

je → 202

juron → 268

juxtaposition → 307
  accord de l'adjectif avec plusieurs noms juxtaposés → 83
  accord du verbe avec plusieurs sujets juxtaposés → 155

L

la
- **article (ou déterminant) défini** → 93
- **pronom personnel** → 203

là
- **ce ...-là** → 33
- **celui-là** → 177

laisser (accord du participe passé) → 168

le
- **accord du participe passé avec ~** → 173
- **article (ou déterminant) défini** → 93
- **pronom neutre** → 204
- **pronom personnel** → 203

lequel
- **adjectif relatif** → 92
- **pronom interrogatif** → 198
- **pronom relatif** → 222

les
- **article (ou déterminant) défini** → 93
- **pronom personnel** → 206

leur
- **adjectif (ou déterminant) possessif** → 57
- **pronom personnel** → 206
- **pronom possessif** → 212

liaison
- **adverbe de ~** → 245
- **mot de ~** → 308

lieu
  adverbe de ~ → 233
  complément circonstanciel de ~ → 286

locution
  ~ adjective → 35
  ~ adverbiale → 227
  ~ conjonctive → 256
  ~ interjective → 267
  ~ prépositionnelle → 249
  ~ pronominale → 175

logique (sujet ~) → 277

lorsque → 261

lu et approuvé (accord) → 164

lui → 204

M

ma → 57

maint → 41

majesté (pluriel de ~) → 211

majuscule
  ~ après une interjection → 270
  ~ en début de phrase → 305
  ~ et noms propres → 19

manière
  adverbe de ~ → 235
  complément circonstanciel de ~ → 287

masculin → 6

me → 202

index

meilleur → 72

même → 42

mes → 57

mesure (complément de ~) → 170

mien → 212

mille, millier, million, milliard → 54

mis à part → 164

modal
    adverbe ~ → 244
    auxiliaire ~ → 103

mode → 121
    ~ **personnel, impersonnel** → 121
    conditionnel → 139
    impératif → 142
    indicatif → 122
    infinitif → 146
    participe passé → 150
    participe présent → 147
    subjonctif → 133

moi → 202

moindre, moins → 72

mon → 57

mot
    ~ **composé** → 16 ; 81
    ~ **emprunté** → 18

moyen (complément circonstanciel de ~) → 288

moyen de transport (et préposition) → 253

N

nature grammaticale → 3

ne
- ~ explétif → 247
- adverbe de négation → 242

négation (adverbe de ~) → 241

neutre (pronom ~)
- *ça, ceci, cela* → 180
- *ce* → 85 ; 161
- *en* → 173
- *il* → 204
- *le* → 204 ; 173

ni
- accord de l'adjectif avec plusieurs noms liés par ~ → 84
- accord du verbe avec plusieurs sujets liés par ~ → 156
- emploi de ~ → 259

n'importe quel → 43

nom → 4
- ~ animé, inanimé → 25
- ~ collectif → 12 ; 157 ; 174
- ~ commun → 4
- ~ composé → 12 ; 16
- ~ concret, abstrait → 26
- ~ dénombrable, indénombrable → 24
- ~ d'habitant → 20
- ~ emprunté → 18
- ~ géographique → 254
- ~ propre → 19
- complément du ~ → 292

361

index

nombre
- ~ **cardinal** → 51
- ~ **décimal (et accord du verbe)** → 158
- ~ **ordinal** → 54

nominal
- **groupe** ~ → 4
- **pronom** ~ → 182

non → 241

nôtre → 212

notre, nos → 58

nous
- ~ **de majesté ou de modestie** → 211
- **pronom personnel** → 205

noyau
- ~ **du groupe adjectival** → 60
- ~ **du groupe adverbial** → 228
- ~ **du groupe nominal** → 4
- ~ **du groupe prépositionnel** → 250
- ~ **du groupe pronominal** → 175
- ~ **du groupe verbal** → 99

nul → 44

numéral (adjectif ~) → 51

O

objet
- ~ **direct** → 278
- ~ **indirect** → 281
- ~ **second** → 283

omission du sujet → 277

on
  accord de l'adjectif avec ~ → 87
  pronom indéfini → 186
  pronom personnel → 207

onomatopée → 268

opposition (subordonnée circonstancielle d'~) → 316

oratoire (interrogation ~) → 333

ordinal (adjectif numéral ~) → 54

ou → 256
  accord de l'adjectif avec plusieurs noms liés par ~ → 84
  accord du verbe avec plusieurs sujets liés par ~ → 156

où
  adverbe de lieu → 233
  adverbe interrogatif → 246
  pronom relatif → 220

où que → 227

oui → 240

P

par → 290

pareil (à nul autre ~) → 45

parmi → 251

participe passé → 150
  ~ adjectival → 67

participe passé (accord) → 163
  ~ employé seul → 163

... index

   ~ **employé avec l'auxiliaire *avoir*** → 166
   ~ **employé avec l'auxiliaire *être*** → 165
   cas particuliers d'accord → 168

participe présent → 147
   ~ **et adjectif verbal** → 68

participiale (subordonnée ~) → 319

partielle (interrogation ~) → 328

partitif (article ~) → 97

passé
   ~ **antérieur** → 130
   ~ **composé** → 128
   ~ **de l'impératif** → 145
   ~ **du conditionnel** → 141
   ~ **du subjonctif** → 135
   ~ **proche** → 153
   ~ **simple** → 127
   ~ **surcomposé** → 130
   participe ~ → 150 ; 163

passif → 119

périphrase verbale → 152

personne → 187

personnel
   mode ~ → 121
   pronom ~ → 199

peu
   accord du participe passé avec ~ → 174
   accord du verbe avec ~ → 159

index

phrase → 305
- ~ **complexe** → 307
- ~ **déclarative** → 325
- ~ **exclamative ou injonctive** → 325
- ~ **impérative** → 327
- ~ **interrogative** → 328
- ~ **présentative** → 334
- ~ **simple** → 306
- ~ **verbale, averbale** → 306
- **adverbe de** ~ → 244

pire, pis → 72

pluriel
- ~ **des adjectifs** → 80
- ~ **des noms communs** → 12
- ~ **des noms propres** → 23

plus → 72

plus d'un → 160

plus-que-parfait
- ~ **de l'indicatif** → 129
- ~ **du subjonctif** → 135

point
- ~ **d'exclamation** → 326 ; 269
- ~ **d'interrogation** → 329 ; 269

politesse (pluriel de ~) → 211

possessif
 adjectif (ou déterminant) ~ → 57
 pronom ~ → 212

possible → 90

pourcentage (accord du verbe avec un ~) → 158

365

index

pourquoi → 246

préposition → 249

prépositionnel (groupe ~) → 250

présent
  ~ de l'indicatif → 123
  ~ de l'impératif → 144
  ~ du subjonctif → 133
  participe ~ → 147

principale (proposition ~) → 309

proche
  futur ~ → 152
  passé ~ → 153

pronom → 175
  ~ démonstratif → 177
  ~ indéfini → 180
  ~ interrogatif → 195
  ~ nominal ou représentant → 182
  ~ personnel → 199
  ~ possessif → 212
  ~ réfléchi → 200
  ~ relatif → 214

pronominal
  groupe ~ → 175
  verbe ~ → 105

proposition → 305
  ~ incise → 324
  ~ principale → 309
  ~ subordonnée → 310

puisque → 261

Q

qualificatif (adjectif ~) → 60

quand
  adverbe de temps → 235
  adverbe interrogatif → 246

quantité (adverbe de ~) → 159 ; 174 ; 236

que
  accord du participe passé avec ~ → 171
  adverbe de degré → 236
  adverbe exclamatif → 246
  adverbe interrogatif → 246
  conjonction de subordination → 265
  pronom interrogatif → 195
  pronom relatif défini → 217

quel
  adjectif (ou déterminant) exclamatif → 34
  adjectif (ou déterminant) interrogatif → 50

quelconque → 45

quelque → 46

quelque chose → 188

quelqu'un → 189

qui
  accord du verbe dans une subordonnée introduite par ~ → 161
  pronom interrogatif → 195
  pronom relatif défini → 215
  pronom relatif indéfini → 224

index

quiconque
  pronom indéfini → 190
  pronom relatif → 225

qu'importe → 162

quoi
  pronom interrogatif → 195
  pronom relatif → 218

quoi que → 226

quoique → 261

R

radical du verbe → 100

réciproque (verbe pronominal ~) → 106

redoublement du sujet → 277

réel (sujet ~) → 276

réfléchi
  pronom ~ → 200
  verbe pronominal ~ → 105

relatif
  adjectif (ou déterminant) ~ → 92
  pronom ~ → 214

relationnel (adjectif ~) → 60

relative (proposition subordonnée ~) → 312

représentant (pronom ~) → 182

restriction (adverbe de ~) → 241

rhétorique (interrogation ~) → 333

rien → 191

S

***s* euphonique** → 144

sa → 58

sans → 255

se → 206

second → 55

semi-auxiliaire → 102

ses → 58

si → 240
  ~ et concordance des temps → 323

sien → 212

simple
  passé ~ → 127
  temps ~ → 122

soi → 204 ; 206

soit (accord) → 162

son → 58

subjonctif → 133
  ~ imparfait → 134
  ~ passé → 135
  ~ plus-que-parfait → 135
  ~ présent → 133
  emplois du ~ → 135

subordination
  conjonction de ~ → 260
  propositions liées par ~ → 308

index

subordonnée → 310
- **~ circonstancielle** → 314
- **~ conjonctive** → 313
- **~ infinitive** → 318
- **~ interrogative** → 318
- **~ participiale** → 319
- **~ relative** → 312

substantif → 4

substantivation → 70

sujet → 274
- **~ apparent, réel** → 276
- **~ inversé** → 329
- **accord du verbe avec le ~** → 154
- **attribut du ~** → 296
- **redoublement et omission du ~** → 277

superlatif → 71

supposé (accord) → 163

surcomposé
- **passé ~** → 130
- **temps ~** → 122

T

t **euphonique** → 330

ta → 57

te → 203

tel
- **adjectif (ou déterminant) indéfini** → 47

index

   adjectif qualificatif → 91
   pronom indéfini → 191

temps → 121
   ~ simples, composés, surcomposés → 122
   adverbe de ~ → 234
   complément circonstanciel de ~ → 286
   concordance des ~ → 321
   subordonnée circonstancielle de ~ → 317

terminaison du verbe → 101

tes → 57

tien → 212

toi → 203

ton → 57

totale (interrogation ~) → 328

tout
   adjectif (ou déterminant) indéfini → 49
   adverbe → 238
   pronom indéfini → 192

transitif (verbe ~) → 104

transport (moyen de ~) → 253

trop (accord du verbe avec ~) → 159

tu → 203

U

un
   adjectif numéral → 51
   article (ou déterminant) indéfini → 96
   pronom indéfini → 193

index

unipersonnel (verbe ~) → 107
untel → 192

V

venir de → 153
verbal (groupe ~) → 99
verbale (phrase ~) → 306
verbe → 99
  ~ **attributif** → 296
  ~ **auxiliaire** → 101
  ~ **défectif** → 108
  ~ **d'état** → 118
  ~ **du 1er groupe** → 109
  ~ **du 2e groupe** → 113
  ~ **du 3e groupe** → 115
  ~ **en -cer** → 112
  ~ **en -cevoir** → 115
  ~ **en -eler et -eter** → 111
  ~ **en -ger** → 113
  ~ **en -yer** → 111
  ~ **impersonnel ou unipersonnel** → 107
  ~ **intransitif** → 105
  ~ **pronominal** → 105
  ~ **semi-auxiliaire** → 102
  ~ **transitif** → 104
  accord du verbe → 154
ville → 22
vingt → 53

virgule
  ~ **avec *ni*** → 260
  ~ **et incise** → 324
  ~ **et propositions juxtaposées** → 307
  accord de l'adjectif avec des noms liés par une ~ → 83
  accord du verbe avec des sujets liés par une ~ → 155

vive → 162

voici → 335

voilà → 335

voix → 118
  ~ **active** → 118
  ~ **passive** → 119

votre, vos → 58

vôtre → 212

vous
  ~ **de politesse** → 211
  pronom personnel → 205

vu (accord) → 163

Y

y
  adverbe de lieu → 234
  pronom adverbial → 209

TABLE DES MATIÈRES

Avant-propos	III
Liste des symboles	IV
Prononciation et signes phonétiques	V

Classes grammaticales — 1

- **Noms** — 4
- **Adjectifs** — 31
- **Articles** — 93
- **Verbes** — 99
- **Pronoms** — 175
- **Adverbes** — 227
- **Prépositions** — 249
- **Conjonctions** — 255
- **Interjections** — 267

Fonctions des mots — 271

- **Sujet** — 274
- **Complément d'objet direct (COD)** — 278
- **Complément d'objet indirect (COI)** — 281
- **Complément circonstanciel** — 284
- **Complément d'agent** — 289
- **Complément de l'adjectif** — 291

table des matières

- **Complément du nom** — 292
- **Attribut** — 295
- **Épithète** — 299
- **Apposition** — 299

Phrase — 303

- **Phrase simple** — 306
- **Phrase complexe** — 307
- **Phrase déclarative** — 325
- **Phrase exclamative** — 325
- **Phrase impérative** — 327
- **Phrase interrogative** — 328
- **Phrase présentative** — 334

Index — 341